TRENDY

A HANDBOOK OF
TRENDY ENGLISH WORDS AND EXPRESSIONS

情報通になるための
英語
新語・流行語
ハンドブック

英語新語研究会=編
[代表 宮本倫好]

朝日出版社

ENGLISH

前　書

　新語、新表現は世相の鏡です。「現在、世界を流れる情報の八割は英語」といわれますが、新聞、テレビなど旧メディアに加えて、インターネットの普及で、英語の新語、新表現は日々、その広がりと奥行きを拡大しています。そして、それぞれの言葉が、現代社会の持つあらゆる側面を生き生きと表出するのです。

　新語、新表現の収集方法は様々ですが、インターネットは有力な手段でしょう。その検索エンジンの一つであるGoogleが「検索エンジンを使う、インターネットで調べる」という一般的な動詞googleとして *Oxford English Dictionary* (OED) と *Merriam-Webster Dictionary* に、晴れて認められました。換言すれば、それだけインターネットが検索手段として確立され、新語、新表現の窓口にもなっているということでしょう。もちろん、旧メディアを丹念にチェックすることも不可欠です。新聞記事にしても、ニュース面では「しゃべるように書け」というのが鉄則ですから、当然、口語英語の影響を色濃く受けます。そこには日々の生きた英語が躍動しています。

　しかし新語研究の難しさは、fad wordsと呼ばれる、あぶくのようなはかない言葉の扱いです。やっと意味、用法を突き止めたと思っても、すぐに世間から忘れ去られてしまう宿命を持つのです。これがjargonやslangの中に生き残り、晴れて権威ある辞書に登録される「出世語」になるのは、どうしても数が限られます。しかし、そんなはかなく消える言葉でも、それなりに世相の投影ですから、そこから時代の息吹を感じ取ることは可能で、累々たる死屍の中にキラリと光る言葉の背景を探るのも、新語研究の一側面と言えましょう。

　同時に、コンピュータをはじめとする新技術分野は新語の宝庫であり、定着率もそれなりに高いと言えます。ここでは訳語が追いつかないほど新語が日々新しく生まれますから、世界中で原語のまま使用されるケースが多く、言語の世界化を推進する役割を持ちます。同時に英語は、世界中の言語から新語を貪欲に取り入れますから、英語の世界化と世界の英語化という双方向性が、同時進行しているのが現状でしょう。

　こうした中で新語、新表現を求める研究者は、辞書、コンピュータなどで武装した知的ハンターです。彼らを突き動かす情念は、言葉に対する飽くなき好奇心です。新しい獲物に出会い、その内容を明確に突き止めた

きの喜びは、彼らにのみ許された快感でしょう。

　本書は、それぞれに関心分野の異なる英語新語研究会の会員十余人が、各自渉猟した新語、流行語を持ち寄り、2005年6月から約1年間、朝日出版社のメールマガジン「辞書にない英語で世界がわかる」で配信したものを母体にしています。さらに、配信では盛れなかった最新の新語、会話表現なども、新たに付加しています。

　具体的には、会話表現、流行語を中心にしたCONVERSATIONを冒頭に配し、LIFE（ライフスタイルや若者風俗を表す言葉）、SCIENCE（科学技術の動向がわかる言葉）、IT（情報技術の動向がわかる言葉）、MONEY（経済・ビジネスの動向がわかる言葉）、WORLD（世界の動きと日本の今を表す言葉）の分野別に再編しています。

　さらに、新語、新表現の収録に当たっては、

1. 主要な英和辞典に収録されていないもの
2. 掲載されているものであっても、意味、対応する訳語、表記が新しいもの

などを採用基準としました。従って、見出し語、日本語訳に加えて、用法、背景事情の解説、例文を適宜加えました。

　テーマ別の章立て及び索引によって、「引く」こともできるよう配慮しましたが、いわゆる英和辞典とは違い、どのページを開いても、目まぐるしく変化を続ける現在世界の息吹に触れられるように心がけています。その面白さを感じ取って頂ければ幸甚です。

　メールマガジン「辞書にない英語で世界がわかる」は現在も配信中です。著者一同、本書が幸い好評を得、第2弾、第3弾を世に問うことができれば、と意気込みながら、新語ウオッチングを続けています。

　なお本書の出版は、朝日出版社メールマガジン担当の小関ひろみ氏、編集に当たった渡辺洋氏、佐藤久代氏のご協力と細部にわたるご指導がなかったら、実現することは決してなかったでしょう。執筆者一同を代表して、厚く御礼を申し上げます。

　　　　　　　　　　　　　　　　　　　　　　　2006年9月
　　　　　　　　　　　　　　　　　　　　　　　英語新語研究会
　　　　　　　　　　　　　　　　　　　　　　　代表　宮本倫好

執筆者一覧 (五十音順)

石橋千鶴子　東京女子大学卒。コロンビア大学大学院ティーチャーズ・カレッジ修士課程（東京：TESOL 専攻）修了。現在、愛知淑徳大学現代社会学部教授。

伊藤典子　コロンビア大学大学院修了。日本大学経済学部教授。『ジュニアプログレッシブ英和・和英辞典』など各種辞書編集に携わる。

小川四朗　神戸市外国語大学卒。運輸省に航空局航空管制官として入省。航空保安大学校講師などを経て、現在「時事英語を楽しむ会」を主宰。

小池　温　一橋大学卒。日本郵船を経て現在、横浜共立倉庫顧問。日本外国特派員協会アソシエイト・メンバー。

鈴木審平　東京大学卒。東芝入社。広告、広報、経営計画、係争処理などで英語による実務を経験。現在、翻訳学校講師。記事翻訳を担当。

田中満佐人　パーデュー大学経営大学院卒業。日本ベルハウエル（株）社長等を経て、現在は経営コンサルタント、LEC 大学教授。

濱屋徳郎　法政大学卒。専修大学大学院修了。桐蔭学園高等学校教諭を経て現在、神奈川県立座間高等学校英語教諭。

藤村雄伍　神戸市外国語大学卒。日本経済新聞社に入社。編集局勤務のほか研究開発部門に携わる。元早稲田大学オープンカレッジ講師、元文教大学講師。

宮本倫好　神戸市外国語大学卒。コロンビア大学大学院修了。産経新聞欧米特派員を経て文教大学教授。現在名誉教授。元日本時事英語学会会長。

渡辺敦子　コロンビア大学ティーチャーズ・カレッジ英語教授法修士課程修了。国際基督教大学英語教育プログラム専任講師。

渡邊（金）泉　コロンビア大学ティーチャーズ・カレッジ英語教授法修士課程修了。国際基督教大学英語教育プログラム特任講師。

目 次

前書

CHAPTER 1 *CONVERSATION* 9
とびきり新鮮な口語・スラング表現266

◆コラム1【心に残る映画の名セリフ ベスト10】 78

CHAPTER 2 *LIFE*
最新流行のライフスタイルがわかる表現215

　　——世代・若者風俗　82
　　——学校・教育　88
　　——家・家族・ペット　97
　　——少子高齢化社会　105
　　——食・健康　107
　　——休暇・旅・交通　115
　　——エンターテインメント　122
◆コラム2【映画の年齢指定】127
　　——ファッション・スタイル　128
　　——スポーツ　137
◆コラム3【メジャーリーガーのニックネーム】 141

CHAPTER 3 *SCIENCE*
最新の科学技術の動向がわかる表現153

　　——先端技術など　144
　　——環境　149
　　——遺伝子工学　155
　　——医学　160
　　——病名など　166
　　——恐怖症　170
　　——薬学　172
　　——超自然現象　175
◆コラム4【台風の名前のつけ方】 176

CHAPTER 4　*IT*

最新の情報技術の動向がわかる表現76

　　——IT　178
◆コラム5【ブログのいろいろ】　182
　　　——携帯電話・モバイル機器　189
　　　——個人情報と犯罪　194

CHAPTER 5　*MONEY*

最新の経済・ビジネスの動向がわかる表現161

　　——ビジネス・経済　198
　　　——マーケティング・広告・マスコミ　212
　　——株式・企業買収　222
　　——税・年金　227
　　——特許　230
　　——企業再生　231
　　　——ロジカルシンキング　232
◆コラム6【お金をめぐる俗語表現あれこれ】　236

CHAPTER 6　*WORLD*

最新の世界の動きと日本の今を表す表現179

　　——国際ニュース　238
　　——民族紛争　242
　　——テロリズム　244
　　——犯罪　250
　　——革命　254
　　　——アメリカ政治・経済　256
　　　——アメリカ社会　261
◆コラム7【アメリカの都市のニックネーム】　264
　　　——イギリス事情　266
　　　——日本の政治・社会　272

英語索引　283

CHAPTER 1
CONVERSATION
とびきり新鮮な口語・スラング表現 266

この章では表現をアルファベット順に配列しています
イタリック体（斜体）の *one's, do* は配列の考慮に入れていません

all-or-nothing mentality 「全てかゼロかという単純な発想」

単純思考で、複眼的な発想ができないこと。
▶It's an **all-or-nothing mentality** where if my point of view is not accepted then I'm no longer going to participate.（自分の意見が受け入れられなければもう参加しない、というのは単純きわまりない発想だ）

all-you-can-eatery 「食べ放題の食堂」

all-you-can-eat「食べ放題の」から。
▶The Taiyo Group are the most popular Japanese **all-you-can-eateries** in Shanghai.（大洋グループは、上海で最も人気のある、食べ放題の日本料理店です）

artisanal 「職人の」「技工の」「ローテクの」

artisanは「職人」「熟練工」。
▶They have an almost **artisanal** sensibility that appeals.（彼らには魅力的な、職人的感性とも言えるものがあります）

art-mate 「(アート系の)趣味仲間」

同居人または同室者のことを roommate「ルームメイト」と言いますが、趣味仲間のことを art-mate と言うそうです。これと同じく、ヨガ仲間のことを yoga-mate、ジョギング仲間のことを jog-mate と言います。アメリカの人気トーク番組の司会者オプラ・ウィンフリーがよく口にする言葉だそうです。

asshat 《形容詞》「バカな」《名詞》「バカ者」《動詞》「バカなことをする」

ネットから広まった言葉です。ass は「尻」で、足を広げ、首を下げて股覗きをすると、帽子をかぶったような格好になるところからこう言います。「そんなことをするバカ者」ということでしょうか。asshole、assclown、asshead などという俗語は前からありました。

at a healthy clip 「着実に」

この clip は「速度、すばやさ」を表しています。
➤It shows the economy is chugging along **at a healthy clip**.
(それは景気が着実によくなってきていることを示している)

awesometastic 「すごい」「とてもいい」「すてきな」

アメリカの女子大生が使います。awesome と fantastic が融合した語です。
➤"Jason finally asked me out." "That's **awesometastic**!"
(「やっとジェイソンがデートに誘ってくれたの」「すごいじゃない！」)
＊ask ～ out「～にデートを申し込む」

back up 「(トイレなどの配管が)詰まる」

ほかに、overflow という表現もあります。
➤The toilets in the hospital **backed up**. (その病院のトイレの配管が詰まった)

bad hair day 「何をやってもうまくいかない日」「厄日」

a bad hair day を直訳すると「髪形が決まらない日」となりますが、日常の会話では「何をやってもうまくいかない日」という意味で使われます。

➤"Listen, this morning I couldn't find my keys, and then missed the bus and was late for work. My boss was in a really bad mood and told me to stay late, but I got a call from my kid's school and had to leave the office, and he got even more upset!" "It's just a **bad hair day**."(「聞いてよ。けさ家の鍵が見つからなくって、バスに間に合わなかったのね。それで会社に遅刻しちゃったんだけど、上司がすごく不機嫌で、今日は残業だって言うの。でも、子どもの学校から電話があって早退しなくちゃならなくなったもんだから、上司がさらに怒っちゃって」「何をやってもうまくいかない日ってあるわよね」)

baggage meltdown「飛行機の荷物が行方不明になること」

meltdown は通常は「溶融」などの訳語が多いのですが、baggage「荷物」が溶ける事故はあまりありません。跡形もなく消えてしまったという感じで使っているのでしょう。
➤Increased air traffic and a shortage of security screeners could combine to cause a **baggage meltdown** this summer.(輸送量の増加と検査人員の不足が相まって、今年の夏は、旅客荷物が行方不明になる事故が起きることになるかもしれません)

bare-bones「ごくわずかの」「ぎりぎりの」「最低限の」「必要最小限の」

bare bones は「要点、骨子、最低限必要なもの・こと」の意味。ハイフンがついて bare-bones となると形容詞になります。
➤He would be paid about $9 an hour and receive **bare-bones** health insurance.(彼には時給9ドルが支払われ、必要最小限の健康保険が適用されるでしょう)

barnyard epithet「下品なののしり言葉」「口汚い言葉」

barnyard には「粗野な」「下品な」という意味があり、epithet には「悪口」という意味があります。つまり、barnyard epithet は文字どおり「汚いののしり言葉」「粗野な悪口雑言」という意味になります。
ほかに、barnyard humor「下品なユーモア」、barnyard language

「下品な言葉」などがあります。
➤He uttered a **barnyard epithet** on live TV before storming off the set of his show.（彼は自分の生番組で口汚い言葉を吐き、それから憤然とセットを立ち去った）

＊storm off「荒々しく〜を去る」「憤然と〜から離れる」（⇨ p.64）

be a generation away「一世代遅れている」

一世代とは、親から子どもに代が移る約30年間を言います。
➤I think that country **is** still **a generation away**.（あの国はまだ一世代遅れていると思う）

be beset from all sides「八方ふさがりになる」「四方八方から攻められる」

beset は「〜を包囲攻撃する」「（道など）をふさぐ」という意味の動詞で、ここでは受け身形で使われています。
➤What has come as a result of this is Japan's current predicament of **being beset from all sides** by its neighbors.（この結果として起きたのが、近隣諸国からの包囲網とも言える今日の日本の窮地です）

be beyond compare「すばらしい」「並外れた」

beyond の本来の意味は「はるかかなた」「〜を越えて」などで、be beyond compare では「比類なく」「比べものにならないほど」という意味です。
➤Payard's chocolate mousse **is beyond compare**.（ペイヤードのチョコレート・ムースは最高）

＊Payard は、ニューヨークはマンハッタンの高級住宅街のアッパー・イーストサイドにある高級菓子店。

be in the know「通である」

know を名詞として使っている。
➤People want to watch these pop-culture events in real time to **be in the know**.（人々は通になることを望んで、こうしたポップ・カルチャーのイベントをリアルタイムで見たがるものだ）

be psyched [意味の追加]「興奮している」「楽しみにしている」

be psyched のもともとの意味は「動揺する、びくつく、(雰囲気に)のまれる」ですが、最近は、心の揺れがプラス方向に現れた場合にも使います。be psyched up「心構えができている」「気合が入っている」という言い方もあります。
➤I am really psyched.(すっごく楽しみ)

bells and whistles「(プラスアルファの)派手な装飾品」「(便利さ、豪華さ、高級感などをアピールするための)付加機能、オプション機能、付属品、おまけ」「(本体、本質とは関係のない)無駄なもの、余計なもの」

好意的にも、否定的にも使われます。
➤The T5026 is a good computer for the user who wants a computer without all the **bells and whistles**.(T5026は、機能本位のシンプルなコンピュータを求めている人にはうってつけです)
➤Today's 401(k) plans can carry a lot of "**bells and whistles**," but employees may opt for higher investment returns versus optional services.(今日の401K[確定拠出年金]にはさまざまなおまけがついてくることもあるが、従業員はオプションのサービスよりも、より高い投資益のほうを選択するでしょう)

bet the farm [ranch]「絶対確信がある」

「農場や牧場などの全財産を賭ける」から。bet the farm [ranch] on、bet the farm [ranch] that の形で用いられます。
➤Bush **bet the farm** on a particular theory of war.（ブッシュは独特の戦争理論を固く信じていた）
➤You can **bet the ranch** that if you go back to eating sugar and starches you will regain the weight.（糖分やでんぷん質を食べる食生活に戻ったら、間違いなく体重は元に戻ります）

BILF「イケメン」

BILFとは、boy I'd like to fuckの頭文字をとったものです。直訳すると、「寝たい男」となります。はっきり声に出して言うわけにはいかないので、BILF「ビルフ」と言うのでしょう。日本語でいう「イケメン」の感覚で使われているようです。
最初の頭文字さえ入れ替えれば、いかようにも使え、次のような言葉もあります。
- GILF: girl I'd like to fuck「寝たい女」
- SILF: star I'd like to fuck「寝たい芸能人」
- MILF: model I'd like to fuck「寝たいモデル」
- MILF: mother I'd like to fuck「寝たい母親（熟女）」
- BILF: bitch I'd like to fuck「寝たいあばずれ」
- BILF: brother I'd like to fuck「寝たい黒人男」
- BILF: butt I'd like to fuck「寝たい男」

品性を疑われるので使いたくないですね。ちなみに、以前、ポップ・シンガーのブリトニー・スピアーズがMILFと書かれたTシャツを着ていたそうですが、頭文字のMはどういう意味なのでしょう。
➤Wow, did you see that guy? He's a total **BILF**.（うわー。いまの男、見た？ すっごいイケメン）

black and white [意味の追加]「単純明快な」「黒白（善悪）のはっきりした」

➤The characters in the TV program *The Violent Shogun* are all either **black and white**, that is, good or bad.（テレビ時代劇

『暴れん坊将軍』の登場人物は全員が黒か白か、つまり善玉か悪玉かにはっきり分かれている）

bloviator 「偉そうに講釈をたれる人」「尊大に一席ぶつ人」

情報を持っているわけでもないし、専門知識もないのに、ただ名が知られているというだけで、偉そうに長々としゃべる政治家や芸能人、有名人を bloviator と言います。

要するに、いまの国会やテレビは bloviator だらけということです。

➤That **bloviator** Alec Baldwin said he was going to move to France. Why is he still in Hollywood?（偉そうなことばかり言うアレック・ボールドウィンは、フランスに移住するつもりだとかなんとか言っていたが、なんでまだハリウッドにいるんだ？）

＊アレック・ボールドウィンは映画『アビエイター (*The Aviator*)』に出演している。aviator と bloviator をかけて皮肉ったもの。

bone-breaking 「骨の折れる」「厄介な」

bone-breaker と言えば、「骨の折れる仕事」「厄介な仕事」のことです。

➤He described logging as **bone-breaking** work.（彼が言うには、木を切って運ぶのは骨の折れる仕事とのことだ）

boo ［意味の追加］「愛しい人」「ボーイ［ガール］フレンド」

英語では、カジュアルな会話をするとき、恋人や妻・夫のことを honey と呼びますよね。その黒人英語版にあたるのが boo です。主に恋人同士のあいだで使われますが、母親が我が子を呼ぶときにも使われるようです。

フランス語の beau「ボーイフレンド」からきています。beau の発音は「ボウ」ですが、boo は「ブー」と言います。ちなみに、"My Boo" という歌を、黒人歌手アッシャーがアリシア・キーズとのデュエットでリリースしています。

➤I miss my **boo**.（彼［彼女］が恋しいよ）

bookcrossing 「ブッククロッシング」「本の放置」

不用になった本を街中に放置し、拾った人に自由に読んでもらおう

という運動。読んだ人はまた、その本を同じように街中に放置します。

boony 「ど田舎 (の)」「僻地 (の)」「田舎者 (の)」

田舎を蔑んだ表現です。名詞は the boonies「ど田舎、僻地」が一般的な形です。
- ➤I live in **boony**. (私はど田舎に住んでいる)
- ➤He is a **boony**. (彼は田舎者だ)
- ➤I was born and grew up on a **boony** island off the northeast side of Vancouver Island, called Read. (私は、バンクーバー島の北東の沖合にあるリードというさびれた島で生まれ育った)

boyfriend [意味の追加]「彼がいると言って断る」

boyfriend は本来名詞ですが、若い世代で「彼がいると言って誘いを断る」という意味の動詞として使う人がいます。
- ➤"Did you ask her out?" "Yeah, but she **boyfriended** me." (「彼女をデートに誘ったの?」「ああ。でも彼氏がいるって断られちゃったよ」)

brick by brick 「ひとつひとつ」「ゆっくり着実に」

レンガをひとつひとつ、しっかり積み上げるイメージ。stone by stone も同様の意味で使われ、この2つの表現が並べて使われることもあります。
- ➤The castle of true love must be built **brick by brick**. (真実の愛という城は、ゆっくりと着実に築き上げねばならない)
- ➤Peace is like a house which needs to be built **brick by brick** and stone by stone. (平和とは、レンガをひとつひとつ、石をひとつひとつ積み上げて造らねばならない家のようなものだ)

bridge-and-tunnel crowd 「郊外に住む人たち」「郊外からの通勤・通学者」

ご存知ニューヨークのマンハッタンは島なので、郊外からの通勤・通学者はトンネルか橋を通ってやってきます。bridge-and-tunnel people とも言ったり、単に bridge-and-tunnel と言うこともあり

ます。
この表現はニューヨークからほかの町にも広がり、橋やトンネルがなくても、単に「郊外に住む人」という意味で使われます。

● **Britspeak**「イギリス英語の口語表現」

-speak は「〜に特有の言い方、〜語」といった意味です。この表現自体、British English と言わないところが口語っぽいですね。

● **brokeback**「ゲイっぽい」「ホモセクシュアルの」

映画 *Brokeback Mountain* はゲイのカウボーイを描いた作品ですが、brokeback は、若い人々の間で gay を意味する形容詞として使われているようです。
➤He got a Hummer? That's so **brokeback**!（彼、ハマーを買ったって？ そりゃかなりゲイっぽいよ）

＊ Hummer は GM 社製の SUV［スポーツ汎用車］。hummer には俗語として oral sex の意味がある。

● **BTW**「月曜日」「仕事に復帰する日」

back to work の頭文字をとったもので、月曜日、または仕事に復帰する日という意味です。よく知られており、レストランの名前（TGI Friday's）にもなっている TGIF（＝ Thank God It's Friday「花金」）の逆です。
➤Oh, no! Tomorrow is **BTW**.（げえ〜。明日は月曜日だ）

● **buccaneering**《名》「海賊（的な）行為」《形》「荒らし回る、果敢に挑戦する」

16〜17 世紀にスペインの植民地を荒らした海賊バカニーアに由来する言葉です。「ルールを無視して無謀に挑戦する」というニュアンスがあります。
➤That oil company's **buccaneering** days were ended by the collapse in oil prices.（あの石油会社の無謀な挑戦の日々は、原油価格の暴落で終わりを告げた）

buzz cut 「丸刈り」「坊主刈り」

入隊時に髪を短く刈り上げるようなヘアスタイル。スポーツ刈りなど、男性の短髪一般は crew cut と言います。
➤Many look like kids, with their fresh new **buzz cuts** and uniforms that haven't yet been lived in.（多くが刈りたての丸刈りに着なれない新品の軍服といういでたちで、まるで子どものように見える）

caffeine junkie 「カフェイン中毒者」

つまり、コーヒーをひっきりなしに飲む人のこと。junkie は本来、麻薬中毒者を指す。television junkie と言えば「テレビ漬けの人」。

camp ［意味の追加］「座る」

camp は口語表現で「落ち着いて座る」という意味があります。
➤Why don't you **camp** here?（ここに座ったらどうですか）

Can it! 「静かに！」「うるさい！」「お黙り！」

➤Oh, **can it!**（ちょっと、静かに！）
➤"Hey, **can it**, you guys!" she barked. Immediately silence fell, and all eyes turned questioningly toward her.（「みんな、静かに！」と彼女は大きな声をあげた。するとたちまち静まり返り、何事かと、みんな彼女の方を見た）

career capper 「最高の栄誉」「最高のもの」「最後を飾るもの」

職歴（経歴）における「最も輝かしい業績、出来事、受賞」「総仕上げ、フィナーレ」などを表すときに用いられる表現です。
capper = topper で、「最高のもの」といった意味です。
➤Taking the checkered flag at the NASCAR 500 is a **career capper** for NASCAR drivers.（ナスカー 500 でチェッカーフラッグを受ける［優勝する］ことは、ナスカーに参戦するレーサーにとって最高の栄誉だ）
＊NASCAR = National Association for Stock Car Auto Racing「ナ

スカー、全米自動車競走協会」

➤Unfortunately, ever since her Oscar-winning **career capper** in *Dead Man Walking* she doesn't seem to be trying as hard as before.（残念なことだが、『デッドマン・ウォーキング』でオスカーという最高の栄誉を獲得してからというもの、彼女［スーザン・サランドン］は、以前のように必死でやろうという気持ちがないようだ）

➤Ray Price has released an album that can be heard as both a **career capper** and an ambitious new chapter.（レイ・プライスが新しいアルバムを出したが、これは彼のこれまでの総仕上げの作品としても聞けるし、野心的な新境地を開いた作品として聞くこともできる）

➤The Akutagawa prize is a **career capper** for up-and-coming writers.（新進の作家にとって芥川賞は最高の栄誉だ）

carry ～ pickaback「～を肩車する」「～をおんぶする」

give ～ a piggyback ride の意味で、英国でよく使われます。

cash-strapped「金欠の」「金に困っている」

➤What's good for the **cash-strapped** citizen is also good for the **cash-strapped** state.（金欠の国民にとっていいことは、金の無い国にとってもいいことだ）

cat sleep「うたたね」

short sleep のことで、cat nap と言うのが一般的です。

catlick「おざなりに洗うこと」「カラスの行水」

自分の体をなめる猫のしぐさから生まれた表現でしょうか。

center-screen「(テレビで) 注目の的」

ちなみに centerfold だと「雑誌などの中央見開きグラビアページ」という意味があります。

➤That sumo wrestler was **center-screen** some weeks ago.（数週間前、その力士は注目の的だった）

chameleonitis「性格の劇的変化」

まるでカメレオンのように、環境によって性格が劇的に変化することで、workplace disease「職場の病」だと言われています。-itis は「病気」を表す接尾辞です。

➤**Chameleonitis** occurs when an individual adapts their behavior and attitudes to fit in with the corporate environment.（人格の劇的変化は、個人が行為や態度を職場環境に適合させようとする際に起きます）

checkout-line rage「レジの長い行列で爆発する怒り」

checkout はいわゆるレジ。で、checkout-line はレジの行列。レジで並んでいるとき、「ナニやってんのよー」「モタモタすんじゃねーよ！」と怒り心頭でどなっている人がいますね。あの怒りの爆発が checkout-line rage です。

ちなみに交通渋滞のいらいらがこうじて怒り狂うことを road rage、機内で乗務員や客にあたりちらし、わめくのが air rage。ゴルフコースでイライラがこうじての golf rage もあります。

➤We also have **checkout-line rage**. Uncontrolled anger is all the rage these days.（レジの長い行列で怒りが爆発することもあります。最近は、抑えのきかない怒りがあちこちで見受けられます）

＊ be all the rage「大流行している」「ブームである」。rage の「激怒」の意味をかけている。

cheddar ［意味の追加］「お金」「富」

たいていの人は、cheddarと聞くとチェダーチーズのことだと思いますが、俗語では「お金」とか「富」を指します。ラッパーがよく使います。
cheeseも「お金」を表す俗語として用いられます。
➤Can you give me a piece of that **cheddar**?（あの金の分け前をくれ）

cherry-pick 「～のいいところだけを選ぶ」

利益がいいとか、優れているとか、要するに「いいところだけ」「おいしいところだけ」をつまみ食いすること。「いいとこ取り」「（人材の）引き抜き」はcherry-pickingと言います。
➤The Bush team **cherry-picked** data to support their claims.（ブッシュ陣営は彼らの主張に都合のいいデータだけを採用した）

chunk the deuce 「ピースサインをする」

deuceはトランプやサイコロで「2」を表します。立ち去るときに人差し指と中指を立てて「あばよ」という合図をするジェスチャーを指すスラング表現です。
もともと、南部のラップ歌手たちから始まったものですが、全米的に知られるようになりました。単純に「去る」という意味でも使われます。男の子がよく使う表現で、女の子はあまり使わないようです。
make the peace signやthrow up the peace signとも言います。ちなみに、中指だけを突き出すジェスチャーは、flip the birdとかgive～the fingerと言い、Fuck you!と同じ意味の、軽蔑を示す下品なしぐさです。
➤After shoplifting a package of lighter, Rod **chunked the deuce** at the store clerk on his way out.（ライターを一箱くすねたあと、ロッドは店を出るときに店員にピースサインをした）

comb-over haircut 「バーコードヘア（頭）」

➤He was squat and had a thinning, **comb-over haircut**.（彼

はずんぐりしていて、薄くなった髪をバーコードヘアにしていた）

contouring 「体の線に合わせてフィットする」

contourは「〜の輪郭を描く」という意味ですね。「顔の輪郭を矯正する手術」をfacial contouring surgeryと言うそうです。
➤The bed is the longest in the airline industry and is equipped with a massage machine and the world's first **contouring** seat system.（ベッドは航空業界最長で、マッサージ機と、世界初の、体の線に合わせて座席がフィットする機能を備えています）

conversate 《動》「会話をする」《名》「会話」

この言葉は俗に言う黒人英語です。文法的に正しい表現ではありませんが、よく耳にする言葉で、特に動詞としての使用がよく見受けられます。正しくは、《名》conversation、あるいは《動》converseです。
➤I would like to **conversate** with you regarding your recent mail.（先程あなたがよこしたメールについて話がしたいのですが）

corner office 「フロアの角にある立派なオフィス」

corner officeを直訳すると、「窓際のオフィス」イコール「窓際族のような出世街道から外れた人」をイメージしやすいのですが、英語で言うcorner officeはその逆で、「cornerに立派なofficeを持っている」イコール「出世している」と考えていいでしょう。
ちなみに例文のNice girls don't get the corner office.は本のタイトルです。こういった題名の本が店頭の目につくところに置いてあることも、キャリア志向のアメリカ社会を反映しているように思えます。
➤Nice girls don't get the **corner office**.（気立てのよい娘は出世しない）

couch hopper 「ホームレス」

「長椅子から長椅子へ転々」という意味のcouch hoppingする人を、couch hopperと言います。couch hoppingは、住居が定まらない様、すなわち「ホームレス状態」を言います。

➤He was a **couch hopper**.(彼はホームレスだった)
➤A person who has been "**couch hopping**" for at least a year meets the definition of long-term homeless.(1年以上、住居が定まらず転々としている人は、長期ホームレスの定義に合致する)

crazy hours「早朝や深夜の時間帯」

「常識外れのとんでもない時間帯」ということです。
➤I had been waking up at **crazy hours** of the morning and gardening in my pajamas for the last few weeks.(ここ2、3週間、私は朝も暗いうちから起きて、パジャマを着たまま庭いじりをしていた)

creative drive「創造意欲」

この drive は「やる気、積極性」といった意味で、文字通りには「創造性のある積極性」です。
➤Women business heads come from every background and ethnic group. What they have in common is **creative drive**.(女性のビジネスリーダーたちはさまざまな経歴をもち、民族的にもさまざまだが、彼女たちに共通しているのは、創造意欲が旺盛なことだ)

crib [意味の追加]「自宅」

crib の本来の意味はベビー・ベッド(これは和製英語なのでご注意)ですが、スラングで「自宅」という意味でも使われています。
➤Do you wanna come to my **crib** and watch some movie?(おれんちで映画でも見ない?)

crowd-pleaser 「大衆受けのする人、もの」

形容詞 crowd-pleasing「大衆受けする（ような）」も使います。
➤Fireworks are always a **crowd-pleaser**.（花火大会はいつでも人気があります）

crunch time 「ここ一番」「勝負時」

crunch にはさまざまな意味がありますが、「腹筋運動」（abdominal crunch exercise）もそのひとつです。仰向けに寝て首を起こすと腹筋に力が入りますよね。その瞬間が crunch なのです。crunch time はそこから来ています。ここ一番、頑張らなくてはならない勝負時を指します。
➤At **crunch time**, he really pulled together.（ここ一番の勝負時に彼はやってのけた）

cut-and-dried business 「味気ない仕事（業界）」

➤The movies today are a big, tough, **cut-and-dried business**.（今の映画界は、大きくて、せちがらく、味気ない業界だ）

CW (conventional wisdom) 「一般的見解」「昔ながらの知恵」

➤Sooner or later, the **CW** goes, Europeans will adopt the American model.（早晩、ヨーロッパ人はアメリカのモデルを採用するだろう、というのが一般的な見方だ）

＊ the CW goes は the CW says that... の形でも同じ意味。

dad-gummed 「くそ」「くそいまいましい」

ハイフンなしで dadgummed とも書きます。いら立ちや嫌悪を表し、God-damned の婉曲語です。God を使うのがはばかられるので、g と d を入れ換えたり、g を d に代えたりして婉曲にしています。
・dad gum = dadgum（= God damn）
・dad gummit（= God damn it）
・dad-blamed（= God-damned）
➤**Dad-gummed**. Where is the **dadgum** screwdriver?（くっ

そー。ドライバーはどこにあるんだ）

deal ~ a bloody nose 「~に手痛い一撃を与える」「~を痛い目にあわせる」

give ~ a bloody nose とも言います。a bloody nose は「鼻血まみれの顔」というところから比喩的に「手痛い打撃」という意味で使います。
➤Despite his third straight mandate, Tony Blair could be leaving the political stage sooner rather than later after voters **dealt** him **a "bloody nose"** over the Iraq war.（3期連続で政権を任されたが、トニー・ブレアは政治の舞台から思ったより早く姿を消す可能性がある。イラク戦争を巡って有権者から手厳しくやられたからである）

declinologist 「退歩主義者」「衰退論者」

decline「衰える、衰退する」から。progressionist「進歩主義者」の反対語です。
➤A feared species is stalking the French political land: the **declinologist**.（「衰退論者」と呼ばれる怖るべき人種がフランス政界を徘徊している）

deshop 「品物を買って使用後に返品する」

shop「買い物をする」に、「除去」や「反対」を意味する接頭辞 de- を加えた語です。購入した衣服を会合で着た後、「似合わないから」などと文句をつけて返品したり、CD を買ってコピーした後、不具合を言い立てて返金を迫ったりすることです。deshop する客は deshopper です。
shopgrift「使用後に返品するつもりで買う」（⇨ p.63）、wardrobe「服を一度着用して返品する」（⇨ p.72）という言い方もあります。
➤The practice of **deshopping** allegedly cost UK stores £63 million in 2004.（使用後に商品を返品するという悪質行為によって、英国の小売業は2004年に6300万ポンドの損失をこうむったと言われている）

dial-up [意味の追加]「のろい」「手間どる」「遅い」

以前のインターネットの接続は電話回線を使った dial-up「ダイヤルアップ」式でしたが、接続に時間がかかり、ネットサーフィンやダウンロードなど、すべての操作に手間どるため、イライラすることも少なくありませんでした。

そこで、最近では、dial-up を「のろい」という意味の形容詞として使うこともあるそうです。日本語で「蛍光灯」を「にぶい」という意味で使ったのと同じ発想ですね。

► You are so **dial-up**. Can't you hurry up and get ready?（きみはほんとにのろいね。もっと急いで支度してくれないか）

dibs 「分け前」「権利」

have (first) dibs on または get (first) dibs on のかたちで「（最初に）もらう番だ、使う番だ」「優先権がある」という意味で使われます。

► ...but they also get first **dibs** on limited-edition fare from other top brands. （…しかし彼らはまた、他のトップブランドの限定品を一番に買うチャンスがある）

dime [意味の追加]「非常に魅力的な女性」

女性の容貌を数字でランク付けするというのは、昔から米国男性の密かな楽しみでしたが、1979 年に映画 *Ten*（邦題『テン』）がヒットし、ボー・デレクが完ぺきな女性を演じてから、Number 10 は理想的な女性の代名詞として定着しました。

映画は、街行く女性を上から下まで観察して採点する主人公の物語。彼の採点は厳しく、ミロのヴィーナスでさえも 7 点。そんななか、なんと 10 点満点の美女に出会うというお話です。このアイデアをいただき、最近「とびきりイカス女性」に dime「10 セント硬貨」を使いだしたのは、ラップの歌手たちです。

► Being a **dime** got Linda more quarters in her tip jar at the coffee shop.（最高にイカす女性だったから、そのコーヒー店でリンダのチップ入れには 25 セント貨がたくさん入っていた）

do not hurt a fly 「虫も殺さない」「優しい」

日本語の「虫も殺さない」にあたる表現で、fly「ハエ」にとらわれる必要はありません。
➤He's so tender-hearted that he would**n't hurt a fly**.（彼は虫も殺せないほど心根が優しい）

doe-eyed 「くりくりっと丸い目をした」「純真な」「うぶで無知な」

「（雌ジカのように）大きく見開いた純真無垢な目をした」という意味ですが、裏返せば「うぶで無知な」ということにもなります。
➤**Doe-eyed** children in colorful costumes ride atop horses dressed in their Sunday finest.（カラフルな服を着た子どもたちが純真無垢な目を見開いて、礼拝用に飾り立てられた馬に乗っかっている）
➤Many **doe-eyed** investors go bankrupt within a year, sometimes by expanding too fast, sometimes because of pure ignorance.（無知な投資初心者の多くが、急いで手を広げすぎたり、単に知識がないといった理由で1年もたたないうちに破産する）

doga 「ドガ」

犬用のヨガ体操。dogとyogaをあわせた造語。
➤"**Doga**" is a form of yoga for dogs and was developed by Suzi Teitelman, a yoga instructor in New York.（「ドガ」は犬用の一種のヨガで、ニューヨークのヨガ講師、スージー・テトルマンさんによって考案された）

drive out 「～に取って代わる」

「～を追い出す」という原義から。
➤New words **drive out** old ones.（新しい表現が古い表現に取ってかわる）

drive shotgun 「助手席に乗る」

アメリカの西部開拓時代を想像してください。幌馬車の御者台にカ

ウボーイが2人乗っていて、ひとりは手綱をもち、もうひとりは銃を抱えています。ここから、運転席の隣（助手席）に乗ることをdrive shotgunと言います。ride shotgunとも言います。
➤I **drove shotgun** all the way from the west to east coast.（西海岸から東海岸までずっと助手席に乗っていった）

drop a dime 「たれこむ」「密告する」

公衆電話が1通話10セント (dime) だった時代に「仲間を売ってサツにたれこみ電話をする」という意味で使われ始めましたが、携帯時代になってもそのまま生きています。
➤I was the one who **dropped a dime** on your ass to the section supervisor.（テメエのことを上司にたれこんだのはおれだったのさ）
➤She **dropped a dime** on my brother to the FBI.（彼女はぼくの兄弟をFBIに密告した）

dude 「きみ（呼びかけ）」

現在、アメリカの若者がよく口にしている表現です。複数の人に呼びかける場合はもちろんdudesとなります。40代、50代はguys、60代以上はfellowsをよく使います。
➤Hey, you **dudes**!（やあ、きみたち）

DUFF (designated ugly fat friend) 「引き立て役」

コンパやパーティに引き立て役として連れて行く、容姿の好ましくない、太った友人を指します。designatedは「指定された」という意味です。

➤If you really want to be seen when you go to a club, it's recommended that you bring a **DUFF**.(クラブに行って目立ちたいのなら、引き立て役を連れて行くことをお勧めするね)

● **dystopian**「陰惨な」

名詞形は dystopia「暗黒郷」で、utopia「ユートピア、理想郷」の反対。
➤AIDS is one of the **dystopian** harbingers of the global village.(エイズは地球村の陰惨な予兆のひとつである)

● **easy pickin's**「濡れ手で粟」

easy pickings の短縮形です。
➤It offers **easy pickin's**.(濡れ手で粟のような儲け話だ)

● **edgier**「さらにクレイジーな」「さらにあぶない」

edgy に「あぶない」「クレイジーな」という意味があります。それを比較級にした表現です。この場合の「あぶない」は、「先端をいく」「クールな」という意味での「あぶない」です。
➤The role played by the new actor will be **edgier**.(新しく変わったその俳優によって演じられる役はさらにあぶない[さらにクールだ])

● **Eew!**「げっ」

最近、男性のみならず若い女性の間でも使われている、嫌悪、驚き、恐怖、苦痛などを表す間投詞です。「イーウ」と発音します。ミニ悲鳴とでもいいましょうか。Ew! とも Eww! とも書きます。
➤**Eew!** She actually wore that ugly dress to the party?(げえー、ほんとにあの最悪のドレスでパーティに行ったの?)

● **elbow bump**「ひじを軽くぶつけ合う挨拶」

ひじを軽くぶつけ合って親愛の情を示します。風邪が流行したときなど、握手やキスや抱擁などによる接触を避けるにはいい挨拶法です。
直接接触を避けることを、婉曲語法で social distancing「社会的

に距離を取ること」と言うこともあります。
➤My classmates greet by **elbow bump**, which is the latest trend at my school.（クラスのみんなは、ひじとひじをぶつけて挨拶してる。最近、学校ではやってるんだ）

eroticize「性欲をかき立てる存在にする」「エロチックにする」

eroticの動詞形です。これらの語の語源であるエロス (Eros) は、ギリシャ神話の愛の女神。ローマ神話のキューピッド (Cupid) にあたります。
➤That is, she was **eroticized** and glamorized.（つまり、彼女はエロチックで魅惑的になった）

evangephobia「福音嫌い」

evangelism（福音）＋ phobia（嫌うこと）の合成語。キリスト教の福音を嫌うこと。

extra cash「定収入以外のお金」「副収入」

➤He raises bees to earn little **extra cash**.（彼は養蜂を営んで、わずかな副収入を稼いでいる）

eyebrow-raising「驚くべき」「びっくりするような」

raise an eyebrow「まゆを上げて驚く」から。
➤Among other **eyebrow-raising** predictions is the prospect of computer systems being able to feel emotions.（驚くべき予測には、ほかに、感情のあるコンピュータなどがある）

fabu「超ナイス」

fabulous「並外れた、驚くべき、感動的な」の短縮です。fabuのuを強調して発音します。
➤That restaurant was **fabu**.（あのレストラン、超ナイス）

fart gag「くだらないギャグ」

fartは「おなら」の意。おならをして人を笑わせるような、低レベルのギャグという意味です。形容詞形は fart-gag です。

➤Most of the humor is on the **fart-gag** level.（ほとんどのお笑いが、くだらないギャグ程度のものだ）

FedEx「速達（翌日配達便）で送る」

FedExとはFederal Expressという運送会社名の略語です。速達、翌日配達の代名詞として使われています。
faxと同様、もともと名詞だったものが動詞としても使われるようになりました。

➤I'll **FedEx** the document.（書類を翌日配達便［FedEx］で送ります）

➤Can you **FedEx** me a copy?（大至急［FedExで］1部送ってくれる？）

feed［意味の追加］「決め手となって貢献する」

feedにある「（えさなどを）与える」という意味が広がり、このような意味になりました。

➤It is important for us to take a good, hard look to see how our own actions are **feeding** economic trends.（私たち自身の行動が経済動向の決め手として貢献していることをしっかりと見守り、確認することが重要だ）

flip-flopper「日和見主義者」「風見鶏」

flip-flopは「トンボ返り」「意見の急変」を意味する名詞・動詞。
flip-flopperはしたがって、自分に有利なように意見を急変させる人のこと。

➤People who don't like what McCain is doing will call him a "**flip-floper**."（マケインの政治手法を嫌う人は、彼を日和見主義者と呼ぶ）

fly［意味の追加］「かっこいい」

日本語の「とんでる」とはニュアンスがちがいます。
➤That is so **fly**!（めちゃかっこいい！）

foil gropers 「痴漢を防止する」

foil は「阻止する」。groper は、grope「体をまさぐる」から「痴漢」の意味。

for cry eye 「驚いたことに~だ」

for cry eye は驚きを隠せないときなどに使う表現のようです。日常会話で男性が多く使うようです。
➤He is a father **for cry eye**.（あれで彼は父親だというのだから、驚いてしまう）

fraudulent return 「不正返品」

fraudulent は「詐欺の」。返品 (return) を前提に商品を購入し、短期間使用する行為を指します。

Fuck off! 「失せろ、黙れ、止めろ、ほっといてくれ」

品性を疑われるので使ってはいけないフレーズですが、映画などでよく耳にするので、知っておいて損はないでしょう。

fugly 「超ブサイク」

アメリカのティーンエージャーの使う言葉で、fucking ugly を短縮したものです。
➤Wow, that actor is **fugly**!（ウォ、あの俳優、超ブサイク！）

furniture mover 「引越し業者」

relocation specialist とも言います。
➤Brian worked during the summer as a **furniture mover**.（ブライアンはその夏の間、引越しの仕事をした）

fusion ［意味の追加］「無国籍料理」

fusion を辞書で引くと「（人種・言語などの）融合」とありますが、最近は料理を指す言葉にもなっています。fusion cuisine とも言いますが、fusion だけでも十分です。
➤This is an Asian **fusion** restaurant.（ここはアジアン・フュー

ジョン [アジア風多国籍料理] の店です)

gangsta 「すごい」

もともとはドラッグ関係の俗語でした。dope「麻薬」が great という意味に変化したように、gangsta (= gangster「ギャング」) も great の意味の口語として広く使われています。
➤I thought the article was gangsta. Thirteen pages of a black woman in *Vanity Fair*? That's never been done before. It was dope.（その記事はすごいと思った。黒人の女性についてヴァニティ・フェア誌に 13 ページも載るなんて、空前のことだった。すごいことだったんだ）

gaslight [意味の追加]「精神的に追い詰める」「心をあやつる」「気をふれさせる」

パトリック・ハミルトンの戯曲を映画化した『ガス燈』(1940 年、リメーク 1944 年) のなかで、遺産を相続した妻が正気を失っていくよう仕掛けるため、家の中のガス燈を薄暗くすることで、何者かに命を狙われていると心理的に追い詰めていくところから、この「気を狂わせる」の意味が生まれました。
➤He gaslighted Dixie to make her think she was losing her mind.（彼はディキシーを精神的に追い込んで、彼女が自分のことをおかしくなっているのではないかと考えるように仕向けた）
➤She's been "gaslighted" into believing she is a killer by an evil psychiatrist.（彼女は悪魔のような精神科医に心を支配され、自分は殺人鬼だと信じ込んでいる）

gearhead 「メカおたく」「車や機械にとりつかれている人」

➤As soon as NASCAR's gearheads and number crunchers sat down together, ideas started to fly.（ナスカーのカーキチや数字気違いたちが集まると、いろんなアイデアが飛び交いはじめた）

* NASCAR = National Association for Stock Car Auto Racing「ナスカー、全米自動車競走協会」

geeky 「奇妙な」「奇人の」「変人の」

geek は「変人、さえない人」また「(コンピュータなどの) オタク」で、geeky はその形容詞形です。
➤Americans would never get behind the wheels of Toyota's geeky science experiment. (アメリカ人は決してトヨタの奇妙な科学実験車のハンドルを握りたがらないだろう)

gender change 「(身分証明・戸籍などの) 性別変更」

sex change だと「性転換」です。一般的に gender は社会的、文化的役割としての性別、sex は生物学的な性とされます。

get a boost from 「～で勢いづく」「～で弾みがつく」「～の支援を得る」

from の代わりに with が使われることもあります。
➤The Nasdaq got a boost from biotech mergers. (ナスダックはバイオ関連企業の吸収合併で活況を呈した)

get hammered drunk 「泥酔する」

➤The recruits can go out for a weekend going to pubs and nightclubs in London and getting "hammered" drunk. (士官候補生たちは週末には外出が許され、ロンドンのパブやナイトクラブに行き、酔っ払ってぐでんぐでんになる)

Get out of here! [意味の追加]「うそー」「信じられない」

本来は「出て行け」「失せろ」という意味ですが、「まさか、信じられない!」という気持ちを表すときによく使うフレーズです。
➤"I just saw Madonna outside." "No way! Get out of here!" (「今、外でマドンナを見たよ」「まさか! 信じられない!」)

get whacked with 「～でひどい目にあう」「～を払わされる」

get hit with や get clobbered with も同じ。いずれも、文字通りには「～で打たれる」の意味ですが、tax や fee といった語を伴って

1. CONVERSATION

「~を払わされる」「~を課される」といった意味でよく使われます。
➤Merchants **get whacked with** a 27-cent fee every time you use that debit card.（客がそのデビットカードを使うたびに、店側は27セント支払わされる）
➤If you elect John Kerry, we are going to **get hit with** another 9/11-scale terrorist attack.（ジョン・ケリーを［大統領に］選んだならば、再び9.11級のテロ攻撃を受けることになるだろう）
➤I **got hit with** a fee for canceling.（キャンセル料を払わされた）
➤I recently **got hit with** my first incident of credit card fraud.（最近、はじめてカード詐欺の被害に見舞われた）
➤Will my kids **get clobbered with** taxes when they inherit my assets?（私の財産を相続するとき、子どもたちは税金で泣くのでしょうか）

get-rich-quick「手っ取り早く金持ちになれる」「一攫千金の」

➤Japanese individuals treated the market like a casino, buying and selling rapidly online. It is precisely a heady **get-rich-quick** atmosphere.（日本人はオンラインですばやく売り買いし、市場を一種のカジノのように扱っていた。一攫千金ムードとはまさにこのことである）

ghetto fabulous「キンキラキンで下品な」「超悪趣味な」「ド派手な」

ghettoは「都心のスラム」、fabulousは「素晴らしい」。スラムから成り上がった者が派手な宝石、衣装などを身に着けることを皮肉った言葉です。
➤After Marie won the lottery, she bought a **ghetto fabulous** pink SUV with a solid gold steering wheel.（マリーは宝くじに当たってから、本物の金のハンドルがついたド派手なピンク色のSUV［スポーツ汎用車］を買った）

gift receipt「ギフト・レシート」

金額が記入されていない領収書で、ギフトを受け取った人が品物と一緒にこれを店に持っていくと、簡単に交換ができ、店側にとって

は不正返品の防止策ともなっています。
▶Gift receipts help retailers reduce fraudulent returns and improve customer service.（ギフト・レシートは店にとって不正返品を減らす効果があり、顧客サービスの向上にも貢献している）

girlie man「女々しい男」
= girly man

男性が不甲斐なくなったというのが保守派の男性の不満です。そうした女々しい男性を「まるで女のような男」と軽蔑的に呼ぶのがこの表現。
▶Schwarzenegger called Kerry "a girlie man."（シュワルツェネッガーはケリーのことを「女々しい男」と呼んだ）

give ~ a poke in the eye「~を痛い目にあわせる」

pokeは「突くこと」という意味です。
▶Labour Euro-skeptics will urge voters to give Tony Blair a "poke in the eye" over the European Union constitution as the battle lines are drawn for the forthcoming referendum.（労働党内のユーロ懐疑派は、EU憲法批准の国民投票実施が決まり戦闘開始となったので、それを目標に有権者への働きかけを強め、ブレア首相を痛い目にあわせようとしている）

＊EU憲法は、オランダ、フランスの批准否決により、実施の目途が立たなくなっている。

go missing「消える」「いなくなる」

イギリス英語独特の表現で、アメリカ英語ではdisappearがそれにあたります。
▶Colloquial U.S. English is going missing as Britspeak gains.（イギリス英語の口語表現が使われるようになった分、アメリカ英語の口語表現が消えつつある）

＊Britspeak「イギリス英語の口語表現」

go on a double date「ダブルデートする」

二組の男女が一緒にデートすること。主にアメリカで使われます。

➤They lived in the same building and **went on double dates**.
（彼らは同じ建物に住み、またダブルデートをした）

go postal「キレて暴力をふるう、発砲する」

80年代のアメリカで郵便局員の無差別発砲事件が社会問題となったことがありますが、この言葉はそこから生まれたもの。日本語で言う「キレる」に近い意味を持ちますが、ただ「キレる」のではなく、暴力や発砲を伴うような様子を意味します。

➤Let's not get him angry. I'm afraid he'll **go postal**.（彼を怒らせないようにしよう。キレて発砲するかも）

go Sean Penn「キレて暴力をふるう、殴る」

けんかっ早いことで有名な俳優ショーン・ペンから来ています。前項のgo postalと意味も使い方も似ていますが、go postalの銃に対して、go Sean Pennは素手で殴ることを意味します。

このように、人物名を使ってさまざまなことが表現できます。例えば友人の美佐子は遅刻魔で有名だとします。Kyoko is doing a Misako. とは、直訳では「恭子は美佐子をやっている」となりますが、実は「恭子は遅刻している」と言いたいわけで、美佐子のことを知る仲間うちではこれが通じるわけです。国民的な有名人を使えば、ほぼ誰にでも通じるでしょう。

God speed you.「成功を祈る」

speedにはもともと「成功（させる）」という意味がありました。God send you good speed. といった言い方もあるようです。

google「ネット検索する」「ググる」

Googleは既におなじみのサーチ・エンジンですが、最近では動詞としても使われています。googleと言っても、Googleによる検索に限定されているわけではありません。

➤Can you **google** that for me?（それ、ググってみてくれる？＝それ、ネットで調べてくれる？）

granny bike 「ママチャリ」「婦人用自転車」

grannyは「おばあちゃん」という意味です。
➤Basket-laden **granny** or shopping **bikes** are indeed giving way to sporty racing and mountain bikes.（かごつきのママチャリや買い物用自転車はまさに、スポーティな競技用自転車やマウンテンバイクにその座を明け渡そうとしている）

guerrilla-style 「奇抜な」「ゲリラ的な」

➤She attended art school in London and became known for her **guerrilla-style** collages.（彼女はロンドンの美術学校に通い、奇抜なコラージュで知られるようになった）

gut-wrenching 「心を激しく揺さぶるような」

gut-wrenchingは「（悲しさ、嬉しさ、緊張などで）内臓がよじれるような」という意味です。激しさを表すのによく用いられます。heart-wrenchingとも言います（⇨ p.42）。
- gut-wrenching fight for survival against the merciless forces of nature（情け容赦ない自然との生死をかけた過酷な闘い）
- two hours of gut-wrenching tension（胃に穴が開きそうな緊張の2時間）
- gut-wrenching laughter（お腹がよじれるような笑い、抱腹絶倒）
- have a gut-wrenching cry（号泣する）
- gut-wrenching grief（胸がはり裂けるような思い［悲しみ］、断腸の思い）

➤A **gut-wrenching** story about the big family was all a fake.（あの大家族の感動物語は全くのヤラセだった）

hair person 「髪形を気にする人」「髪形にうるさい人」

名詞にpersonをつけて「〜好き（の人）」「〜型（の人）」など、さまざまな表現が可能です。
- morning person「朝型人間」
- book person「本好き」

➤I have always been a **hair person**. Maybe it has something to do with the era I grew up in.（私はいつも髪形を気にしてきました。それは、私が育った時代となにか関係があるのかもしれません）

➤Are you a **Windows person** or a **Mac person**?（きみはウインドウズ派？ それともマック派？）

➤I read somewhere that everyone is either a **Beatles person** or an **Elvis person**, and no one is both.（人はエルビスかビートルズかどちらかのファンで、両方のファンという人はいない、と何かで読んだことがある）

happy camper「楽しそうな人」「幸せそうな人」「嬉しそうな人」

キャンプを楽しんでいる人のことではありません。

➤Despite the weather, Tim is a **happy camper**.（天気は悪いけど、ティムは楽しそうだ）

➤If you could do a high-res scan and post it, I would be a **happy camper**.（高解像度でスキャンして送ってくれると、すごく嬉しいんだけど）

＊ res = resolution

happy hour ［意味の追加］「アフターファイブ」

仕事を終えた後の幸せなひと時。「（飲食店などの）サービスタイム」の意味もあります。

➤After work he met his co-workers for **happy hour** at the sushi bar.（仕事の後、彼は職場の同僚とアフターファイブを楽しむため、すし屋で落ち合った）

hard-as-they-come「最高にハードな」

hard-as-they-come は as hard as they come の最初の as を省略して使われています。

as smart as they come や as cool as they come などのように as ＋形容詞＋ as they come で「最高に〜」という意味になります。

- hard-as-they-come deejay（最高にハードな音楽をプレイするDJ）

have a brush with death 「あやうく命を落としかける」

原因を表す言葉が主語にくると、動詞は have の代わりに cause などになります。

▶This month Bill Clinton joined a campaign to improve America's eating habits. The former President said a lifetime of eating junk food had caused his "**brush with death**" last year, when he had heart bypass operation.（今月、ビル・クリントンがアメリカの食生活改善キャンペーンに参加した。前大統領自身、ジャンクフードを長いこと食べてきたために昨年命を落としかけ、心臓バイパス手術を受けることになったと語った）

have a smoking gun 「動かぬ証拠を握っている」

a smoking gun は a smoking pistol でも同じ意味。直訳すると「まだ煙を吹いている銃を手にしている」という意味。つまり、殺したのはお前だ！ というわけ。この表現は銃社会を象徴していますね。

▶There is a wide perception in the country to that effect but I don't **have** any **smoking gun**.（この国ではそのような認識が広まっていますが、確たる証拠をつかんでいるわけではありません）

have a softspot for 「～に対する愛着を覚える」

softspot は 2 語で soft spot とも書きます。

▶The Japanese have long **had a softspot for** the imperial family.（日本人はこれまで長い間、皇室に愛着を覚えてきた）

have *one's* fingers in so many different cakes 「色々な分野に手を出す」

have a finger in the [every] pie で「なんにでも首をつっこむ」という意味のイディオムです。この表現は辞書にありますが、pie の代わりに cake を使ったバリエーション表現のほうは辞書に載っていません。

➤The artist has **had his fingers in so many different cakes**. (そのアーティストは色々な分野に手を出している)

head-spinning 「びっくりするような」「めまいのするような」

➤**Head-spinning** fares are uniting East and West. (びっくりするような料金で東側と西側が結ばれようとしている)

head-turning 「魅力的な」「目立つ」「注目される」

思わず振り返りたくなるほど魅力的で目立つことを形容する言葉です。head turner と言えば「魅力的な人(物)、美人」です。
➤She has wanted to become a **head-turning** celebrity. (彼女は、誰からも注目される有名人になりたいという望みを持ち続けている)
➤Honda's new Accord model is a real **head turner** in every respect. (ホンダ・アコードのニューモデルは、申し分のない魅力的な車だ)

heart-wrenching 「胸が締め付けられるような」「痛ましい」

gut-wrenching とも言います (⇨ p.39)。
heart を使った表現は多くあります。heart-rending は「胸が引き裂かれるような、悲痛な」で、heart-wrenching と意味が似ていま

す。heart-searching は「内省的な、自省的な」。heart-warming は「心温まる」という意味です。

➤There was a fire that killed five children. It was such a **heart-wrenching** thing.（火事で5人の子どもが亡くなった。胸が締めつけられるような悲しい出来事だった）

Heck yes!「もちろん！」

若い人の会話で使われます。Heck yes! の逆の Heck no!「とんでもない！」も言います。heck は hell の婉曲語で、いずれも強調語です。

➤"Are you going to the party?" "**Heck yes**!"（「パーティ行く？」「もっちろん！」）

helo「ヘリコプター」

helicopter の略式の言い方です。「ヘロー」とも「ヒロー」とも発音します。どちらも、最初の音にアクセントがつきます。

➤A *Newsweek* reporter on a **helo** flown by the Arizona Air Reserve...（アリゾナ州空軍予備隊のヘリで飛んだニューズウィーク誌記者は…）

himbo「ちょっといかれた女たらし」

bimbo「オツムの弱い尻軽女」の男性版。浮気な女性には昔から slut「だらしのない女」、whore「売女」、近くは bimbo など様々な蔑称がありました。一方、浮気な男性の場合は、player「遊び人、プレイボーイ」とうらやみの気持ちを込めて呼ぶのは女性差別だ、という男女同権論者の意見から、「ならば bimbo の男性版の himbo でどうだ」ということで生まれたようです。

➤She's going out with that **himbo** again. I wonder what she sees in him.（彼女は近頃またあの女たらしとデートしてるわ。彼のどこがいいのかしらね）

hired gun「（プロの）殺し屋」「ボディーガード」

➤Security personnel for politicians never understood the situation. They were **hired guns**, kept in the dark.（政治家の警

備要員は状況がまったくわかっていなかった。彼らは雇われボディーガードで、何も知らされていなかった)

● Hit me on the hip.「(携帯に) 電話して」

この表現の起源は、pager あるいは beeper と呼ばれた「ポケベル」時代にさかのぼります。お尻のポケットに突っ込んでいたから、「そのポケベルを鳴らしてくれ」ということでした。この口語表現が携帯時代になって、さらに一般化しました。

➤**Hit me on the hip** tomorrow and we can make plans for dinner.（明日、携帯に電話して。飯でも食べる相談しよう）

● hold the place together「(国や組織を) まとめる、すべての責任を負う」

place の部分には country などの語もきます。

➤We can say Hitler was evil, but we cannot say that he didn't **hold the place together**.（ヒトラーは悪人だったと言えるが、国をまとめていなかったとは言えない）

➤All that is required is a minimally effective government that can **hold the place together** after the US leaves.（本当に必要なのは、アメリカが去ったあと国をまとめることができる、実効性のある小さな政府である）

Home boy.「よう」

= Yo, home boy.

特に、アフリカ系アメリカ人の間で挨拶の言葉として使われます。

honcho《動》「責任者を務める」「〜を牛耳る」《名》「親分」「ボス」「責任者」

honcho は日本語の「班長」から英語に取り入れられた語で、動詞としても使われます。「ハンチョー」と発音します。
▶William M. Daley, who quit recently to **honcho** Vice President Al Gore's presidential campaign....（ウイリアム・M・デイリー氏は、副大統領アル・ゴアの大統領選の責任者を務めるため、最近、辞任したが…）
▶Who is the **honcho** here?（ここの責任者は誰か？）

hoser「愚か者」「だらしない大酒飲み（特にビール）」

カナダの人気タレント、McKenzie 兄弟がはやらせました。愚かで洗練されていない、ビールをたくさん飲む男のことをいいます。親しみと、やや軽蔑を込めた言い方です。
▶You put metal in the microwave? You're such a **hoser**.（金属を電子レンジに入れたって？ アホか）

hot [意味の追加]「いいね」「いい感じ」「いける」

ご存知のとおり、hot の本来の意味は「熱い、暑い」ですが、cool または nice と同じ意味で広く使える言い回しです。人気セレブのヒルトン姉妹がよく使うので有名です。
▶"Do you want Chinese takeout for dinner?" "That's **hot**."（「食事は、中華でもテイクアウトする？」「いいね」）

hubby「夫」

husband の略式の言い方です。
▶Spears and her **hubby** Kevin Federline are expecting a baby.（スピアーズと彼女の夫ケビン・フェダーラインのあいだに、赤ちゃんが生まれる予定です）

hyphenated surname 「ハイフン付きの姓」

Alfred Douglas-Hamilton のように、母方の姓と父方の姓をハイフンでつないだ姓。最近の女性は、結婚後も自身のアイデンテイティーを守るために夫の姓と旧姓をつないで使う人が多く見受けられます。日本では仕事上の都合などで旧姓を使うケースが多いですが、小林 - 伊藤などと両方使う人はいませんね。

I gotta jump. 「(電話で) じゃあ、切るよ」

電話を切るときに使われる、非常に口語的な表現です。I must go. のくだけた言い方です。映画で時々聞く表現です。

icky 「ヌルヌルして」「べたついていて」「不快な」「気色悪い」

不快で気持ち悪いものはたいてい、なんでも icky で表現できます。物体、食べ物、人、センスの悪さ、くさい台詞、など幅広く使えます。「イッキー」と発音します。
➤What's this icky black stuff on my sweater?（私のセーターについている、この気持ち悪い黒いの、何？）

icy ［意味の追加］「ダイヤモンドをいっぱい身に着けた」

ice には俗語で「ダイヤモンド」という意味があります。Gucci Mane の歌 "Icy" ではそれを形容詞形で使っています。
➤A kiss on the hand may be quite continental, but a guy who will get you icy is better.（手にキスというのはまったくヨーロッパ的かもしれないけど、あなたをダイヤで飾ってくれる男のほうがいいよ）

in a bid to do 「～することだと狙って」「～するため」「～を目指して」

➤Female-only morning rush-hour train cars debuted Monday in Tokyo in a bid to foil gropers.（朝の通勤ラッシュ時に痴漢防止の決め手となる女性専用車両が、月曜日に東京で走り始めた）

inheritance-hungry 「財産目当ての」

hungryを名詞の後につけると「～に飢えている」という意味になります。例としては、power-hungry「権力を渇望している」などがよく使われます。hungryという言葉の意味から、がめついイメージがあります。

➤**Inheritance-hungry** children might coerce their elderly parents to take the lethal drugs.（財産目当ての子どもたちが、年老いた親に致死薬を飲むように仕向けるかもしれない）

It's the cat's pajamas. 「すてきだ」「最高だ」

It's the bee's knees. という言い方も同じ意味です。
➤This book is just ducky. **It's the cat's pajamas.** In fact, it's more fun than a barrel of monkeys.（この本はとにかく素晴らしい。最高だ。もう、めちゃめちゃ面白い）

＊動物に関する本をほめちぎった文で、duck、cat、monkey を上手に使っている。ducky「素晴らしい」、be more fun than a barrel of monkeys「最高に面白い」。

one's jaw hits the floor 「びっくり仰天する」

驚いて口をあんぐりと開けた様子を表す *one's* jaw drops を大げさに言った表現。jaw-droppingly「驚くほど」という副詞もあります。
➤I looked at the price tag and felt **my jaw hit the floor**.（その値札を見てぶったまげた）

1. CONVERSATION

jazzerati 「ジャズ狂」

「学者、知識人」を意味する literati の頭の部分を jazz に代えたもの。有名人を専門に狙うフリーのカメラマン paparazzi「パパラッチ」はイタリア語の paparazzo の複数形ですが、すっかり英語に定着しています。同様に、-razzi または -rati を語尾にくっつけて、「〜狂」を表す言葉が次々生まれました。

- paperazzi（タブロイド紙や週刊誌にゴシップを書きまくる記者）
- rumorazzi（産業界のゴシップをあさるライター）
- chatterati（= chatter + rati）（テレビや新聞のコラムなどで意見を述べる評論家）イギリスで登場した言い方で、ややほめ言葉的ニュアンスがあります。
- belligerati（= belligerent（好戦的な、けんか好きの）+ rati）（戦争を主導するインテリや評論家）9.11 のテロ事件以来、アメリカで急増している種族です。

jocko 「ばらす」「殺す」

その筋の人が使う俗語です。

➤He asked the family leader for permission to "jocko"—mob slang for kill—DeFillippo.（彼は一家の親分にデフィリポをバラす許しを求めた）

jump over [意味の追加]「馬とびする」

leapfrog のほうが普通かもしれませんが、jump over とも言うようです。

kazoo [意味の追加]「お尻」「ケツ」「肛門」「便所」

kazoo は、本来は「カズー笛」という、変な音のするおもちゃの笛（楽器）の意味で使われますが、スラングで上記のような意味もあります。

kitty-corner 「対角線の（に）」「斜め向かいの（に）」

catty-corner や cater-corner(ed) とも言います。

➤Tolland pointed **kitty-corner** across the dome to a far wall.（トーランドは、ドームの向こうの離れた壁の方を斜めに指差した）

ladies who lunch 「有閑マダム」

ウィークデーの昼日中に、お付き合いでランチを食べながら優雅にすごしている、リッチなご婦人方のことです。

➤Unfortunately, six "**ladies who lunch**" were seated next to us, being very demanding of the waiter and, in general, just obnoxious.（運悪く、隣のテーブルに有閑マダム6人組が座っていて、ウエイターにああしろこうしろとうるさく言うし、まあ、感じ悪かったねえ）

lamework 「うんざりする宿題」

lameは「つまらない、うんざりする」という意味です。学生は、退屈でうんざりする宿題 (homework) のことをもじって lamework と言ったりします。

➤We have so much **lamework** this weekend.（今週末はうんざりする宿題がたくさんある）

lasterday 「先日」「この間」

「先日」のことを正しくは the other day と言いますが、lasterday は若い人の会話で使われているようです。

➤"I saw Bobby." "Really, when?" "Ahh, **lasterday**."（「ボビーに会ったよ」「ほんと？ いつ？」「うーん、（はっきり思い出せず）この間」）

Latte Factor 「ちりも積もれば山となる要因」

アメリカの金融アナリスト David Bach が作った言葉です。「ギリギリの生活でとてもおカネには無縁」とぼやく主婦に、「毎日たった5ドルずつ節約すれば、41年間で100万ドルになる」という計算と節約法を示して流行語になりました。latte（＝ cafe latte「ホットミルク入りのエスプレッソコーヒー」）とマフィンの平均額が5ドルだそうです。各人の Latte Factor（カフェ・ラテ代のような、毎日の生活で節約可能な少額の出費）を探し出して実行しなさ

い、という提言です。
➤Before saying you have no money to save, check out the Latte Factor.（貯めるお金なんかないと言う前に、日々の小さな無駄遣いをチェックしてごらんなさい）

lay down *one's* arms「矛を収める」

「武器を捨てる」の意味から。
➤Fuji TV and Livedoor have reached an agreement that lets them lay down their arms.（フジテレビとライブドアは互いに矛を収めることで合意した）

Let's roll.「さあ行こう」「いざ出陣」

ユナイテッド航空の93便は、同時多発テロで犯人グループに乗っ取られ、ホワイトハウスか連邦議会に向かっていました。その間のわずかな隙を見て、乗客のTodd Beamerさんらが犯人グループに組み付き、自爆を未然に防ぎました。しかし、同機は途中で墜落し、全員死亡してしまいました。

墜落の13分前、Beamerさんの携帯電話で交換手が聞いた仲間への最後の言葉がこれ。これはテロ後、乗客の勇気を示す言葉としてたちまち流行し、ブッシュ大統領も国民に団結を訴える演説で次のように応用しました。
➤We have our marching orders. My fellow Americans, let's roll.（われわれは進軍命令を受けている。米国の同胞たちよ、さあ行こう）

little people「庶民」

直訳すると小さい人、つまり庶民のことです。
➤The new investment regulation does not affect us little people.（最近の投資に関する規制は、われわれ庶民には無関係だ）

loose cannon「勝手な行動をする人」「何をしでかすかわからない人」「おしゃべり」「ほら吹き」

甲板のキャノン砲が砲座から外れるとぐるぐる廻ってコントロールできなくなることから、俗語でこう言います。新聞記事でも使われ

ています。
➤The line between being a visionary leader and a **loose cannon** can be thin indeed.（先見性のある指導者とホラ吹きの境界線は紙一重のこともある）
➤The allegation portrays Bolton as a **loose cannon**.（その主張によると、ボルトンは、何をしでかすかわからない人物とのことだ）
＊米国連大使 Bolton が任命される前の風評を述べたもの。

lose-lose「両者に不利な」

「両者に有利な」という意味の win-win をもじった表現。
➤The current situation is **lose-lose** all round since no one dares to use the orphan works—and no one gets paid for them either.（現在は、どちらの側にとっても不利な状況だ。著作権者不明の作品をあえて使う人はいないし、したがって著作権料を享受する側の人もいない）

lounge (at) [意味の追加]「(～で) 出待ちする」

lounge には「ぶらつく」「ぶらぶら時を過ごす」という意味がありますが、ひいきのスターをひと目見ようと、スタジオの外などで待っている「出待ち」を指すこともあります。
➤Fans were **lounging at** the gate of the studio.（ファンはスタジオの出入口で出待ちをしていた）

lunch-pail [意味の追加]「肉体労働者の」

blue-collar の意味で使われます。lunch box「弁当箱」のことを lunch pail とも言い、学童のほかに、おとなではブルーカラーが愛用することから、ハイフンつきの形容詞で「労働者階級の」「肉体労働者の」という意味で使われるようになりました。

make a shout-out to「(尊敬の念を込めて) ～に言葉を贈る」「声援する」

shout-out とは「人の名前を言って敬意を表すこと」で、ラジオの DJ がよく使う手法です。
➤I'd like to **make a shout-out to** my man Timmy. He is a true

homeboy, and I have nothing but the utmost respect.（仲間のティミーに言葉を送りたいと思います。彼は私のポン友で、最高の敬意を払うものです）

make the dean's list 「成績優秀者名簿に入る」「成績優秀者として表彰される」

dean は大学の「学部長」。この make は「～に入る、～になる」の意。同じ意味で make the honor roll とも言います。
➤He is a creative writing major who **made the dean's list** last semester.（彼は文芸創作を主専攻し、先学期は成績優秀者として表彰された）

makeup-caked eyes 「メイクの濃い目」

too much eye makeup のことです。makeup-caked woman は「化粧の濃い女性、厚化粧の女性」という意味ですね。
➤She's got **makeup-caked eyes**.（彼女は目のメイクが濃い）

man date 「男同士の付き合い」

アメリカでは、ビジネスやスポーツ関係以外で、男性2人が一緒に散歩、観劇、食事などをするとホモセクシャルと見られがちです。「それゆえ、男同士の友情が阻害されてきた」と指摘する人もいます。そこで、性的な意味合い抜きの「男性同士の付き合い」を man date と呼び、社会的にも認知しようというものです。go on a man date で「男同士で遊びに出かける」の意味です。
➤Tom, I hate to bust your chops, but did you go on a "**man date**"?（トム、あれこれ言いたくはないが、男同士で出かけたのか？）
＊bust *someone's* chops「～に文句を言う」

maverick persona 「一匹狼のようなイメージ」

もともとは所有者の焼き印のない牛を意味する maverick は、どの派にも属さない一匹狼を指して使われます。
➤Has he betrayed his **maverick persona**?（彼は、一匹狼のイメージを裏切ったのだろうか）

metrosexual「メトロセクシャル」「メトセク」

美的センスがあり、外見やライフスタイルにこだわる都会の男性のことをいいます。男らしさを失わず、ホモセクシャルではない、ベッカムや中田英寿選手が例にあげられます。the metro という表現も使われます。(⇨ ubersexual p.70)

Mickey D「マクドナルドの店」「マクドナルド社」
= Mickey D's

Mickey D's staff と言えば「マクドナルドで働くスタッフたち」のことです。

morning off「午前の休み」

take the morning off from で「(仕事)を午前中休む」。「午後の休み」は afternoon off と言います。
➤I decided to take the **morning off** from work and sleep an extra two hours. (午前中、半休をとって、もう2時間寝ることにした)

mustachioed「口ひげをたくわえた」

名詞形「口ひげ」は mustachio で、複数形は mustachios です。mustachio は mustache のおどけた言い方です。mustachioed rancher と言えば「口ひげをたくわえた農場経営者」です。

my bad「自分のミス」「自分のせい」

正しくは、my fault と言いますが、十代の中高生(どちらかと言えば低所得層の家庭の)がよく使う言葉です。
➤It was **my bad** for driving on that foggy night. (そんな霧の深い夜にドライブだなんて、ミスったよ)

nail it [意味の追加]「びしっと決める」「的確に言い表す」

nail は「釘付けにする」という意味ですが、「行為などをびしっと決める」「自分の経験、言いたいことなどを的確に表現する」という意味でも使われます。釘を打つときに、的をはずさず釘の頭をび

しっと打つイメージです。
- nail it in one take（収録などを一発で決める）
- nail it in one shot（一発で決める）
- nail it in one word（ひと言で的確に言い表す、要点をつく）
- nail it in one sentence（ワンセンテンス（ひと言）で要点をつく、的確に言う）
- nail it on the head（ずばり要点をつく）

➤He rehearsed it twice in the control room, then went into the booth and **nailed it** in one take.（彼は副調整室で２回練習した。それから録音ブースに入り、一発で決めた）

➤Being a high school student in Japan was such a miserable time in my life and the novel really **nailed it**.（日本での高校生活は人生の中であまりにも惨めな体験だったが、その小説はそのみじめさを的確に描写していた）

➤He **nailed it** in one sentence: "That's because the vast majority of customers don't want a NEW car; they want a BETTER car."（彼は次のようなひと言で的確に言ってのけた。「つまり、顧客の大半は新しい車を求めているのではありません。彼らが求めているのは、より性能のいい車なのです」）

no-brainer「誰にでもできること」「簡単なこと」「頭を使わなくてもいいこと」

brain「脳」がいらないくらい簡単なこと、の意。

➤By the biggest estimate, we may have lost $200 million from the closure, but the cost strategy delivered $16 billion a year in value. Put it in the balance and it's a **no-brainer**.（非常におおまかな見積もりになるが、その工場の一時的閉鎖で２億ドルの損失があったかもしれないが、コスト戦略により年ベースで金額にして160億ドルが浮いた。収支を出してごらんなさい、小学生でもわかることだ）

not-so-distant「そう遠くない」
= not-too-distant

➤History proves it will be reality in the **not-so-distant** future.

（そう遠くない未来にそれが現実のものになるであろうことは、歴史が証明している）

nuke 「チンする」「電子レンジで温める」

zap とも言います（⇨ p.76）。nuke はもともと「核兵器」を指す口語で、nuclear「核の、核兵器」から生まれた言葉です。
►Let's **nuke** some fri'ken.（フライドチキンをチンしよう）
＊ fri'ken = fried chicken

office spouse 「親密だが愛人関係にはない異性の同僚」

日本でも、少し前に芥川賞を受賞した小説『沖で待つ』で、このような男女の同僚の関係が描かれています。
►Ms. Hiddema and Mr. Ducoffe are **office spouses**—corporate couples bound by mutual respect, common interests and that particular chemistry.（ヒデマさんとデュコフ氏は親密な異性の同僚だ。つまり、相互信頼と共通の利益、それに何より特別な相性で結ばれた異性の職場仲間だ）

old maid ［意味の追加］「はじけていないポップコーン」「硬い粒のままのポップコーン」

シェイクスピアの昔から、未婚の年長女性は old maid（オールドミス）という言葉で差別されました。しかし、男女とも未婚者が増えた今では、単に single という言葉で、年齢を問わず男女の独身者を示すようになりました。行き場のなくなった old maid がたどり着いた先のスラング表現が、膨らまないポップコーンの穀粒とは。
►Risa had to leave the movie when she broke her tooth on an **old maid**.（リサは硬い粒のままのポップコーンを噛んで歯が欠けたので、映画を途中で切り上げるはめになった）

per charge 「1回の充電で」「1回の充電につき」

►The Nuvo can operate for one hour and a half **per charge**.
（ヌーボは1回の充電で1時間半動きます）

ping [意味の追加]「メールを送る」

もともとは「ピューンと鋭い音がする、カチンと音がする」という意味です。
➤I pinged him to see if he wanted to chat.（彼がチャットしたいかメールしてみた）

player [意味の追加]「はったり屋」

playerには「ばくち打ち」という意味がありますが、ばくちのような賭けをする「はったり屋」という意味でも使われるようです。ヒップ・ホップの歌詞などにも出てくる言葉です。
➤You player.（このはったり屋め）

plus one「(カジュアルな) 連れ合い、同伴者」

欧米では、パーティなどにカップルで出席するのが常識となっていますが、シングルの人にとって、その度に相手を見つけるのは大変です。
plus oneという表現では、恋人やデートの相手などより、もっとカジュアルな（しかし友人以上を期待している）関係を求めている様子がうかがえます。
➤I have a wedding to attend this weekend. Would you be my plus one?（今週末、出席しなくてはならない結婚式があるのですが、一緒に行ってもらえませんか？）

pop tags「買い物をする」

「値札を外す」ことから。popは「勢いよく [無造作に] 外す」というニュアンスです。
➤I stay popping tags, meaning that I'm always buying new clothes all the time, and never wear the same shirt twice.（私は値札を外し続けています。つまり、いつも新しい服を買って、同じシャツは二度と着ないのです）

post-it [意味の追加]「メモして貼っておく」

オフィスなどでお馴染みのPost-it（裏に接着剤がついている付箋

や小さなメモ用紙）ですが、動詞としても使われています。「ポストイットする」とは、忘れないように「メモして貼っておく」という意味です。登録商標ですが、一般の語として、特に動詞では小文字始まりで使われます。
➤"Don't forget to call the client." "Ok, I'll post-it."（「取引先に電話するのを忘れないようにね」「了解。ポストイットしておきます＝メモして貼っておきます」）

Potterphobia 「ハリー・ポッター嫌い」

-phobia は「〜嫌い」を表す接尾辞。Harry Potterphobia でも OK です。
➤I find my patience with the Potterphobia of fundamentalist Christians is just about at its end.（キリスト教原理主義者たちのハリー・ポッター嫌いには、もうこれ以上、我慢できません）

push the envelope 「ぎりぎりまで推し進める、追求する」

この envelope は航空用語で、「包囲線図＝安全に運航できる最大範囲の諸規定」の意。
➤You've been pushing the envelope a bit on some of the hot topics lately.（最近、議論を呼んでいる話題のいくつかで、少々追求しすぎているよ）

put in face time 「付き合い残業する」

face time とは extra time at place of employment「就業時間外で職場にいる時間」のことです。
➤Some organizations like employees to put in "face time."（職場の中には、従業員が付き合い残業することを歓迎するところもある）

put in face time with 「〜に直接会って話す」「〜と一緒に時間を過ごす」

➤You must put in face time with your clients to increase sales.（売り上げを上げるには、お客様に直接会って話をするべきだ）

➤Take some time off and **put in face time with** your family and friends.（休暇でもとって、家族や友達と一緒に時間を過ごしてはどうですか）

quick study「のみ込みが早い人」「分かりが早い人」

新しい知識や能力をたやすく身につける人、新しい仕事などにすぐに適応する人のこと。

➤He is a **quick study**; he can absorb a great amount of knowledge in a small amount of time.（彼はのみ込みが早い人だ。大量の知識をわずかな時間で吸収する）

recuse「（適任ではないとして）任務からはずす」「不適格とみなす」

recuse *oneself* from の形でよく用いられます。「（適任ではないとして）～を辞する」「（争いやトラブルを避けるために）自ら～から身を引く、～に関与することを拒む」といった意味です。
派生語の recusal「不適格とみなすこと」も使います。

➤I've **recused** myself from matters relating to Enron.（私はエンロンに関係することには関与しないことにしている）

➤Chief Justice John Roberts has already **recused** himself from the case because he participated in a ruling on the case when he sat on the federal appeals court.（最高裁長官ジョン・ロバーツは、すでにこの裁判の担当を辞している。連邦控訴裁判所時代にこの裁判の判決に加わっていたからである）

replug「プラグを（コンセントなどに）再度差し込む」

plug は「（穴などを）ふさぐ」「プラグを（コンセントなどに）差し込む」という意味です。unplug はその逆で「プラグを（コンセントなどから）抜く」という意味です。一度抜いたコンセントを「再度差し込む」は replug です。

➤Unplug and **replug** the wire and try again.（コードのプラグをコンセントから抜き、再び差し込んで、もう一度試してください）

reposition 「主張・立場を変える」

▶There comes a time, in the life of virtually every ambitious politician, when it is wise to retool the image, **reposition** the issues.（野心的な政治家はほとんど誰しも、イメージを構築しなおし、問題に対する主張を変えてでも、現実に賢く対応しなければならない時がある）

return the favor [意味の追加]「(皮肉な意味で)お返しをする、やり返す」

ほとんどの辞書に「恩返しをする」という訳語が出ています。文脈によっては、例文のように、裏返しの意味で、皮肉って使われることもあります。

▶Saudis are boycotting American goods. We should **return the favor**.（サウジアラビアの人々は米国製品の不買運動をしている。我々[アメリカ人]もお返しをしようではないか）

Right, my ass! 「信用できない」「うそだ」

Right. は相手の意見を全面的に肯定するときに使う言葉ですが、my ass をつけることで、意味が逆転します。

▶"I promise I'll bring your money tomorrow." "**Right, my ass.**"（「借りた金は明日、必ず返すから」「信じられねえな」）

rub *one's* hands (in glee) 「(喜び・満足などで)両手をすり合わせる」「もみ手をする」

▶Jihadists could only **rub their hands** at the thought.（聖戦戦士たちは、その考えに両手をすり合わせて喜ぶだけだろう）

runaway success 「楽勝」「大成功」

runaway は「制御できない、急激な」。

▶Not every product bearing *The Lord of the Rings* label is guaranteed to be a **runaway success**.（『ロード・オブ・ザ・リング』関連の商品だからといって、楽に成功を収められるわけではない）

safety tips 「身を守るための知恵、ヒント」「安全を確保する秘訣」

- general water safety tips（水の事故から身を守るための一般的なコツ）
- Internet safety tips for children（子どものための安全なインターネット利用法）
- traveler's safety tips（旅行者のための災難にあわない秘訣）

scenester 「(ファッション、音楽などの) 流行を追っかける人」

➤All the scenesters love that band.（流行に敏感な人は皆あのバンドが好きだ）

schmooze (with) 「～と気軽におしゃべりをする」「～に言葉巧みに取り入る」「～のご機嫌取りをする」

東欧から米国にやってきたユダヤ人移民の影響により、多くのイディッシュ語が米語に取り入れられています。これもそのひとつ。schmooze with なら「～と気軽におしゃべりをする」ですが、with を伴わない他動詞用法は「何らかの意図［下心］があって」というニュアンスを含むようです。schmoose とも綴ります。schmoozer と言えば「口達者（な人）」です。

➤On his travels as head of the Democratic National Committee, Howard Dean is making sure to schmooze Hispanics along the way.（民主党全国委員会の委員長として旅をするとき、ハワード・ディーン氏は必ず、各地で出会うヒスパニックと気軽に言葉を交わして好印象を与えようとする）

scrapbooking 「スクラップブッキング」

写真を使ったクラフトワーク。写真に模様や文字などを自由に組み合わせて、自分だけのオリジナルアルバムを作ります。

segue from ... to 「…から〜に変身する、転身する」

segueは「切れ目なく続く」「スムーズに移行する」こと。
➤He **segued from** cinematography **to** fine art, pursuing his passion for the Asian cultures.（彼は映画から美術に転身して、アジア文化への情熱を追求した）

segue into 「〜の世界に足を踏み入れる」「〜に乗り出す」

➤A narcissist can **segue into** criminality almost imperceptibly.（自己陶酔者は、ほとんど気づかないうちに犯罪に足を踏み入れてしまうことがある）

semiclothed 「半裸の」「セミヌードの」

seminudeとほぼ同じ意味で、それを逆から言ったもの。
➤Today, consumerism, globalization, the proliferation of **semiclothed** bodies in print and television, and...（今日、消費主義やグローバル化、また印刷物やテレビでのセミヌードの氾濫…）

senior moment 「ど忘れ」「うっかり行動」

もともとは「（老人の）物忘れ」のこと。90年代に米国で使われだした表現ですが、ここ2、3年、英国でもはやるようになり、年齢とは無関係に、ど忘れ一般にも使われるようになりました。また、最後の例文にあるように「うっかりしたおかしな行動」を指すこともあります。
➤I'm having a **senior moment**.（ちょっと、ど忘れしました）
➤He's having a severe **senior moment**.（彼は物忘れがひどい）
➤A **senior moment** is also an absent-minded activity like putting cornflakes in the fridge.（senior momentという言葉は、コーンフレークを冷蔵庫に入れてしまうといった、うっかり行動のことも指します）

shaggy-dogged 「ぼーっとした」「疲れ果てた」

shaggy dogは「毛むくじゃらの犬」。shaggy-doggedは「毛むくじゃらの犬みたいな」つまり「（身なりも気にならないほど）

ぼーっとした」「疲れ果てた」の意味で使われます。また、shaggy-dog storyと言うと「長ったらしくて要点のぼけた、落ちがくだらない話」という意味になります。

➤He sat **shaggy-dogged** and frazzled.（彼は、疲れ果てた様子でぼーっと座っていた）

sharp-elbowed 「厳しい」「痛烈な」

sharp を使った表現はたくさんあります。
- sharp-eyed 「鋭敏な」
- sharp-nosed 「嗅覚の鋭い」「目先の利く」「鼻のとがった」
- sharp-sighted 「目ざとい」「抜け目のない」
- sharp-tongued 「辛らつな」「毒舌の」
- sharp-witted 「頭のきれる」「聡明な」

➤As a **sharp-elbowed** reformer, he made plenty of enemies in the party.（強硬な改革家として、彼は党内に多くの敵をつくった）

shaved head 「スキンヘッド」

➤He has a **shaved head**.（彼はスキンヘッドです）

Shibby. 「やったね」「最高」「いいじゃない」

MTV (= Music TV) 世代のティーンエージャーなどが使う言葉です。以前の cool「かっこいい」、excellent「すばらしい」などと使い方がよく似ています。shibby のもともとの意味は「マリファナのたぐい」を指します。

➤We got a good parking spot. **Shibby.** (いいところに車を止められた。やったね)

shopgrift 「使用後に返品するつもりで買う」

grifter は「ペテン師」「いかさま師」という意味です。
shopgrifting は「使用後に返品すること」、shopgrifter は「使用後に返品する悪質な客」です。
➤Big screen televisions are **shopgrifted** to watch major sporting events. (大きなスポーツイベントを観るために、大画面テレビが、使用後返品を前提に買われている)

short tight perm 「パンチパーマ」

tight perm は、ちりちりにきつくパーマをかけた髪のことです。I got a tight perm. (パーマをきつくかけてもらった) のように言います。
➤He wears his hair in a **short tight perm**.＝ His hair is short with a tight perm. (彼の髪はパンチパーマがかかっている)

show pony 「目立ちたがり屋」

「飾り立てた小馬」「ショー用のポニー」の原意から、スタイルに配慮する華やかな人、特に、注目を浴びるのが好きな芸人などを指します。

slizzard 「酔っ払った」

➤I'm still **slizzard** from the night before. (まだ二日酔いだ)

sneizure 《動》「連続してくしゃみをする」《名》「くしゃみの発作」

「くしゃみ」のことを英語で正しくは sneeze と言いますが、sneizure は若い世代(大学生など)が「止まらないくしゃみ」を表現するときに使うようです。おそらく sneeze (くしゃみ) と seizure (発作) を合わせて「くしゃみの発作」としているのでしょう。
➤With spring just around the corner, **sneizure** season is on its way. (もうすぐ春だから、くしゃみの季節到来だね)

soul patch 「唇の下のあごひげ」

➤Dressed in the garb of a desert traveler with a soul patch under his lip, he looks misfit.（唇の下にあごひげを蓄えて、砂漠の旅行者みたいな身なりをしているけど、彼にはどうも似合わない）

Stepford 「ロボットのように従順に言いなりになる」

アイラ・レヴィンの小説が原作の映画 The Stepford Wives（1975年）が、2004年にニコール・キッドマン主演でリメークされ、この言葉がはやりました。コネティカット州の小さな町 Stepford を舞台に、夫たちの陰謀により妻たちが殺され、ひたすら従順なロボットにすり替えられるという SF です。
名詞の前につけて形容詞的に使います。
➤Anthea Turner was a successful Stepford celebrity until she began a relationship with a married businessman.（アンシア・ターナーは金持ちの従順なセレブだったが、あるとき、既婚のビジネスマンと関係を持つようになった）
➤Michael Phelps was the Stepford swimmer. His personality never broke the surface.（マイケル・フェルプスはまるで水泳マシンだった。人間味が垣間見られることはなかった）

storm off 「荒々しく～を去る」「憤然と～から離れる」

➤Franco stormed off the mound and threw his glove at the bench.（フランコは怒りもあらわにマウンドを降りると、ベンチめがけてグローブを投げつけた）

straight-talking 「言葉に嘘のない」「歯に衣着せぬ」

straight には「正しい」「高潔な」という意味があります。
➤The actor plays a straight-talking rancher in a modern-day Texas town.（その俳優は、現代のテキサスの町に住む、言葉に嘘のない農場主を演じている）

sugar daddy「援助交際するおやじ」

➤He's not my boyfriend, he's just a sugar daddy.（あの人は彼氏じゃないよ。援交してるおやじ）

Sunday finest「礼拝用のおしゃれ着」「日曜日のお出かけ着」

日曜日に教会へ行くとき、いちばんいい服を着たことから生まれた表現です。今では、教会にかぎらず、日曜日に特別のお出かけをするときの服装もSunday finestと言います。
glad ragsと言えば「よそ行きの服」です。

➤Women came aboard in their Sunday finest, accompanied by men in freshly laundered shirts and wide-eyed children with neatly pomaded hair.（礼拝用のおしゃれをした女性たちが、洗い立てのシャツを着た男たちと、髪をポマードできちっとなでつけ、目を大きく見開いた子どもたちと一緒に乗り込んできた）

sun-intense「陽射しの強い」

➤Australia also has the sun-intense weather, surfing and spiky attitude of personal expression that feel familiar to Angelenos.（オーストラリアにもまた、陽射しの強い気候、サーフィン、それに荒っぽい言葉のやりとりがあるが、それらはロサンゼルスっ子にすればおなじみのものだ）

sun-kissed「太陽の輝く」「太陽がいっぱいの」

果物の商標Sunkistはこの言葉からきています。
➤They didn't uncover the meaning of life on a sun-kissed beach.（彼らは太陽がふりそそぐ海辺で人生の意味を見出せなかった）

sun-washed blue「薄い水色（の）」

明るい太陽の光があたって薄く見える水色（淡いブルー）を指します。薄い水色の目や、晴れ渡った明るい水色の空を表すときによく使われる表現です。
-washedは「～を浴びた」「～で上塗りした」という意味です。

- sea-washed street（海水を浴びた通り）
- big, sun-washed bedroom（太陽がふり注ぐ大きな寝室）

➤Her eyes were a sun-washed blue and her hair was blonde.（彼女の目は薄い水色で、髪は金髪だった）

＊sun-washed blue に a が付いているのは、blue の多くの色調の中の1つ、という意味合い。

➤No hint of bad weather was in view this morning, only a brilliant, sun-washed blue sky.（今朝は、光り輝く明るいブルーの空があるだけで、天気がくずれる気配は何ひとつなかった）

surname keeping「旧姓使用」

➤Surname keeping is no longer seen as a symbol of support for women's equality.（旧姓使用は、もはや男女平等を標榜する象徴だとは見なされなくなった）

take-no-prisoners「とことんまでやる覚悟の」「手を緩めない」

「敵を捕虜として残さず殲滅する」という、徹底的な態度を表す。

➤The coming nomination battle promises to be just a take-no-prisoners slugfest.（きたる指名選挙戦は、妥協を一切許さない戦いになりそうだ）

＊slugfest は「ボクシングの激しい打ち合い」。

temple circuit「寺巡り」「お遍路」

pilgrimage walk「巡礼」とも言います。

➤More Japanese are making the temple "circuit" by foot.（徒歩で寺巡りをする日本人が増えている）

That rocks.「すごい」「かっこいい」

この rock は動詞です。おそらく、音楽のロックの乗りから生まれた言い方でしょう。The club rocked last night. と言えば「クラブは昨晩盛り上がった」の意です。

➤"I bought a new iPod." "Wow. That rocks."（「新しい iPod を買ったの」「ワォ。すごい」）

thick [意味の追加]「いい体をした」「つくべき所に肉がついている」

女性のプロポーションを表す俗語です。ラップから一般化した表現で、モデルに多いsuper-thin「超やせ型」とは違い、太すぎず細すぎず、出るべきところは出ている女性のことを指します。古くはマリリン・モンロー、新しいところではラップ界の女王クイーン・ラティファなどが thick woman の例としてあげられます。

➤Bob's friends envied his job working with fashion models, but he actually preferred thick women.（ファッションモデルがらみの仕事をしているボブを友人たちはうらやましがったが、彼が本当に好きなのはムッチリ系の女の子だった）

➤I'm thick, and I'm glad my boyfriend likes it that way.（私は、つくべきところにちゃんとお肉がついている。彼氏がそういうのを好きでよかった）

think-inside-the-box「型どおりの方法で問題を解決しようとするような」

全体で形容詞です。think inside the box で動詞句としても使えます。反対に「型にはまらない考え方をする」のを、think outside (of) the box と言います。

➤...left-brain, think-inside-the-box intellectuals...（…左脳タイプの、型どおりの考え方をするインテリたち…）

thinspiration「ダイエットする気を起こさせるもの」

thin「やせた」と inspiration「鼓舞するもの」をあわせた語。

➤Every time she passes the restaurant, she resists temptation by looking at the thinspiration pictures of Audrey Hepburn in the back of her notebook.（そのレストランのそばを通るたびに、彼女はノートの裏に貼ってある、ダイエットの気分を掻き立てるオードリー・ヘップバーンの写真を見て、誘惑に耐える）

throw a Hail Mary「一か八かの勝負をする」

「乾坤一擲の勝負をする」「のるかそるかの勝負に出る」といった意味です。アメリカン・フットボールでは throw a Hail Mary pass

「一か八かでパスを投げる」という表現がよく使われます。
Hail Maryは、ラテン語のAve Mariaにあたります。
➤"You have to **throw a Hail Mary**," says Alex Bogusky.（アレックス・ボガスキーは一か八かの勝負が必要だと言う）
➤With six seconds remaining in the game Smith **threw a Hail Mary** pass that was caught in the end zone by receiver, Gerard.（残り時間６秒でスミスは一か八かのパスを投げ、レシーバーのジェラルドがエンドゾーンでそれをキャッチした）

tightwad「けち」「しみったれ」「締まりや」「どけちな奴」

wadは「束」「詰め物」という意味で、a wad of billsで「札束」という意味になります。The Travel Tightwad「ケチケチ旅行」というコラムを紹介しているサイトもあります。

tipping point「転換点」

このtipは「傾く」という意味。ある時点を越えると、あるいは条件が整えば劇的にブレイクする分岐点のことです。マルコム・グラッドウェルは著書『ティッピング・ポイント』で、Tipping Pointの意味を「あるアイデアや流行もしくは社会的行動が、敷居を越えて一気に流れ出し、野火のように広がる劇的瞬間」と説明しています。
ちなみに、It tips (down). と言えば「天地をひっくり返すほどの大雨が降る」ことです。

to the gills「いっぱいに」「満杯になるまで」

gillは「（魚の）えら」。be packedやbe stuffedなどと一緒に用いられ、「いっぱいに」「ぎゅうぎゅうに」「ぱんぱんに」といった状態を表します。
・be stuffed to the gills（お腹がパンパンだ）
・be packed to the gills（すし詰めだ、満員だ）
・be loaded to the gills（酔ってぐでんぐでんだ／満杯に積まれている）
➤The gallery is packed **to the gills**.（画廊は人がいっぱいで、すし詰め状態だ）

true tested「立証済みの」

true tested は tried and tested と同じように使われています。tried and true tested と言うこともあります。
►In this session, we will explore more tried and **true tested** advocacy strategies.（このセッションでは、すでに試して真に確認済みの弁護戦術についてさらに詳しく見ていきます）

truthiness「真実と信じたいこと」「本当であってほしいこと」

2005年のWord of the Year「流行語大賞」には、podcast、Katrina、intelligent designなどをおさえ、truthiness が選ばれました。
「真実・真相と判明していること」ではなく、ある事柄を証拠もないのに、またよく吟味もしないで「直感的、感情的に真実・真相と信じること」です。
「真実」と「真実であってほしいこと」の間には大きな溝があります。日本の民主党の偽メール事件を例に考えてみると、民主党にとってあのメールは、truthというよりtruthinessであったわけです。
►As everyone knows now—except for the 22 percent who still believe that Saddam helped plan 9/11—it's the **truthiness** of all those imminent mushroom clouds that sold the invasion of Iraq.（サダム・フセインが9.11テロの計画を後押ししたといまだに信じている22パーセントの人を除いて今では誰もがわかっていることだが、目前に迫ったキノコ雲［＝今すぐにもミサイルが飛んでくるかもしれないということ］を何の証拠もなく信じてしまったがために、イラク侵攻が認められたのである）
＊sell「～を受け入れさせる」

turnstile-jumper「回転式出札口を飛び越える人」「無賃乗車する人」

fare-beater「無賃乗車者」のことです。
►In New York, police found that many **turnstile-jumpers** were carrying illegal weapons or were wanted for more serious crimes.（ニューヨークでは、回転式出札口を飛び越える無賃乗車

者が、違法な武器を所持していたり、もっと重大な罪を犯したお尋ね者であったりすることが多いということが、警察により確認された）

24/7 「1日24時間週7日」

トゥウェンティーフォー・セブンとは、つまり、24 hours a day, 7 days a week「1日24時間で週7日営業（年中無休）」という意味です。
▶The store is open 24/7.（あの店は年中無休で24時間開いている）

Two Buck Chuck 「2ドルもの」（大ヒット中のワインの俗称）

ひとつの社会現象といわれるまでに大ヒットし、既に500万ケースを売ったカリフォルニア産ワイン（正式ブランド名はCharles Shaw）の俗称。
buckはドルの別称、chuckは食料。1本1.99ドルで買えることから「2ドルもの」として愛され、味も良いので大評判になりました。

ubersexual 「男らしい男」「ユーバーセクシャル」

デイヴィッド・ベッカムに代表される、ファッションや自分の容姿に大きな関心を持つ男性のことをmetrosexual（都会風な男）（⇨p.53）といいますが、これからはubersexualの時代になったという *The Future of Men* という本が出版されました。
▶The authors of the marketing book *The Future of Men* have coined a new buzz word for males who embrace their masculinity—"ubersexuals"—and have compiled a list of the world's best examples of these macho specimens.（『男の将来』というマーケティングに関する本のなかで著者たちは、男らしさに溢れた男たちを"ubersexuals"という新語で呼び、世界における逞しい男たちのリストを作成した）
＊coin「新しい語や表現を造る」
ubersexualの代表的イメージは、U2のボーカルのボノ、ビル・クリントン元米大統領、カリフォルニア州知事のアーノルド・シュワ

ルツェネッガーなどです。the uberという言い方も使われます。uberはドイツ語（実際の綴りはウムラウトつきのüber）で、overとかsuperの意味を表します。このウムラウトをテキスト形式で表記する際、eで代用することがあるのでuebersexualと記すこともあります。

▶In 2005, the ideal man is all about ruggedness, confidence, masculinity and having an unselfish passion for causes and personal principles. This is the year of the **ubersexual**.（2005年の理想的な男性像とは、骨太で、自信に満ち、男らしく、主義主張や信念を私利私欲で曲げることは決してない、そういう男なのだ。今年は男らしい男の時代だ）

▶It's good news for traditional American men. The metrosexual is dead: long live the **ubersexual**.（伝統的な価値観を持つアメリカ人男性にいい知らせである。metrosexualの時代は終わった。ubersexualの時代よ、永遠なれ！）

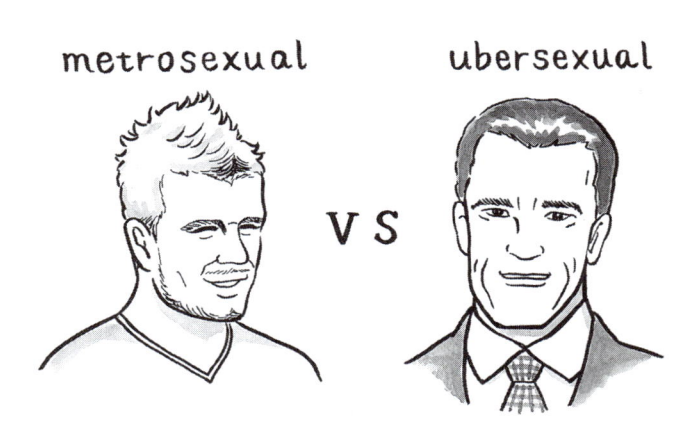

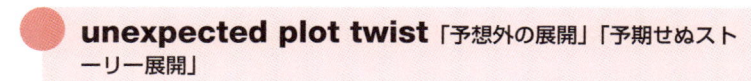

metrosexual   vs   ubersexual

unexpected plot twist「予想外の展開」「予期せぬストーリー展開」

▶The fiction book ended with an **unexpected plot twist**.（その小説はまったく予想外の展開で結末を迎えた）

● **up (to) the kazoo** 「トコトンまで」「徹底的に」「極度に」

kazoo はおもちゃ（楽器）の「カズー笛」。俗語で「お尻、肛門」の意味があります。
➤We are already sanctioning Iran **up to the kazoo**.（我々はもうイランに徹底した制裁を加えている）

● **vidiot** 「ビデオ音痴」

ビデオの操作が出来ない人に対して、「バカ、まぬけ」という意味の idiot をもじった言葉です。ビデオの操作なんて簡単なのに、と責めるときに使います。
➤What? You didn't tape my show? You **vidiot**!（えーっ？ 私のあの番組を録ってないの？ このビデオ音痴！）

● **virtual Friday** 「事実上の金曜日」

logical Friday という言い方もあります。週休二日制で、金曜日が祭日だと３連休となり、木曜日が virtual Friday（事実上の金曜日）と呼ばれます。アメリカでは Thanksgiving（感謝祭）は常に木曜日で、金曜日も引き続き連休になるので、この場合は水曜日が virtual Friday となります。
イギリスでは土、日、月が三連休となることがあり、この場合、火曜日が virtual Monday（事実上の月曜日［週明け］）となります。

● **Wal-Marting** 「ウォルマート化」

特定分野に進出し、安値で進出地域の競合企業を追いやってしまうこと。ご存知、世界最大の小売業と称される Wal-Mart から。
➤"It's the **Wal-Marting** of space," the Texan said.（「それは宇宙のウォルマート化だ」とそのテキサス人は言った）

● **wardrobe** ［意味の追加］「一度着用して返品する」

米国では、衣服を購入して着用後に、購入金額の全額で返品を要求する常習的な女性客が少なくありません。販売店をクローゼット (wardrobe) 扱いしているわけで、販売店側も対抗策として新しいシステムを導入しています。類義表現として、商品一般の返品に関

して使う deshop（⇨ p.26）、shopgrift（⇨ p.63）があります。
►The systems are designed to catch shoplifters and those who "**wardrobe**," wearing clothes and then returning them for a full refund.（このシステムは万引きや、着用後に全額返品を要求する客をチェックできるようになっている）

wedgie「ウエッジー」「くさび締め」

パンツの両端をつかんで引っ張り上げ、パンツをお尻の割れ目に食い込ませる悪ふざけ。また、「ウエッジソールの婦人靴」という意味もあります。
►"**Wedgie**," a teenager's locker-room nightmare, has made it into the dictionary.（ティーンエージャーにとってロッカールームの悪夢である wedgie が辞書に取り上げられた）

What's crackin'?「どうだい？」

What's happening? と同じような意味で使われる挨拶表現です。特に男性によって使われるスラング的表現です。

whinese「ぐだぐだ語」

whine は「ぐだぐだ、めそめそ不平を言う」という意味です。たとえば、めそめそした子どもが「約束してたのに、お菓子を買ってくれなかった、今度買うって言っていたくせに」と母親にいつまでもぐだぐだと言い続けるような場合に、聞くに耐えられなくなった母親は "Stop whining." と言うでしょう。
そのぐだぐだ喋っている言葉（もう何を言っているのか分からないので外国語を聞いているような）のことを whinese と言います。
ちなみに、"Stop whining." は「ぐだぐだ言うな」「いつまでも弱音を吐いてるんじゃない」「泣き言なんか言うんじゃない」といった意味で、大人に対しても使えます。
►My kids were speaking **whinese** all the way to my parents' house.（子どもたちは実家に着くまでずっとぐだぐだ言ってたわ）

whip［意味の追加］「高級車」

「高級車」は luxury car、high-class car、classy car などさまざま

な言い方がありますが、新しいスラングとして whip というのがあります。もともと「むち」の意味の whip は、駅馬車の馬をコントロールする装置を指していましたが、後に自動車のハンドルをそう呼ぶようになりました。やがて、ヒップ・ホップのアーティストが、ドイツ製の高級車 Mercedes-Benz のシンボル・マークがハンドルの形をしていると解釈して使いだしたところから、ベンツ車、さらに高級車全体を指すようになりました。
➤His whips include an F50 Ferrari and a Porsche 911 Turbo.(彼が所有する高級車のなかには、フェラーリ F50 やポルシェ 911 ターボがある)

wigger 「黒人になりたい白人たち」「黒人信奉者」

黒人ファッションを身にまとい、黒人英語を話し、黒人のように振る舞う白人を軽蔑してこう呼びます。いくら黒人が格好いいからといって白人には真似は無理、といったニュアンスを含みます。
white nigger あるいは wanna-be nigger を短縮したものという説があります。
➤Eminem is such a wigger.(エミネムはまったく黒人信奉者だよな)

wimp [意味の追加]「無能で退屈なやつ」

通常「弱虫」「意気地なし」などの訳語を載せている辞書が多いのですが、そのほかに、intellectually dull person「無能で退屈なやつ」のような意味で使われることもあります。

windshield time 「社用で車に乗っている時間」「仕事上の移動時間」

打ち合わせや営業などで車に乗っている時間を windshield time といいます。windshield とは「フロントガラス」のことです。
この windshield time を減らすために、e-mail をはじめ、オンラインでビジネスをすることも解決法のひとつとなっていますが、やはり「直接会うこと」を欠かすわけにはいきません。この「直接会って話をする」ことを put in face time with と言います (⇨ p.57)。
➤If I could find some way to reduce my "windshield time," I

would be much more productive.（車で移動する時間を減らす方法があれば、もっと実のある仕事ができるんだが）

woodenness「大根役者ぶり」

➤After the woodenness of the actor, it is nice to see other actors acting.（その俳優の大根役者ぶりを見たあと、他の役者の演技を見るとうれしくなる）

worker-friendly「働く人にやさしい、労働者を優遇する」

➤A draft of new worker-friendly labor policies is expected to be completed within the next month.（働く人にとって有利な新労働政策の草案が来月中にできあがるものと思われる）

xenophile「外国人好き（の人）」「外国（人）かぶれの人」「外国（人）びいきの人」

-phile は a lover of「〜を好む人」を表す接尾辞です。-philia であれば「〜を好むこと」です。
- bibliophile「愛書家」
- Japanophile「日本かぶれの人」「日本びいきの人」
- Francophilia「フランスかぶれ」「フランスびいき」
- neophilia「新しがり」「新しもの好き」

xenophobe「外国人嫌い（の人）」

-phobe は「〜を嫌いな人、恐れる人」を表す接尾辞です。-phobia であれば「〜恐怖症」です。
- ailurophobe「猫嫌いの人」
- Russophobe「ロシア嫌いの人」
- Anglophobe「イギリス嫌いの人」
- hydrophobia「恐水症」「狂犬病」
- zoophobia「動物恐怖症」「動物嫌い」

XYZ PDQ!「社会の窓が開いてるよ。はやく閉めて！」

Examine your zipper, pretty damn quick. ということ。
➤If I notice that someone's zipper is down, I'll say XYZ PDQ

quietly, of course.（だれかのチャックが下がっているのに気付いたら、もちろん、社会の窓が開いてるよ、はやく閉めてと、そっと教えてあげます）

Yahoo kids 「(Yahooの) 子ども向けホームページ」「インターネット世代」

一般的には、Yahoo の子ども向けホームページのことを指しますが、「インターネット世代」という意味で使われることもあります。
➤Yahoo kids have totally different ideas about the use of media.（インターネット世代は、メディアの利用に関してはまったく考え方がちがう）

yawner 「うんざりさせるもの、退屈なもの」

あくび (yawn) を催させるもの、ということです。
➤Japan's economy has been a yawner for over a decade.（日本経済はここ 10 年以上、うんざりするほど不振である）

You smell me? 「私の言うことがわかる？」

このちょっとおもしろい表現は、新しいスラングです。Do you understand what I'm saying? という意味の口語はほかにも、Got it?、Get the message?、Do you catch my drift?、Savvy? など、さまざまな表現があります。
➤Listen, Mr. Landlord, the shower in our apartment has been broken for a month and I'm getting really annoyed. You smell me?（家主さん、聞いてください。アパートのシャワーが 1 ヶ月、壊れたままで本当に困っています。私の言うこと、わかりますか？）
＊「(1 ヶ月間シャワーを浴びていないから) 私、臭いますか」にかけたユーモラスな言い方。

zap 「チンする」「電子レンジで調理する」

「電子レンジで温める」ことを言います。nuke（⇨ p.55）も同じ意味です。zap は、リモコンでテレビのチャンネルをあちこちに変えることも指します。
➤Can you zap this coffee for a minute for me?（このコーヒー

をレンジで 1 分温めてもらえませんか)

Zelig「状況に応じて容貌、態度、行動を変える人」「どこにでも現れる人、神出鬼没の人」

この語は 1983 年、ウディ・アレン監督・主演の映画 *Zelig* (邦題『カメレオンマン』) から生まれました。大恐慌時代を背景にした、カメレオンのように変身できる男、ゼリグ (Zelig) のコメディー映画です。

➤Wecht is a forensic pathologist—the **Zelig** of medical detectives, apparently, as he seems to be involved in every high-profile case from Elvis Presley to O.J. Simpson.(ウェクトは法病理学者であるが、病理探偵界のカメレオンマンとでも言うべき神出鬼没の人物で、エルビス・プレスリーから O・J・シンプソンまで、注目を集めた事件すべてに関与しているらしい)

心に残る映画の名セリフ ベスト10

2005年6月、米国映画協会 (The American Film Institute) は、約1,500人の映画関係者・批評家らを対象にした「お気に入り

第1位

Frankly, my dear, I don't give a damn.

「正直言って、知ったこっちゃない。勝手にするがいい」

『風と共に去りぬ』(Gone With the Wind, 1939) の終わり間近で、クラーク・ゲーブル演じるレット・バトラーが、ビビアン・リー演じるスカーレット・オハラに言ったセリフです。

第2位

I'm going to make him an offer he can't refuse.

「ヤツが断れない申し出をするつもりだ」

『ゴッドファーザー』(The Godfather, 1972) のマーロン・ブランド演じるドン・コルレオーネのセリフです。

第3位

You don't understand! I coulda had class. I coulda been a contender. I could've been somebody, instead of a bum, which is what I am.

「お前はわかっちゃいない！ おれはもっと上品な男になれたかもしれない。挑戦者になれたかもしれない。ひとかどの人物になれたかもしれない、今みたいなクズにならずにすんだかもしれないんだ」

『波止場』(On the Waterfront, 1954) での、元ボクサー役のマーロン・ブランドのセリフです。

* coulda = could have
* class《俗》「品位」「気品」「格調」

のセリフ」投票結果を発表しました。選ばれた、もっとも記憶に残るセリフ 100 のなかから、上位 10 をご紹介します。

第 4 位

Toto, I've got a feeling we're not in Kansas anymore.

「トト、ここはもうカンザスじゃないみたいよ」

『オズの魔法使い』(*The Wizard of Oz,* 1939) で、ジュディ・ガーランド演じるドロシーが愛犬トトに語りかけるセリフ。

第 5 位

Here's looking at you, kid.

「君の瞳に乾杯！」

『カサブランカ』(*Casablanca,* 1942) で、ハンフリー・ボガート演じるナイトクラブのオーナー、リック・ブレインがイングリッド・バーグマン扮するイルザに向かって言うセリフ。この訳が定着しています。Here's to you!「乾杯」「ご健康を祝して」の変形です。

第 6 位

Go ahead, make my day.

「やれよ、やれるもんならやってみろ」

『ダーティ・ハリー 4』(*Sudden Impact,* 1983) で、クリント・イーストウッド演じるタフな刑事ハリー・キャラハンが悪党に向かって言うセリフ。

* make *someone's* day「人を喜ばせる」。Make my day! で「やれるもんならやってみろ」「かかってきやがれ」

心に残る映画の名セリフ ベスト10

第7位

All right, Mr. DeMille, I'm ready for my close-up.

「いいですわ、デミルさん、クローズアップの用意はできています」

『サンセット大通り』(Sunset Boulevard, 1950) は、米国の映画産業の現実にカメラを向けた映画です。これは、主演のグロリア・スワンソン演じる大女優ノーマ・デスモンドの格調高さに満ちあふれたセリフです。close-up は「大写し」のことです。

第8位

May the Force be with you.

「理力が君と共にあらんことを」

ジョージ・ルーカス監督のSF映画『スター・ウォーズ』(Star Wars シリーズ第1作、1977)。the Force「理力」はシリーズの中に出てくる概念で、自然界が生体にもたらすエネルギーを意味します。このセリフが映画のなかで多用されています。

第9位

Fasten your seatbelts. It's going to be a bumpy night.

「シートベルトをお締めください。今夜は荒れそうですから」

『イヴの総て』(All About Eve, 1950) で、ベティ・デイビス演じるブロードウェイの大女優マーゴ・チャニングのセリフです。

第10位

You talking to me?

「おれに話しかけているのかい？」

『タクシードライバー』(Taxi Driver, 1976) で、ロバート・デ・ニーロが演じるベトナム帰還兵のタクシードライバー、トラビス・ビクルが鏡に向かって言うセリフ。四度繰り返されます。

CHAPTER 2
LIFE
最新流行のライフスタイルがわかる表現215

——世代・若者風俗
——学校・教育
——家・家族・ペット
——少子高齢化社会
——食・健康
——休暇・旅・交通
——エンターテインメント
——ファッション・スタイル
——スポーツ

世代・若者風俗

● ladult 「若者の気風を残した大人」

= lad（若者）＋ adult（大人）。単車を愛好するなど若者的特質を残しつつ、大人の分別を持つ、行動的な30代前半までの主に成人男性を指します。女性に対しては冷めた目を持っています。
これに対抗するのは HEIDI (highly-educated, independent, degree-carrying individual) で、主に女性に対して使い、「高学歴で自立していて、何らかの資格を持っている人」を指します。
▶The **ladult** works moderately hard at middle management. He has no problem with the notion that women are his equals, but secretly thinks they are different.（若者の気風を残した大人 ladult は、中間管理職でほどほどによく働きます。女性が同等だという考えに違和感は覚えないが、内心では女性は別だと思っています）

＊ have problems with「～を受け入れられない」

● kippers 「親の蓄えを当てに定職にも就かない子どもたち」「親のすねかじり」

kids in parents' pockets eroding retirement savings（退職後に備えて親が蓄えたお金を食いつぶしながら、自立できないでいる子どもたち）の頭文字をとったもの。
▶**Kippers** come from the first letters of words "kids in parents' pockets eroding retirement savings." There are around 6.8 million **kippers** in the UK.（kippers とは kids in parents' pockets eroding retirement savings の頭文字をとったもので、英国にはおよそ680万人いる）

● boomerang kids 「ブーメラン・キッズ」

大学に行くため、あるいは会社に勤めるために数年親元を離れたあと、職がない、レイオフされた、あるいは生活費を切り詰めるためなど、さまざまな理由により、親元に戻って親と同居する、20～

30代の人たちのことです。

kids の代わりに child も用いられます。また、boomeranger とも言われます。

➤Empty-nest syndrome has given way to the trend of **"boomerang kids,"** who are coming back home after being independent for a few years. (空の巣症候群の次にきたのが、数年間自活したあと親元に戻ってくる「ブーメラン・キッズ」の流行です)

* empty-nest syndrome「空の巣症候群」成長した子どもが家を出たあとの寂寥感(せきりょうかん)から生じる神経症。

● **twixter**「すねかじりの若者」

betwixt (=between) の省略語 twixt に「人」を表す -er をつけたもの。adolescence「思春期」と adulthood「大人」の間の時期 (18〜29歳) にあり、定職に就かず、親に頼って生活している若者たちのことです。ニート (NEET = not engaged in education, employment or training) とほぼ同義と言っていいでしょう。アメリカで多く使われます。

➤The **twixters** aren't lazy. They are reaping the fruit of decades of American affluence. (すねかじりの若者 twixter たちは怠け者なのではない。何十年にわたる米国の豊穣の果実を収穫しているのだ)

● **kidult**「大人になれない若者」「大人になりたくない若者」

＝ kid（子ども）＋ adult（大人）。前項の twixter の親戚のような言葉です。この言葉からすぐ連想されるのは、Peter Pan です。
「子どもも大人も楽しめる番組」という意味もあります。
➤I'm almost 35 and I love Neopets, Archie comics, children's books, etc. So this makes me a **kidult**.（ぼくは35にもなろうとしてるんだけど、[ゲームの] ネオペッツやアーチー・コミック・シリーズ [高校生アーチーを主人公にした人気マンガ]、それに子ども向けの本なんかが好きなんだ。それで、大人になりきれないんだよね）

● **MySpace generation**「マイスペース世代」

ネット上で友人と交流するサイト MySpace.com が米国の十代の少年少女の間で大人気ですが、ネットで交流する子どもたちの世代をこう呼んでいます。
中には、このサイトに自分の性的な画像や詳細な個人情報をのせる子どもたちもいて、犯罪に利用されるおそれがあることから社会問題にもなっています。

● **Generation Apathetic**「無関心世代」

ベトナム戦争時には、Generation Activist「活動家世代」と呼ばれた長髪の若者が首都ワシントンの公園広場でデモを行うなど、反戦活動が活発でした。
これに反し、イラク戦争に対する米国民の対応は Generation Apathetic「無関心世代」としか言いようがないほど冷淡です。

● **yupster**「ヤップスター」

1940〜50年代生まれの都会派若手エリート yuppie と 1950 年代生まれの進んでいる人、ジャズ通の人 hipster をあわせたような人たち。
➤Some call them "**yupster**"—melding of yuppie and hipster.
（彼らを、ヤッピーとヒップスターの混合である「ヤップスター」と呼ぶ人がいる）

● **mall rat**「ショッピングモールなどにたむろする少年少女」

➤Sure, like a normal girl, Sharapova is a bit of a **mall rat**.（確かに普通の女の子のように、シャラポワはたまにショッピングモールをぶらつきます）

● **youthquake**「若者の発想や習慣が世にもたらす激動」

= youth（若者）+ quake（地震）。古くは、1960年代の若者のポップカルチャーのうねりを指しましたが、近年は、ブッシュ政権を支えている宗教右派の中軸であるキリスト教エピスコパル教会の若者を中心とする集会などの活動をYouthQuakeと言っています。

● **technology-enslaved children**「科学技術のとりこになっている子どもたち」

➤The **technology-enslaved children** of today will gasp their last in front of the TV, a remote control buried within their fat folds and their pallid, corpulent bodies riddled with the formerly adult diseases of diabetes and atherosclerosis.（科学技術のとりこになっている現代の子どもたちは、かつては大人の病気であった糖尿病やアテローム性動脈硬化症でその青白い肥満体を蝕まれ、リモコンを贅肉のひだのあいだにはさんで、テレビの前で息絶えるだろう）

● **baby boomlet**「ベビーブーム世代の子どもたち」「ベビーブーム・ジュニア」

いわゆる「団塊ジュニア」ですが、アメリカのベビーブームは日本よりも期間が長く、1946年から64年までとされています。後半期の世代の子どもたちがいま大学受験期にさしかかっています。baby boomer generationといえば「ベビーブーマー世代」、日本で言うところの「団塊の世代」にあたります。

● **teens in hoods**「フードをかぶった若者」

in hoodsで「フード付きの服装をしている」という意味になります。hoodiesとも呼ばれています。

英国は新しい公共の敵に手を焼いています。セーターにフードをかぶったティーンエージャーです。周囲の人に脅威となり得る彼らの行動は政界でも論争の的になっていて、おとなたちは英国人の調和感覚も地に落ちたと嘆いています。
➤Britain targets disrespectful **teens in hoods**.（イギリスは、フードをかぶった十代の不届き者を標的にしている）

● **angst-ridden**「不安に悩まされている」「不安に駆り立てられている」

angstはもともとドイツ語で「恐怖」「不安」の意味。angst-riddenで「不安に悩まされている、駆り立てられている」の意味。
➤It was a soothing tonic, and it was swallowed eagerly by many **angst-ridden** parents.（それ[good divorceという考え方]は、精神安定強壮剤のようなもので、不安に駆り立てられている親たちは、その考え方にとびつき信じこもうとした）
➤His sound appeals to **angst-ridden** teens.（彼の音楽は、不安に悩む十代の間で受けている）

● **anger-management**「怒りのコントロール」

anger-management programと言えば「怒りを抑えるためのプログラム」という意味で、アメリカ英語でよく使われる表現です。

● **brandaholic**「ブランド商品中毒の」

・the brandaholic Japanese shoppers of the '90s（90年代のブランド商品中毒の日本人買い物客）

● **celebrity-obsessed**「セレブ（名士）にとりつかれている」「セレブ病の」

セレブのことで頭が一杯になっている様子を言います。
-obsessedは「～に夢中の」「～にとりつかれた」といった意味。
・love-obsessed girl（恋愛に夢中の女の子）
・money-obsessed workaholic（金のことしか頭にない仕事中毒）
➤Indeed, Americans should actually be rather grateful to

Prince Charles for doing his little bit to help erode the cult of celebrity in this **celebrity-obsessed** nation.（実際、アメリカ人はむしろチャールズ皇太子に感謝しなければならない。なぜなら、セレブ病のアメリカ人の熱を醒ますのに少しばかり貢献してくれたからだ）

● me time 「自分だけの時間」「ひとりで過ごす時間」

女性誌で広まった表現です。ストレスから解放されるために、「何もかも忘れて、ぼーっとしていたい」とか、「ジムにでも行ってスカーッとしたい」などとよく言いますが、そのための時間がme timeです。me-timeとも記します。男性も使えないことはありませんが、圧倒的に女性用です。

➤We need "**me time**" to pamper ourselves and rest.（好きなことをしてくつろぐ「自分の時間」が必要です）

● latte-sippers 「ラテ族」

カフェ・ラテをすする現代人のことを指します。喫茶店に行き、単に「コーヒー」と注文するのははやらず、今は「ラテ」と言わないと時代遅れのようです。latte-sippersとは「ラテ」を飲みながら、コンピュータも駆使し、活動する現代人のことです。

➤On the laps of **latte-sippers** from Miami to Mumbai, you will find computers made by Dell, the world's biggest PC manufacturer.（マイアミからムンバイまでどこでも、ラテ族の膝の上には、世界一のPCメーカーのデル社製のパソコンがある）

● intellidating 「知的に興奮するデート」

ロンドンでは、せかせかとした逢瀬やナイトクラブを利用したデートに代わって、ディベート・クラブ、芸術教室、詩の朗読会などを利用した上品なデートが「愛」への新しい近道として流行しています。お堅い『エコノミスト』誌も「真面目さがブームを呼んでいる」と報道しています。

➤"**Intellidating**" is being acclaimed as the hot new way to romance.（知的興奮を求めるデートが、今もっとも人気を博しているデート方法です）

● **Paps** (Park Avenue princesses)「パーク・アベニューの女性たち」

ニューヨークのアッパーな(上流階級の住む)通りである Park Avenue を闊歩する女性たちのことを言います。ニューヨークでは住所に Park がついていることがステイタスと考えられています。
▶The refining influence of New York City and the need to dress all those **Paps** (**Park Avenue princesses**) might have honed the quirky aesthetics of the Britain designers Luella Bartley and Matthew Williamson.(ニューヨークの優雅さと、パークアベニューの女性たちを着飾らせようとする力が、英国のデザイナーのルエラ・バートリーやマシュー・ウィリアムソンの持つ一風変わった美的センスに磨きをかけたと言えよう)

学校・教育

● **k-12**「義務教育期間」

アメリカで使われる表現で、「義務教育」とされている時期を指します。k は kindergarten「幼稚園」。12 は 12 年生、つまり高校の最終学年 senior を指します。k to [through] twelve またはそのまま k twelve と読みます。
▶The aim of this guide is to help **k-12** teachers.(本ガイドの目的は幼稚園から高等学校までの教員の手助けをすることです)

● **Advanced Placement class**「AP科目」

高校在学中に大学の単位を取得することができる科目です。アメリカでは、国語、数学、歴史、物理等の AP 科目を受講後、国が行うテストに合格すると college credits「大学の履修単位」が与えられます。これを利用すると、学士号修得(大学卒業)を早めることもできます。
▶As a high school student in a public school in Houston, I took several **Advanced Placement classes**.(ヒューストンの公立高校の生徒だったとき、私は AP 科目をいくつか受講した)

● enrichment class「特別強化クラス」

理解を促すための補習授業の場合や、優秀な学生のための特別クラスの場合などがあります。

➤She was in an **enrichment class** I taught three summers ago, and since that time I've seen her grow from an awkward, shy girl into a confident, sophisticated young woman. （3年前の夏、私は強化クラスで教えたが、彼女はその生徒だった。以来、自信のないシャイな子だった彼女が自信にあふれた教養のある女性に成長していくのを、私は目のあたりにしている）

● project-based learning (PBL)「プロジェクト取り組み型授業」

実社会で役に立つプロジェクト課題をもとに、学生が主にグループ単位で課題の達成に向かって取り組む学習方法。主に理工学部系で活用され始めました。

● problem-based learning (PBL)「問題解決型授業」

project-based learningと本質的に大きな差はなく、課題に取り組んで解決のプロセスを学んでいく学習方法です。30年ほど前にカナダで始められましたが、最近になって、欧米の大学で急速に普及しています。主に医薬学部系で使われています。

● distance learning「遠隔学習」「通信教育」

➤Many Japanese businesspeople are now earning MBAs through **distance learning**. （日本人ビジネスマンの多くが、遠隔学習や通信教育でMBAを取得しようとしている）

● homeschooled「自宅で教育を受けている」「自宅で学習している」

homeschoolは「家で教える、家で学ばせる」という意味です。homeschoolingは「自宅教育」のことで、特に、公教育に対する批判から自分の子どもを自宅で教えたり、家庭教師等を雇って教育することを言います。

➤**Homeschooled** kids may be at particular risk, since their parents can sidestep the rules.（自宅で教育を受けている子どもは、親が社会のルールを回避することもできるため、特有の問題を抱える可能性があるかもしれません）

● **Open Course Ware** (OCW)「オープン・コースウェア」

MIT（マサチューセッツ工科大学）が始めた授業の一般公開で、ウェブサイトを通じて無償で提供されます。そこでは、講義のシラバスやノートなどを見ることができます。東京大学など日本の主要6大学でも、この規格に従って授業の一部公開を始めました。

● **retake**［意味の追加］《名》「再履修」《動》「再履修する」

特定の科目で悪い成績となったのを成績表から消すために利用できる再履修制度。学校によって制度が違うようですが、日本で言う「再試験」とは必ずしも同じではないようです。
➤Failure to pass the re-examination will require a **retake** of the level 2 course.（再試験に落ちた場合は、レベル2のコースを再履修することになります）
➤Unsatisfied with the grade, he **retook** the course and ended up with an "A–."（成績に不満だったので、彼は再履修して「Aマイナス」の成績を得た）

● **upper second honours degree** (2:1)「優秀な成績による修士号」

honours degreeは普通の学部のコースを修了したあと、成績によって修業年限を延長して特定の科目を専攻するコースをいいます。日本で言うと、修士課程に相当します。
英王室のウィリアム王子は2005年6月に、スコットランドのセント・アンドリュース大学から地理学の修士号を授与されましたが、成績は upper second honours degree (2:1) でした。父親のチャールズ皇太子はケンブリッジのトリニティ・カレッジから lower second class (2:2) で歴史の学位が授与されています。現存の王族では一番の秀才ぶりを発揮したことになり、チャールズ皇太子はたいへん喜んだそうです。弟のハリー王子は大学よりも軍歴を

選び、陸軍士官学校に入学しました。
英国の大学の学位は成績に応じて、以下のように評価・ランク付けされます。
- First　　　　　(1)
- Upper Second　(2:1)
- Lower Second　(2:2)
- Third　　　　　(3)

➤Prince William is now Britain's brainiest royal. Clarence House announced the prince had gained a **2:1** in his geography master of arts from St. Andrews University.（ウィリアム王子は今や一番頭のいい英国の王族となった。クラレンス・ハウス［チャールズ皇太子一家の事務所］の発表によると、王子はセント・アンドリュース大学から地理学修士号を upper second (2:1) の成績で授与された）

● Sallie Mae「サリーメイ」「米国奨学金融資資金庫」

大学などの高等教育に必要な学費を低利で融資する教育ローン。Government Sponsored Entity (GSE)「政府支援の事業体」として 1972 年に設立されましたが、1997 年より民営化に着手し、2004 年末、完全民営化となりました。

● the No Child Left Behind Act (NCLB)「落ちこぼれ防止法」

子どもたちの学力低下を憂う米国では、ブッシュ政権のもと、2001 年に同法を制定し、「落ちこぼれを作るな」を合言葉に、教育の充実化を図っています。

● limited English proficiency (LEP)「英語力に限界［問題］があること」

英語が母語でないので英語力に限界があることを指し、能力が低いわけではないことを強調しています。英語を母語としないヒスパニックの人口が多くなっているアメリカならではの表現と言えるでしょう。
limited English proficient students は「英語力に問題のある生徒」、

limited language proficient であれば「言語能力に問題がある」という意味です。

➤Keep reminding yourself that "**limited English proficiency**" does not mean "limited thinking proficiency."（英語力に問題があることは思考力に問題があることではないと肝に銘じておきなさい）

● **linguistic limbo**「2つの言語ともどっちつかずの状態」

limbo には「（両極端の）中間状態」という意味があります。
➤Children pushed too early or too hard to learn the language might end up in **linguistic limbo**, speaking neither English nor Japanese with skill.（外国語学習を早期にあるいは厳しく押しつけられた子どもたちは、英語も日本語もうまく話せないどっちつかずの状態に陥る可能性がある）

● **put in the "seat time"**「出席する」

➤What, I found myself wondering, is the big deal about high school graduation when nowadays, practically every teenager in America who's willing to **put in the "seat time"** and stay felony-free gets a diploma?（今や、アメリカのティーンエージャーは、授業に出席し大きな問題を起こしさえしなければ、誰でも卒業証書をもらえる時代なのだから、高校の卒業なんて意味があるのだろうか、と考えてしまった）

＊felony「重罪」

● **flu day**「風邪による休校」

風邪の蔓延を防ぐために休校（休園）にする日のことです。
ちなみに「大雪による休校」は snow day と言います。
➤First it was snow days. Now, many Northern Kentucky schools are facing "**flu**" **days**.（初めは大雪による休校で、今度はノーザン・ケンタッキーの多くの学校が風邪による休校に直面している）

● pom-pom mom 「ポンポン(教育)ママ」

娘をポンポンガール(チアリーダーでポンポンを持っている者)にさせようと必死になっている母親を指す言葉です。ポンポンガールになりたかったけれどもなれなかった娘の母親が、ポンポンガールに選ばれた子の母親を腹いせに殺そうと企んだ事件から生まれました。

● picture day 「ピクチャーデー」「写真撮影する日」

アメリカの学校では毎年、数日かけて生徒の写真を撮影します。その写真を生徒に売ったり、アルバムに使用したりします。
➤She combed your daughter's hair on **picture day** last fall.(彼女は昨年秋の撮影日にあなたの娘の髪をくしでときました)

● ham [意味の追加]「目立ちたがり屋」「クラスのおちゃらけ者」「お調子者」

class clownの意味で使われます。アメリカの高校の卒業アルバムで「優秀な卒業生」「スポーツ万能な卒業生」などいろいろなカテゴリーで卒業生が紹介されることがありますが、その中に必ずあるのが biggest ham「一番の目立ちたがり屋」です。最近の表現を使うと「もっともウケねらいをする人」でしょうか。
➤He was the biggest **ham** in our class.(彼はクラス一の目立ちたがり屋でした)

● most likely to succeed 「最も成功しそうな人」

ham同様、卒業アルバムで取り上げられる表現です。ジョン・F・ケネディも高校卒業時に most likely to succeed に選ばれたのは有名な話です。
➤She was voted "**most likely to succeed**" in her class.(彼女はクラスのなかで「最も成功しそうな人」に選ばれた)

● jock [意味の追加]「(主に大学や学校の)頭の弱いスポーツ選手」
= jockey

スポーツ以外に能のない人のことを言います。

● sleepover「(子どもの)お泊まり会、外泊」

子どもたちが集まって友達の家に泊まること。oversleep とすると「寝過ごす」の意味になります。
➤The plan includes **sleepovers** at the grandparents', horseback riding lesson and group chess lessons.(その計画は祖父母宅でのお泊まり、乗馬レッスンそしてチェスのグループ・レッスンも含んでいます)

● tent party「(庭での)テントパーティ」

未成年が庭にテントを張り、アルコールありのパーティを行うことを指します。テントパーティが行われる家庭では、親の監視下であれば構わないと、飲酒を容認していることも多いようです。
次の例文は、飲酒運転をしないようにと親が鍵を没収したところ、子どもが隠し持っていた鍵で車を運転し事故を起こしてしまった話です。
➤In 2002, a local parent supervised a **tent party** at which kids supposedly surrendered their car keys.(2002年に、地元のある保護者が庭でのテントパーティを監視し、車の鍵を子どもたちから没収したつもりだった)

● house party ordinance「ホームパーティ条例」

コネチカット州の169の地方自治体のうち21の自治体で、ホームパーティ条例が可決されました。この条例では、成年者が在宅の個人邸内でも、未成年者の飲酒の疑いがある場合は、警察がその邸内に捜査に入ることを合法としています。未成年者の飲酒を黙認している保護者が多いことから可決された条例です。しかし、飲酒するのであれば保護者の管理のもとで飲酒するほうが安全ではないか、またプライバシーの侵害だという点から、論議の多い条例です。

● unplug [意味の追加]「プラグを抜いて～をスクリーン漬けから解放する」

米国の学校では、学年が終わると長い夏休みに入りますが、子どもたちをどこのサマーキャンプに行かせるかは、親にとって大切な選

択のひとつです。

これまでは、都会の子どもが都会生活の垢を落とし、テレビ漬けにならないようにするのが主な目的で、施設の善し悪しはそれほど大きな関心事ではありませんでした。しかし、ここ10年ぐらいは、いろいろな施設を充実させたキャンプ地経営が一大ビジネスとなり、年間200億ドル近い売り上げになっています。

最近の親たちは、自分の子どもが一日中パソコン、携帯、ゲーム機とスクリーン漬けになっているのを心配して、そうした機器の使えないキャンプ地を選ぶ傾向が強まっているそうです。

▶He is a real screen kid, so I want to **unplug** him for the summer.（彼はまさにスクリーン漬けの子なの。夏になったらスクリーン漬けから解放したいのよ）

● **Yale pedigree**「エール大学卒業者の家系」

pedigreeは「血統書、家系」。2004年の米大統領選で、民主党のJohn Kerry候補もYale pedigreeでした。「ハーバード大学卒業者の家系」ならHarvard pedigreeです。

● **D-school**「デザイン・スクール」

ビジネスマンを志すアメリカの若者は、大学卒業後、実社会の経験を積んでからビジネス・スクール（経営大学院）を目指すのが一般的でした。それがここにきて、企業に本当に必要なのは、創造性や革新性を備えたInstitute of Design（デザイン・スクール）卒の学生であるとして、カリキュラムにデザイン系の課程を併設する大学

が増えています。

ここで言う「デザイン」とは、「意匠」という狭い意味ではなく、「都市デザイン=都市計画」の例に見るように、「創造的な計画、構想、戦略」といった意味です。

脚光はB-schoolからD-schoolへ、というのがひとつの流れになっているようです。毎年ビジネス・スクールの人気ランキングの上位に顔を出すスタンフォード大学もその例にもれません。

▶This "**D-school**" may well give Stanford an edge over its B-school rivals as innovation becomes more valued for corporations striving to increase their revenues.（収益を増やそうと躍起になっている企業にとって革新性がより重要度を増すにつれ、この「デザイン・スクール」によって、スタンフォード大はライバルである他のビジネス・スクールを一歩リードすることになるかもしれない）

▶The Institute of Design (ID) at the Illinois Institute of Technology, the other top **D-school** in the U.S., is already sending many of its grads to big businesses.（イリノイ工科大学のデザイン・スクールは、米国のもうひとつの一流デザイン・スクールですが、すでに多くの卒業生を大企業に送り込んでいます）

● **low-skilled**「手に職がない」

low-skilledはpolitically correctな表現のようです。「高校を卒業していない」という意味でも使われるようです。
・unskilled「非熟練（の）」
・low-skilled「低熟練（の）」「手に職がない」
・high-skilled「熟練（の）」「高度な技術を持った」

▶I understand why people want to come to America, but **low-skilled** Americans also want to make their lives better.（アメリカにやって来たい気持ちはわかるけれども、手に職のないアメリカ人もお金を稼がなければならないのだ）

● **cubby**「(園児) のロッカー」

幼稚園や保育園にある園児のロッカースペースのことです。かばんや上着を掛けたり、着替えを収納したりします。この用語の由来は

cubby hole「狭いが気持ちのよい場所、こぢんまりとした場所」からきていると考えられます。
cubbyを使ったcubby house「隠れ家」、cubby box「ロッカー」という表現もあります。
➤In most kindergarten classrooms, there is a **cubby** for your child to store her jacket.（ほとんどの幼稚園の教室には、子どもの上着をしまうロッカーがあります）

家・家族・ペット

● Mister Mom 「主夫」
= Mr. Mom

「主夫」に代わって、外で働く母親のことをMrs. Dadと言います。「主夫」は最近ではhousehusbandとも言われます。stay-at-home dadという表現もあります。ちなみに、Mrs. Dad's Husband's Dayといえば、ミセス・ダッドの夫の日、すなわち「父の日」という意味になります。
➤I wasn't sure yet if I was ready to spend most days looking after my kids, but I sure knew I didn't want to be **Mister Mom**.（自分が毎日子どもの世話をできるかどうか自信はなかったが、主夫になりたくないということは確かだった）

● father-caregiver 「育児専業の父親」
= daddy-caregiver

➤Maybe we **father-caregivers** are the antidote to all that parenting stress. Maybe we're the ones who can bring some individuality and eccentricity back into parenting without feeling the need to look over our shoulders to see if we're being judged to be playing our role properly.（たぶん、我々育児専業の父親こそが、この育児ストレスを解消することができるのではないか。我々こそが、親の役割をきちんと果たしているか人から見られているという強迫観念なしに、本来の、個性的で自由な子育てをできるのだから）

＊ antidote「解毒剤」

● **mommy-caregiver**「育児専業の母親」

● **mompreneur**「在宅就業ママ」「母親起業家」「ママ起業家」「マムプレナー」

mom と entrepreneur「起業家」の複合語。家庭を職場として、就労時間や手段は大幅に自己裁量権を認めてもらって働く主婦。特定の能力や資格、知識などを生かして働きながら、子どもなど家族とのふれあいの時間も長く持てるメリットがあります。
➤The number of companies hiring **mompreneurs** is on the rise.（在宅就業ママを雇う企業が増えている）
➤So-called "**mompreneurs**" (stay-at-home mothers who create home-based businesses) are definitely an emerging trend.（家庭をベースにビジネスをする在宅主婦、いわゆる「マムプレナー」は、最近とみに顕著な傾向です）

● **hot mama**「ホット・ママ」

育児をしながら起業家・ビジネスリーダーとして活躍している女性を、こう呼んでいます。high-spirited women business leaders「志が高くやる気のある女性ビジネスリーダー」のこと。孫のいるビジネスリーダーのことは hot grandmama と呼んでいます。
➤Kathy Korman Frey, who runs a Washington consulting business while enjoying her babies, calls such entrepreneurs "**hot mamas**."（キャシー・コーマン・フレイは、自らも育児をしながらワシントンでコンサルティング会社を経営しているのだが、このような女性起業家たちをホット・ママと呼んでいる）

● **opt-out generation**「離脱世代」

学歴もキャリアもある30代から40代の女性のなかには、母親業に専念するために、仕事の世界から抜けていく人たちがいます。このような女性たちを opt-out generation と言います。

● battered wife「虐待された妻」

「虐待された子ども」は battered child です。

● doting grandparents「甘い祖父母」

dote は「溺愛する」。「子煩悩な父親」は doting father です。

● stepdaughterdom「まま娘であること」

➤And so began my experience with **stepdaughterdom**. And hers with stepmotherhood.（そして、私のまま娘としての生活が始まり、彼女のまま母としての生活が始まった）

● stepmotherhood「まま母であること」

● child born out of wedlock「婚外子」「非嫡出子」

wedlock は「結婚、結婚生活」という意味です。
➤A **child born out of wedlock** can still obtain Japanese nationality if the father acknowledges the child before birth, but not if the child is recognized after birth.（婚外子［ここでは、日本人の父親と外国人の母親のあいだに生まれた子ども］は、生まれる前に認知されれば日本国籍を取得できるが、生後に認知された場合は取得できない）

● net baby「ネット上で養子先が探される赤ん坊」

ある夫婦がネット上で成立した契約で、双子の赤ん坊に 8,000 ドル払って養子にしたことで社会問題になりましたが、赤ん坊の闇市が存在することが公然の秘密の米国では、大いにあり得ることです。

● intact family「両親がそろっている世帯」

intact は、「無傷の」「完全な」の意味。single parent family に対して intact family と言います。
➤We surveyed 1500 teens, half from divorced families and half from **intact families**.（私たちは十代の若者 1500 人を調査しました。半分は離婚家庭、半分は両親がそろっている家庭です）

● **low-conflict marriage**「問題をかかえているが表面的なけんかは少ない結婚生活」

➤We found that children of so-called "good" divorces often do worse even than children of unhappy **low-conflict marriages**.（私たちが知り得たところでは、いわゆる「良い」離婚をしている親の子どもたちは、家庭内のけんかは少ないが、不幸な結婚をしている家庭の子どもたちよりも悪い結果が出ることが多いのです）

● **deadbeat dad**「養育費を払わない父親」「育児放棄した父親」

deadbeatは「（借金を）踏み倒す人」「怠け者」の意味です。deadbeat momもいます。

● **empty arm**「幼子を失った親の悲しくむなしい状態」

empty arm syndromeという表現もあります。

● **parenting pool**「子育てを交代で行うこと」

poolは、car poolのpoolと同様「共同で行うこと」という意味です。近年アメリカでは、父親といってもsingle dadsや、custodial dads「子どもの後見人、保護監督者の父親」など多様な形があり、parenting poolで、子どもの母親（離婚した場合でも）と交代で子どもの世話をしている父親もたくさん存在しています。

● **family-unfriendly**「家庭にふさわしくない、やさしくない」

「家庭にふさわしい、やさしい」はfamily-friendlyです。
・family-friendly videos（家庭にふさわしいビデオ）
➤Even in the new millennium, the work world is still very **family-unfriendly**.（新世紀になっても、仕事の世界はまだ家族にとってやさしくない）

● **assisted marriage**「助力結婚」

インドをはじめとするアジア諸国では、親が相手を探してくるarranged marriage「見合い結婚」が多くありますが、米国に住むインド人のあいだでは、親はアドバイスするだけのassisted

marriage「助力結婚」が増えてきています。
➤But recently, purely arranged marriages have morphed into a new culture of what might be called "**assisted**" **marriages**.（最近は完全な見合い結婚ではなく、「助力結婚」とも言える新しい方式も現れています）
＊morph「変形する」

● **forced marriage**「強制結婚」

本人の意志を無視して親や親族が決める結婚のこと。（⇨ Forced Marriage Unit p.270）
➤Tradition still holds in Saudi Arabia, but **forced marriages** may end.（サウジアラビアでは伝統は依然として保たれていますが、強制結婚はなくなるかもしれません）

● **extended financial family** (EFF)「三世代同居」

主として経済的理由から、祖父母、両親、子どもの三世代が同じ屋根の下で暮らすことです。英国では今後20年間の新しい社会現象になると専門家は予測しています。すなわち、20年後には25世帯のうち1世帯が三世代同居になると見られています。
multigenerational household「多世代家族」という表現もあります。

● **MOD** (my other dad)「私のもうひとりのパパ」

女優のデミ・ムーアが15歳年下の俳優アシュトン・カッチャーと2年越しの交際の末、2005年に結婚しました。カッチャーは初婚、ムーアは、ロック歌手のフレディ・ムーア、俳優のブルース・ウィリスに次いで3度目の結婚。ウィリスとの間にもうけた3人の娘はムーアがひきとりました。新しく父親となったカッチャーを、3人の娘がMOD（my other dad「私のもうひとりのパパ」）と呼んで話題になりました。
これまで、Modといえば、当初、1960年代、Rockersに対抗してきちんとした服装をした英国の若者を指し、今では「流行の最先端をゆく」という意味で使われています。大文字のMODとなると、Ministry of Defence（国防省）と堅苦しい。このMoore daughtersのMODは、ほほえましい新用法です。

● **DOMA** (Defense of Marriage Act)「結婚防衛法」

ゲイ同士の結婚を合法としたマサチューセッツ州に続いて、全米的にゲイの差別撤廃運動が高まるなか、一対一の男女の結婚のみを合法とする法律も39州で成立しています。こうして結婚の形態をめぐる世論が州レベルで真っ二つに割れるアメリカで、連邦法によって「男女の結婚のみが合法」とはっきり規定し、一夫一婦の結婚制度を守ろうという動きが連邦議会で強まっています。これがDOMAです。

● **splitter** [意味の追加]「家を何軒も住み分ける人」

安い航空運賃、フレックスタイムの採用などで、複数の家を使い分けて働く人が米国で増えています。休暇用の別荘を持つのとは、また違ったライフスタイルです。不動産投資ブームと関係があるようです。
➤**Splitters** are people of any age who split their time between two or more homes, traveling for play or work or to connect with family. (splitterとは、年齢に関係なく、2軒以上の家で時間を使い分け、遊びで、仕事で、あるいは家族と一緒に過ごすために移動する人たちのことです)

● **bonus room**「予備の部屋」「ボーナスルーム」

家の地下室やガレージの屋根裏に設けた、何にでも転用できる予備の部屋です。

● **toilet-side**「トイレ回りの」「トイレ側の」

トイレにBGMを流したり、トイレの室温を調節したりと、トイレ回りの技術開発が盛んです。こうした技術をtoilet-side technologyと言います。そして、こうした新技術をふんだんに採り入れた家がsmart homeです。
また、「トイレに置いてある本」をtoilet-side literatureと言います。
➤Now, builders and interior designers say, more owners also want **toilet-side** technology.（建築家やインテリア・デザイナーによると、トイレ回りでも新技術を求める客が増えているらしい）

● mansionize「大邸宅化する」「高級住宅街化する」

地域全体が高級住宅街になること、何軒かの家が大邸宅に建て替えられることを指します。2000年に mansionization「大邸宅化」という言葉が生まれ、それがこの動詞を生みました。普通、-ize「〜化する」のついた動詞がまず生まれ、それが -ization の形の名詞誕生に結びつくのですが、こういう逆のプロセスを back formation「逆の形成」と呼びます。

➤Some residents believe Hindsdale is becoming **mansionized**.（ハインズデールが高級住宅街になりつつあると信じる住民がいる）

*

● furkid「ペット」

pet「愛玩動物」という言い方は、人間の視点からの動物蔑視だと、動物の権利擁護団体が騒ぎ、代わって companion animal「仲間としての動物」という表現が一時はやりました。しかし、これでも不十分と、人間の子どもと同じ kid という言葉を用い、毛が生えているところから、furkid（または fur kid、fur-kid）という言い方を、動物愛好家グループが提唱しています。

➤Couples like **furkids** because they usually don't live long enough to need expensive private schools.（夫婦はペットが気に入っています。ペットなら普通、高い私立学校にやるほど長生きしないからです）

● bichon「ビション（小型犬の種類）」

正式には bichon frise「ビション・フリーゼ」。フランスで品種改良された小型犬で、耳がたれ、ゆるい縮れ毛で覆われ、むくむくしています。

● canine psychologist「犬専門の心理学者」「犬の臨床心理士」

わが子のように可愛がるペットのことを furkid と言いますが、canine dentist「犬の歯医者さん」、canine stylist「犬の美容師」

などはもちろんのこと、psychologist までとは、人間に必要なものはすべてペットにも必要ということでしょうか。

● dog whisperer 「ドッグウィスパラー」「犬の心を癒す専門家」

情緒不安定になった犬の心理状態 (canine mind) をしっかり把握した上で、心的健康をとり戻し、人にかみついたり、むやみに吠えたりという問題行動をやめるように訓練します。この訓練士の活躍を描く *Dog Whisperer* という TV 番組があります。ロバート・レッドフォード監督・主演の映画に *The Horse Whisperer*（邦題『モンタナの風に抱かれて』1997 年）というのがありますが、horse whisperer とは「馬と心が通じあう能力を持った人」のことで、馬の気持ちが分かり、馬の心を癒すことができるのです。

▶The **dog whisperer** calms the pets of rich and famous Americans.（犬の心理トレーナーが、アメリカの金持ちや有名人のペットの心を癒しています）

● cat flap 「猫用の出入り口」

犬用の出入り口は、dog flap と言います。flap とは「開閉自在の垂れたふた」を言いますが、中には左右に開くものもあります。

▶After surveying expensive housing estates, the gang would wait nearby for residents to go to bed before stealing their car keys by breaking in or hooking them through the letterbox or **cat flap** with long poles.（高級住宅街を調べたあと、泥棒一味は近くで待機し、住民が寝静まってから、家に押し入ったり、あるいは郵便受けや猫用の出入り口から長い棒を使ったりして車の鍵を盗んでいた）

少子高齢化社会

● **baby bust**「出生率の急低下」

baby boom のあとには出生率の落ち込みがきます。

● **fertility crisis**「少子化の危機」

直訳すると「繁殖の危機」です。

● **the graying population**「高齢化する人口」「高齢化社会」

● **healthspan**「健康でいる期間」

healthspan イコール lifespan「寿命」ではないことが、老齢期の悲劇。高齢者が寝たきりにならずに元気に活動する期間が healthspan です。health（健康）＋ span（期間）の合成語で、span を使った合成語にはほかに、timespan「時間の間隔」、wingspan「翼幅」などがあります。
➤Scientists in the U.S. revealed new research claiming that they could significantly extend human **healthspan**.（米国の科学者たちは、人間が健康でいる期間を大幅に伸ばせるという新しい研究を発表した）

● **the "old old"**「後期高齢者」

the oldest old「超高齢者」という言い方もあります。
➤In the United States today there are 35 million geriatric patients over the age of 65. Of these, 4.5 million are older than 85, and now characterized as **the "old old."**（現在アメリカには、65歳以上の老人病患者が 3500 万人いる。このうち、450 万人は 85 歳以上の「後期高齢者」といわれる人たちだ）
＊ geriatric「老人病の」

● **longevity crisis**「長寿危機」

社会の高齢化が進むと、Social Security「社会保障」の財源不足の

2. LIFE

問題が深刻化します。

● age-related disabilities 「加齢障害」

加齢障害には、たとえば老人特有の視力の衰えや、手の震えなどがあります。

➤IBM has released a set of software programs to help older workers with **age-related disabilities** stay productive at the office. (IBMは、加齢障害を抱える高齢者が職場で生産性を維持できるよう支援する、一連のソフトウエア・プログラムを発表した)

● senile dementia [訳語の追加]「老人性認知症」

「老人性痴呆症」として各英和辞書に掲載されていますが、本人や家族が「痴呆」という言葉を嫌って治療に来るのを嫌がり、治療開始が遅れて、痴呆が進行してしまう例が多くありました。そのため、医療関係者から「認知症」を使うべきだとの働きかけがあり、公的機関などではそれに従うところが多くなっています。

➤The man, 87, was found to have **senile dementia**. (87歳のその男性は、老人性認知症であることがわかった)

● skilled nursing unit (SNU) 「特別看護施設」

➤The hospital's **skilled nursing unit**, or SNU, receives patients from other parts of the hospital who no longer need acute care services yet are unable to return home. (その病院のSNUは、急性期治療をもう必要としないけれども帰宅もできない患者さん [高齢の患者など] を、他の科から受け入れている)

● universal design 「ユニバーサルデザイン」

inclusive design「包括デザイン」とも言われます。製品、サービス、環境の設計を、年齢、能力、状況の限定なしに、できるだけ多くの人々に使いやすくしようとする取り組みをいいます。この考え方は、barrier-free「バリアフリー」、あるいはhandicapped accessible「障害者にも便利な」に代わるもので、障害者だけでなく、すべての人に役立つことを基本としています。

➤The food industry sees a profitable trend in **universal**

design.（収益が見込めるトレンドはユニバーサルデザインにあると、食品業界は見ている）

● nanny car「おばあちゃん用の車」

これからの老人社会のための、危険防止装置のついた「高齢者向け自動車」。

● American Association of Retired Persons (AARP)「全米退職者協会」

米国の50歳以上の人たちを主体とする政治・PR活動団体。リベラルな傾向を持ち、政府による高齢者支援を要求する運動を展開しています。会員数は約3500万人。

● bonus worker「ゆとり労働者」

米国では、定年退職した労働者が蓄積したノウハウを活用して、前の職場に戻り、自分の都合に合わせて働く制度を採用する企業が出始めました。
▶Randy Chambers is not a typical worker. He is the new "**bonus worker**"—an officially retired person who is back in the workforce, but working on his own terms.（ランディ・チェンバースは典型的な労働者ではない。新しい「ゆとり労働者」だ。正式には定年退職者だが、また労働者として復帰しているのだ。しかし、彼は自分の都合に合わせて働く）

▼
食・健康

● avocado roll「アボカド巻き」

芯にアボカドを入れた海苔巻き。アメリカ生まれの海苔巻きで、かなり広がりをみせているようです。California roll とも言います。
ほかにも、dragon roll（海老のてんぷらを芯にした寿司飯の上にアボカド、ウナギの蒲焼などを載せ、切ってうねるように皿に配置したもの）、rainbow roll（白身の魚、赤身の魚、アボカドなどを、色のグラデーションを見せながらきれいに重ねたもの）、caterpillar

roll（アボカドをトップに載せて芋虫のようなユーモラスな形に並べたもの）など、海外ではバラエティ豊かな海苔巻きが、外国人好みの味で食されています（店や地域によって少し異なる場合があります）。

● octopus ball「たこ焼き」

beef bowl「牛丼」もアメリカでは定着しています。

● chevon「山羊の肉」

米国に移住するアラブ系が増えるにつれ、山羊の肉に対する需要が増えています。また、山羊の肉はコレステロールが牛肉なみということもあって、畜産農家のあいだでは、山羊の飼育がちょっとしたブームになっています。ふつうは goat meat と言えばいいのですが、牛肉を beef というように、1語では chevon と言います。「山羊のチーズ」は chèvre です。

▶The cholesterol content of goat meat, also called **chevon**, is similar to that of beef and so on and is much lower than some dairy and poultry products.（山羊肉は chevon とも言いますが、そのコレステロール値は牛肉などによく似ており、乳製品や家禽肉(かきん)製品に比べてうんと低い）

● submarine [hero] sandwich「細長いフランスパンの一種に具をはさんだサンドイッチ」

潜水艦のように、細長くて真ん中がややふくらんだ形状をしたパンを hero bread または submarine bread と言い、アメリカでサンドイッチ用に人気があります。中にいろいろな具をはさんで submarine [hero] sandwich として食べます。

もともと、イタリア系の移民が Italian hero (sandwich) として食べたのが始まりで、hero sandwich と言えば、イタリアふうのハムやチーズや調味料をはさんだものを言うようです。最近では、submarine sandwich という言い方がより一般的になり、こちらは、味が必ずしもイタリアふうでないものも指すようになりました。

● over easy 「(黄身のやわらかい) 両面焼きの目玉焼き」

片面を焼いた sunny side up はたいていの辞書に出ていますが、両面焼きは出ていないことがあります。
over hard と言うと「(黄身のかたい) 両面焼きの目玉焼き」、over medium は「(黄身は中くらいのかたさの) 両面焼きの目玉焼き」です。
➤We serve up eggs **over easy**. (うちでは卵を両面焼いてお出ししています)

● oyster plate 「生牡蠣専用皿」「(メニューで) 生牡蠣」

メニューに Oyster Plate とあれば「生牡蠣」のことで、専用皿 (oyster plate) で提供されることがあります。
生牡蠣を殻のまま置いても安定するように複数のくぼみがある皿で、真ん中の特に深くなっている丸いくぼみにはソースを入れ、牡蠣をそれに付けて食べられるように工夫がこらされた特殊な形状の皿です。

*

● energy drink 「栄養ドリンク」「スタミナ・ドリンク」「疲労回復ドリンク」

nutrition-supplement drink、nutritional supplement drink といった言い方もあります。
➤Unlike sports drinks, which replenish electrolytes lost through exercise, **energy drinks** seek to quicken the pulse with sugar, caffeine and other stimulants. (スポーツドリンクは運動によって失われた電解質を補給するが、疲労回復ドリンクは糖分、カフェイン、その他の刺激剤により脈拍を速めるためのものである)

● liquid candy 「甘いソーダ飲料」「ソフトドリンク」

● barista 「バリスタ」

➤**Barista** is a fancy name (from Italian) for a coffee bartender. (バリスタ [イタリア語から] は、コーヒー・バーテンダーを表す

しゃれた名前です)

● pick-me-up drink 「元気を回復させる飲み物」「気つけの一杯」

pick up *someone* で「〜の元気を回復させる」という意味があります。

● quasi-beer 「第三のビール」

quasi (準、類似的に) ＋ beer で、直訳すると「準ビール」。俗称は「第三のビール」で、通常のビールとは異なり、主原料を麦芽やホップなどに限定しない、ビール風味のアルコール飲料のこと。
ちなみに、「第二のビール」である「発泡酒」は low-malt beer と言います。
➤His company will keep a firm grip on its No. 1 position in the growing new market for **quasi-beer** drinks. (彼の会社は、成長著しい第三のビール飲料の新市場で、シェア・ナンバーワンの位置をきっちり保ち続けるだろう)

● binge drinking 「(酒の) むちゃ飲み」「暴飲」「飲んで大騒ぎすること」

binge eating (disorder) なら「過食 (症)」です。
➤**Binge drinking** is a devastating issue across most campuses nationwide. (酒のむちゃ飲みが、全国のほとんどの大学で大問題となっている)
＊devastating「破壊的な」

＊

● better-for-you customer 「健康を気づかう顧客」「健康志向の客」

米国で、カロリーや栄養素などに配慮して「体にいい商品」、いわゆる better-for-you products を喜んで買うような客のことです。
➤The ice cream chain introduced a wider cone that's made to hold two scoops of ice cream instead of one. "We don't have **better-for-you customers**," says the marketing director. (その

アイスクリーム・チェーンは、アイスクリームを1杯ではなく2杯すくい取って入れられるビッグサイズのコーンを導入した。「健康を気にするタイプはうちのお客さんにいませんから」と同社マーケティング部長は言う)

● meatless 「菜食主義者の」

▶The **meatless** men included Alec Baldwin, Paul McCartney and Joaquin Phoenix.(菜食主義者の男性には、アレック・ボールドウィン、ポール・マッカートニー、ホアキン・フェニックスなどがいた)

● ovolacto vegetarian 「オボラクト・ベジタリアン」

卵と乳製品は摂取するが、それ以外の動物性食品を摂取しない菜食主義者のことです。
- lacto vegetarian「ラクト・ベジタリアン(乳製品は摂取する菜食主義者)」
- pesco-vegetarian「ペスコ・ベジタリアン(植物性食品と乳・卵に加え魚介類を食べる)」
- vegan「ビーガン(純粋菜食主義者)」

ほかに、perfect vegetarian、strictly vegetarian、pure vegetarianといった表現もあります。

● detox diet 「解毒ダイエット」「毒抜きダイエット」

detoxはdetoxification「解毒」の略。日本語でも最近そのまま「デトックス」と言っています。
▶Going on a **detox diet** is a newer form of cancer prevention.(解毒ダイエットを続けることは比較的新しい形のガン予防法です)

● molecular gastronomy 「分子料理法」
= molecular cuisine = molecular cooking

食材の分子構造(molecular makeup)を調べ、それに基づいて料理する方法です。似たような分子構造の食材を組み合わせて作る特別料理を出す高級料理店がボストンなどに出現しています。「分子料理法を実践する料理人」をmolecular cookと言います。

➤**Molecular gastronomy** applies the principles of chemistry and physics to cooking—by examining how foods react to different cooking methods, and which foods combine well on a chemical level, chefs are able to experiment with new food combinations and methods to create unusual menus with stunning results.（分子料理法は、化学や物理の原理を料理に適用するものだ。異なる調理法のもとで食材がどのような反応を示すか、化学的にどの食材同士が相性がよいかなどをテストすることによって、料理長たちは、食材の新しい取り合わせと調理法を実験することができ、あっと驚くような一風変わったメニューを生み出す結果となっている）

● trans fat「トランス脂肪」「変性脂肪」

体にいいとされてきた植物油も、加工の過程で変性脂肪が生じる可能性があり、発がんの危険性増大や血中コレステロールを増やすとして話題となりました。食品への表示義務付け論議の影響も受けて、数年前から、ファストフード、加工食品業界で、変性脂肪の少ない油脂を使おうとする動きがあります。
➤Americans should cut their intake of **trans fats** and processed foods.（米国人は変性脂肪および加工食品の摂取量を減らす必要がある）

● glycosyltransferase (GnT-4a)「グリコシル移転酵素」「グリコシルトランスフェラーゼ」

脂肪の多い食物をとりすぎると、この酵素の分泌が抑えられ、糖尿病の原因になると言われています。
➤According to researchers, fatty foods can suppress the enzyme **glycosyltransferase (GnT-4a)**, which is crucial to the production of insulin.（研究者たちによれば、脂肪分の多い食品は、インシュリンの生成に必須のグリコシル移転酵素という酵素の分泌を抑えることがあるという）

● energy-dense foods「カロリー過多の食品」

denseは「密な」「濃い」という意味です。high-calorie foodsとも

言います。high-fat foods「高脂肪食品」という言い方もあります。
➤The relatively recent availability of **energy-dense foods** and sugary drinks is messing up children's ability to self-regulate their calorie intake.（近年になって、カロリー過多の食品と砂糖入り飲み物が世の中に溢れたため、子どもたちの身体に備わっているカロリー摂取管理能力が狂ってきている）

● **low carbs**「低炭水化物（食品）」
= low carbohydrates

ちなみに、low-carb diet は「低炭水化物ダイエット」という意味です。

● **diet pill**「食欲減退剤」「やせ薬」

● **dog biscuit** [意味の追加]「（非常食用の）乾パン」

「骨の形をした犬用ビスケット」の意味ももちろんありますが、そのほかに上記のような意味があります。「携帯する軍用ビスケット」と記した辞典が多いようですが、最近では非常用食品として、災害時にも使うことが多いようです。

● **Plumpy'nut**「牛乳とビタミンを加え栄養価を強化したピーナツバター」

plumpy には fat「丸まるとした」、nutritious「栄養たっぷりの」といった意味があります。
➤**Plumpy'nut**, a peanut butter paste fortified with milk and vitamins, is saving thousands of starving children in Niger.（Plumpy'nut は牛乳とビタミンを加え栄養価を強化したピーナツバターで、ニジェールの何千人という飢えた子どもたちを救っている）

● **fiery** [意味の追加]「激辛の」

「火のような」という意味からこの言葉が使われています。
fiery hot、super hot と言っても同じです。

● low heat「弱火」

ちなみに high heat は「強火」のことです。heat を省略することもあります。
►Then we'll let this simmer here for about five to seven minutes on **low heat**. (次に、これを弱火で5分から7分とろとろ煮ます)

● word of food「食べ物についての口伝ての評判」

word of mouth「口伝ての評判、口コミ」をもじっているようです。

● deskfast「(職場の)机でとる朝食」

＝ desk ＋ breakfast。家でのんびり朝食をとる人は、激烈な競争に勝ち抜けないとあって、職場でコンピュータを眺めながら、朝食をとるのがはやっています。イギリスの場合、すでに1000億円市場だと新聞は報じています。
►The pressures of modern living and demanding careers are forcing people to skip their breakfast for "**deskfast**." (現代生活のプレッシャーや職業上の必要に迫られて、人々は朝食を抜き、職場の机で食事をする羽目に陥っている)

● top competitive eater「早食いチャンピオン」

米国では、ホットドッグを始め、いろいろな食べ物の早食い競争が人気を呼んでいます。
►Sonya Thomas, one of the world's **top competitive eaters**, humbled her bigger male competitors as she consumed 5.13kg of lobster meat, breaking the old record of 4.43kg she set last year. (世界の早食いチャンピオンのひとりソニア・トーマスは、5.13キロのロブスターの身を平らげ、彼女より体の大きい男性の競争相手を顔色なからしめ、彼女自らがつくった4.43キロという昨年の記録を破った)

休暇・旅・交通

● jaunt 「短い旅行」「ちょっとした気晴らし旅行」

➤Americans traveling to Canada and Mexico would need passports for **jaunts**.（アメリカ人は、隣国カナダやメキシコへのちょっとした旅でも、パスポートが必要になるだろう）

● togethering 「家族・親戚や親しい仲間と休暇を過ごすこと」

2003年のWalt Disney Worldのプレスリリースに初めて登場し、旅行業界を中心に広がった言葉です。特に、テロ事件以後のアメリカで旅行形態の中心になりつつあると言います。

➤More and more Americans are vacationing in a loving gang. This trend towards mob bonding is called "**togethering**."（愛する仲間とともに休暇を過ごすアメリカ人がますます増えています。この仲良く群れる傾向をtogetheringと呼びます）

● weekend city breaks 「都市で過ごす週末」

a city breakとは、a short vacation in a city: a short vacation spent or based in a particular city「都市で過ごすミニ休暇」のことです。ユーロ諸国では、格安航空便が普及したおかげで、週末を外国の都市で過ごすミニ休暇旅行がはやっているとのことです。

➤Millions of people, especially in Britain, Ireland and Germany, now fly off to other countries for what are called weekend "**city breaks**" as often as they once drove to the nearest coast or lake.（特に英国、アイルランド、ドイツなどでは、かつて、何百万人もの人々が週末になると近くの海や湖に車で出かけたように、今では、いわゆる「都市での週末休暇」を過ごそうと、外国へ飛行機で飛び立っています）

● cage diving 「ケージ・ダイビング」

観光客が檻に入ってサメを観察すること。南アのケープタウン沖のShark Alley「サメ大通り」は、白いサメが見られる観光アトラク

ションとして評判です。
動詞として cage dive が使われ、それを楽しむ人を cage diver と言います。

➤He has also gone **cage diving** off the coast of South Africa.
（彼は南ア海岸沖で、檻に入ってサメ観察も行った）

● **Every Lesson Counts**「どの課目も重要」

クリスマスシーズンになると、英国では親が子どもたちに学校を休ませて、旅行に連れて行くケースが増えます。学校の教師からの苦情もあり、教育省と旅行業界が協定して、無断欠席 (truancy) 防止プランを 2005 年 11 月から実施することになりました。親が Every Lesson Counts というインターネット・サイトで、学校が休みの日を指定して旅行を申し込むと、割引や施設の無料利用券が提供されるという仕組みです。
日本でも平日に親と旅行している子どもたちを時々見かけますが、政府や教育委員会は何か手を打たないのでしょうか…。

➤From November, parents who book nonschool time holidays via a website called "**Every Lesson Counts**" can receive discounts and incentives such as free tickets for children.（11月から、親が「どの科目も重要」というサイトを通じて学校が休みの日の旅行を予約すると、割引や、子どものチケットが無料といった特典が得られる）

● **go-show passengers**「空席［キャンセル］待ちの航空旅客」「予約なしの客」

G/S と書くこともあります。予約しているのに現れないのを no-show、予約していないのに現れるのを go-show と言います。ちなみに、ホテルや病院の場合は walk-in と言います。

▶The web-based self-service solutions include quick-booking for **go-show passengers** and on-line payment functions.（ネットでの自動予約決済サービスには、空席待ちの方のためのクイック予約およびオンライン支払い機能があります）

▶**No-shows** are a problem for the airlines.（予約しているのに乗らない人は航空会社にとって問題である）

● **on a space-available basis**「（原則として）空きがあれば」「スペースに余裕があれば」

▶Federal law requires U.S. carriers to honor tickets from a bankrupt or insolvent airline **on a space-available basis** for no more than $50 one way, but the law expires Nov. 19.（連邦法によれば、米国の航空各社は、破産あるいは債務超過で運行が不能となった航空会社のチケットを、空席がある場合に片道 50 ドルを超えない範囲で受け入れなければならない。しかし、この法律の期限は 11 月 19 日までである）

＊ honor「引き受ける、引き受けて支払う」insolvent「支払い不能の」

▶Excess baggage will be accepted **on a space-available basis**.（超過分の手荷物はスペースに余裕があれば受け入れます）

▶All courses are open to any student **on a space-available basis**.（どのコースも、席に余裕があれば、学生は誰でも受講可能です）

● **hub-and-spoke airlines**「ハブ＆スポーク型ネットワークの航空会社」

自転車のタイヤの hub「車輪の中心」と spoke「スポーク」のように、支線 (spoke) を拠点空港 (hub) に集中させる路線ネットワークを「ハブ＆スポーク型」と言います。

従来の大手航空会社の航空網はこの形式が多かったのですが、交通量が多い路線に集中して効率よく経営する新規参入の格安航空会社に経営を圧迫されているのが現状です。

▶Traditional **hub-and-spoke airlines** have had trouble adapting to industry change.（従来のハブ＆スポーク型ネットワークの航空会社は、業界の変化に適応できていない）

● **turnover service**「ターンオーバー・サービス」

ホテルの部屋のベッドカバーを外し、すぐ寝られるように毛布をめくっておいてくれるサービスのことです。高級ホテルでは、メイドが宿泊客の就寝時間を見計らって、このようなサービスを行うそうです。
turnoverとはパン生地や襟・布地などの「折り返し」のこと。

▶The hotel was very clean, but the room and bathroom were extremely small. And there was no bed **turnover service** at night.（ホテルはすごくきれいだったが、部屋もバスルームも狭かった。しかも、夜のターンオーバー・サービスもなかった）

● **butler service**「バトラー・サービス」

butler「執事」は、もともと男性の召使い長のことを言います。欧米の高級ホテルで言うバトラー・サービスとは、宿泊客専用の召使い（＝担当従業員、男性とは限らない）によるサービスにあたります。担当のホテル従業員には、まるで召使いのように何でも頼んでいいのがこのサービスの魅力。スーツケースから洋服を出してハンガーに掛けてもらう、夜中に買い物に走らせる、買い物に付き添い荷物を持ってもらう、などなど。

▶We are the only hotel in Shanghai to offer 24-hour **butler service**.（当ホテルはバトラー・サービスを24時間ご利用いただける、上海で唯一のホテルです）

● **the Circle Line**「サークルライン」

ニューヨーク市の観光のメインとなっているクルーズ。ハドソン川べりから出て、エンパイアステートビルを遠望したり、同時テロの跡地の沖を通り、自由の女神像の下を通過してマンハッタンの南端

を回り、イースト・リバーをさかのぼって国連ビルの沖を通り、マンハッタン島の中央部にあるハーレム運河を通過して、再びハドソン川に戻ってくるコースです。主要部分をほぼ沖合いから眺めることができます。
➤Angela Simon, 9, and her mom, tourists from Baden-Baden, Germany, get a great view of the city from aboard **the Circle Line** cruise ship.（ドイツのバーデン・バーデンから来た観光客のアンゲラ・ジーモンちゃん（9歳）とママは、サークルラインのクルーズ船上から素敵な景色を眺めている）

*

● folding bike [bicycle]「折りたたみ自転車」

ほかに、collapsible bike や folding cycle とも言います。
➤She bought a new **folding bike** yesterday.（彼女は昨日、新しい折りたたみ自転車を買いました）

● thirsty [意味の追加]「ガソリンを食う」

同じ意味で fuel-thirsty もよく使われます。
➤How **thirsty** is the V-6? It rated 17 miles per gallon in town, 21 mpg on the highway.（6気筒の車のガソリンの食い方はどうでしょうか？ 市内走行の場合、17mpg［1ガロンあたり17マイルの走行効率］、幹線道路では21mpgでした）
* mpg = miles per gallon
➤Mr. Penner points out new coaches are much less **fuel-thirsty** than older models, averaging about 12 to 14 miles per gallon.（ペナー氏の指摘によると、新しい長距離バスは今までのモデルよりも大幅に燃費がよく、平均して1ガロンあたり12から14マイル走るとのことだ）

● rat-run「抜け道」「わき道」「裏道」「近道」

トラックなどが、ネズミのように裏道を抜けて通るところから。英国で多く使われるようです。また一般に、「非常に狭い通り道」を rat-run と言うようです。
➤He is among the numerous residents who are sick of lorries

using the road as a "**rat-run**."（その道路を抜け道として使っているトラックには多くの住民がまいっているが、彼もその一人です）

● **car-clogged**「車で混雑した」

clog は「動きを妨害する」という意味。
➤Graham pursued them through the crowded, **car-clogged** suburbs of Detroit.（グレアムは、建物が密集し車で混雑したデトロイトの郊外を通り、彼らを追った）

● **car-free zone**「車両乗り入れ禁止区域（地区）」
＝ auto-free zone

● **pedestrianized zone**「歩行者専用区域」「歩行者天国」「歩行者優先区域」

関連表現として pedestrianize、《英》pedestrianise「〜を車両乗り入れ禁止とする」、pedestrianization、《英》pedestrianisation「車両乗り入れ禁止（化）、ホコ天化」などがあります。

● **carpool**「相乗り」

例文は交通標識です。
➤**Carpool** is 2 or more persons per vehicle.（相乗りは車1台につき2人以上）
➤**Carpools**. 2 or more only.（相乗り。2人以上乗った車両のみ通行可）

```
CARPOOLS ONLY
2 OR MORE PERSONS
PER VEHICLE
↓
```

● **Lexus lane**「高級車専用レーン」(「相乗り車線」を皮肉った言い方)

Lexusはアメリカで生まれたトヨタの高級車。2005年より、日本でも販売が開始されました。

ワシントンなどでは、都心への交通渋滞を緩和するため、carpoolと呼ぶ車の相乗りを奨励し、carpool lane「相乗り車専用車線、相乗り車線」またはHOV lane（= high occupancy vehicle lane「相乗り車線」）専用レーンを設けて優先扱いしています。しかし、特別料金さえ払えば、相乗りでなくても専用レーンを走れるというのが、HOT（= high occupancy toll「相乗り料金」）制度。こうなると、カネのあるものが特別待遇を受けるという批判が出ても当然です。そこで、このレーンのことを、皮肉を込めてLexus laneと呼んだりしています。

▶To use the **carpool lane** during commute hours, you must be traveling in a carpool, vanpool, or public transit vehicle.（通勤時間帯に相乗り専用レーンを走るには、車の相乗りか、バンの相乗りか、公共の乗り物を利用しなければならない）

＊vanpool「バンの相乗り」

● **second collision**「二次衝突」

もともとは法律用語です。自動車の衝突で、直接衝突した自動車同士のように最初に生じた被害を一次衝突による被害、衝突によって自動車と人や物が衝突して生じる被害を二次衝突の被害と呼んで区別して考えます。

● **travelator**「動く歩道」

travellatorと書くこともあります。ほかに、travolator、moving walkway、moving sidewalk、moving pavementも使われます。

▶The Rotofast 500 combined **Travelator**/Escalator tread cleaning machine. Its unique design makes it the quickest method yet of maintenance-cleaning either **travelator** or escalator steps.（「ロトファスト500」は、動く歩道・エスカレーター両用の段板掃除機です。比類のないその設計により、動く

歩道やエスカレーターの階段・床板部分の定期清掃を、他のどんな機具よりも素早くやってくれます)

● flatbed car [意味の追加]「平台型貨車」

壁も天井もない貨車です。ちなみに flat car「長物（ながもの）車」という、長い荷を積載するのに便利な貨車もあります。「平型トラック」のような自動車としての訳語を記載している辞書が多く見られます。
➤Two locomotives and as many as five empty **flatbed cars** of the train derailed. (2両の機関車と5両もの空荷の平台型貨物車が脱線した)

● VLCC (very large crude carrier)「超大型原油タンカー」

30万トン以上のタンカーのことを言います。

エンターテインメント

● fanfic 「ファンが作る小説」

= fan + fiction。テレビの人気番組、映画、アニメなどをもとに、ファンが書いた小説のことです。ハリー・ポッター以来、特に顕著になりました。
この発展にはインターネットが欠かせません。ハリー・ポッターの読者ネットには、20万以上の筋立てが紹介されていると言います。fanfic 現象の始まりは、人気テレビ・シリーズ *Star Trek* で、シリーズ中止に不満をもった聴視者が、1967年、独自の筋を発展させ、fanzine (= fan + magazine) を作り出したことです。

● bio-musical 「伝記ミュージカル」

bio-はここでは biography「伝記」の略。
➤Last week, a $7 million **bio-musical** called *Lennon* opened in San Francisco. (先週、制作費700万ドルの伝記ミュージカル『レノン』がサンフランシスコで開演した)

● **reality TV**「リアリティ番組」
　= reality show

視聴者が出演して、ある設定のもとに、筋書きのないドラマを展開するテレビ番組のこと。見ず知らずの人たちが一つ屋根の下で共同生活をするとか、浮気の現場を追っかけるとか、まさに「何でもアリ」の世界で、テレビの低俗化に拍車をかけるものだとの批判も聞かれます。

►Is the popularity of **reality TV** a passing fad or is it set to become the future trend of TV programming?（リアリティ番組の人気は一時的な流行か、それともテレビ番組のこれからの方向なのだろうか）

● **TiVo-proof**「TiVo不要の」「リアルタイムで見るべき」

TiVo「ティーボ」は本来、商標（製品名）で、テレビとつないで月ぎめ定額手数料を払えば、番組を指定して自動的に録画してくれる人気商品ですが、そのようなものはいらない、つまり「リアルタイムで見るような」番組という意味です。

►Such big sports and award shows are **TiVo-proof** programming.（そうした大きなスポーツ番組や授賞中継番組は、リアルタイムで見るべき、［高性能録画サービスの］ティーボ不要の番組です）

● **ESPN-onage**「ESPNする」「スポーツチャンネルを見る」

ESPN (= Entertainment and Sports Programming Network) とは、アメリカのスポーツチャンネルです。golf widow を始め、baseball widow とか football widow という言葉があり、よく「夫はゴルフに行っていて、私ひとりなのよ」とか「野球［フットボール］のシーズン中はシングルになるようなものよ」などと言う女性がいますが、ESPN についても、I am an ESPN widow.（私は夫を ESPN にとられて、ひとりぽっちよ）のように言ったりします。ESPN-onage は、ESPN ＋ espionage（スパイ行為、諜報、偵察）の合成語です。ESPN のコマーシャルでも使われていました。「エスピーエナージュ」と発音します。

大抵の女性は、夫やボーイフレンドがスポーツ番組に釘付けになることを嫌います。ESPN を見たい男性たちは、妻やガールフレンドの機嫌をとるのに必死で、彼女たちのいない隙を狙ってこっそり見たりします。

▶My wife is going out tonight. Do you want to **ESPN-onage**?
（今晩うちのかみさんは出掛けるんだ。ESPN を見るとするか）

● **TV Turnoff Week**「テレビを消そう週間」

1994年創設の米非営利組織 TV Free America のプロジェクト。2006年の TV Turnoff Week は4月24日から30日まででした。

● **NetMovie**「ネットムービー」

インターネットで見られる映画のことです。企業や商品のイメージ向上を狙って多くの企業が PR や商品の広告のために提供しています。「好きな時間に気楽に見ることができる」「テレビの CM よりもストーリー性があり、わかりやすい」と好評です。日本市場では自動車メーカーの BMW が先駆者とされています。米国ではネットムービーを活用した e ラーニングも始まっています。

● **movieoke**「ムービーオケ」

= movie ＋ karaoke。カラオケの流行は世界的で、そのまま英語にもなっていますが、この亜種がニューヨークで生まれました。画

面に映画の有名場面が現れ、せりふの字幕が出ます。それを名歌手ならぬ名優気分になって読み上げ、おおいに陶酔するというものです。ソックリさんを演じてもよいし、自己流にしゃべってもよいのは、カラオケと同じ。

● narratage 「ナラタージュ」

narration「ナレーション」と montage「モンタージュ」の複合語。映画などで、登場人物の語りに合わせて回想シーンを流す手法。

● King of Pop 「マイケル・ジャクソン」

King of Pop と言うとマイケル・ジャクソンのことを指します。ちなみに Queen of Soul はアレサ・フランクリン、King of Rock 'n' Roll はエルビス・プレスリーのことです。

● Brangelina 「ブランジェリーナ（ブラッドとアンジェリーナのふたり）」

米国の人気俳優であるブラッド・ピットは、女優のジェニファー・アニストンとの4年半にわたる結婚を解消し、映画『Mr. & Mrs. スミス』で共演した女優のアンジェリーナ・ジョリーとのあいだに子どもをもうけました。ふたりは「ブランジェリーナ」(Brangelina = Brad + Angelina) と呼ばれています。
一方、アニストンは、映画『ザ・ブレイク・アップ』で共演したヴィンス・ボーンとつき合いはじめました。こちらは、「ヴィニファー」(Vinnifer = Vince + Jennifer) と呼ばれるようになりました。
▶Does Vinnifer sound as good as **Brangelina**?（「ヴィニファー」って「ブランジェリーナ」のようにうまくいっているの？）

● TomKat 「トムカット（トムとケイティのふたり）」

人気俳優のトム・クルーズは女優のケイティ・ホームズと2005年6月に婚約し、10月7日、ケイティが妊娠したと発表しました。TomKat（トムとケイティのふたり）は大喜びです。ケイティは初めての出産ですが、トムは先妻のニコール・キッドマンとの間にふたりの養子がいます。

tomcatは「女を追い回す女たらし」という意味で使われる俗語ですが、これをもじったTomKatは、仲の良さを示すことばです。

▶The "TomKat" is romance between Tom Cruise and his soon-to-be third wife Katie Holmes.（トムカットとは、トム・クルーズと、まもなく彼の3人目の妻となるケイティ・ホームズとのロマンスのこと）

● **Cinecitta**「チネチッタ」

ローマ近郊にある映画撮影所の名前。そこから、イタリア映画の中心地であるローマを指して言うこともあります。日本でも、シネマコンプレックスの名前に使われていますね。

● **Bollywood**「インド映画」

インドは映画の制作本数世界一を誇る国ですが、その中心は西海岸の商業都市ボンベイ（現在はムンバイ）であるため、インド映画界はHollywoodをもじってBollywoodと言われています。インドの映画俳優はBollywood actorと言います。

▶Bollywood's leading man, Shahrukh Khan, is taking on a role traditionally reserved for India's most beautiful actress: advertising beauty soap in a campaign.（インドの人気ナンバーワン映画俳優、シャールク・カーンが、伝統的に一番の美人女優の指定席だった化粧石鹸の宣伝広告に登場することになった）

● **masala movie**「マサラ・ムービー」「インド映画」

インド料理の基本の味になぞらえて、インド映画は「マサラ・ムービー」と呼ばれます。年間900本の映画が制作され、その9割以上が娯楽映画です。Garam Masala Movieという表現も同じように使われます。Garam Masala「ガラムマサラ」とは、インド料理に使われるスパイスのミックスです。「ナブ・ラサ」と言われる9つの味、すなわち、恋情、笑い、悲しみ、怒り、気力、恐れ、嫌悪、驚き、平安のすべてが盛り込まれます。

*

コラム2

映画の年齢指定

米国における最新の映画指定の略号です。

G General Audiences「年齢制限なし」

年齢の制限なく (All ages admitted.) 誰でも見ることができます。

PG Parental Guidance Suggested「保護者の指導が望まれる」

小さな子どもにふさわしくないかもしれない内容を一部含む (Some material may not be suitable for young children.) もので、見るなら保護者の指導のもとに見るのが望ましいとされる映画です。

PG-13 Parental Guidance Suggested for Children under 13
「13歳未満は保護者の指導が望まれる」

より正確には、Parents Strongly Cautioned: Some material may be inappropriate for children under 13.（保護者に強く警告—13歳未満にはふさわしくないかもしれない内容を一部含む）と説明されています。

▶Warner Brothers confirmed rumors today that *Harry Potter and the Goblet of Fire* will indeed be rated PG-13.（『ハリーポッターと炎のゴブレット』がほんとうにPG-13に指定されるだろうという噂を、ワーナー・ブラザースは本日、認めた）

▶Here is a time schedule for PG-13 movies.（PG-13の映画の上映スケジュールがあります）

R Restricted「17歳未満は保護者の同伴が必要」

暴力やセックスの描写をかなり含む映画で、Under 17 requires accompanying parent or adult guardian. とされます。

NC-17 Not for Children 17 and Under「17歳以下入場禁止」

正確には、No One 17 and Under Admitted. と説明されています。過激な暴力やセックスの描写を含む映画です。米国では、以前のX-ratedにあたります。オーストラリアなど、現在もX-ratedを使っている国もあります。

● **comic duo**「お笑いコンビ」「漫才コンビ」

日本語の「コンビ」は combination の略ですが、comic combi と言っても通じません。duo を使います。漫才などの3人組はトリオと言いますが、trio は英語でも使われています。
➤Recently, we have seen many aspiring young **comic duos** on TV.（最近、若くて意欲的な漫才コンビがたくさんテレビに出ている）

● **punkrockdom**「パンクロック界」

➤One of the most covered songs in **punkrockdom** is included in the CD.（パンクロック界で最もよくカバーされている曲の1曲がそのCDに入っている）

● **c--rap**「ひどいラップ」「Cレベルのラップ」

c--rap をつなげると crap「くず」になります。
➤Stop that **c--rap** and put on some good stuff.（そんなひどいラップはやめて、もっといいのをかけてくれ）

● **conscientious rap**「良心的ラップ」

「ラップ」=「インモラル (immoral)」のイメージがありますが、責任とモラルを強調した、叙情性のあるラップが若者の間で人気だそうです。
➤**Conscientious rap** has survived. Now it's thriving.（良心的ラップは生き残った。今や人気沸騰中だ）

▼
ファッション・スタイル

● **fashion-y**「ファッションな」「はやりの」

名詞に y を付けて形容詞にすることができます。fashion に y を付けた fashion-y「ファッションな、流行の」が使われだしています。ハイフンなしで fashiony とも書きます。
似ている言葉の fashionable には、「流行の」という意味と、「上流

社会に好まれる」という意味もあります。コーチ (Coach) のクラコフ社長は、「Coach 製品は、fashion-y ではなく、fashionable だ」と言っています。fashion-y ではただ「はやっている」というだけの軽い響きしかないので、fashionable「はやっていて高級感もある」と言いたいのでしょう。
➤We are fashionable, not **fashion-y**, and great value for price.（当社の製品は fashion-y ではなく、fashionable で、価格的にも超お値打ちです）

● **fashionista**「最新の流行に敏感な人」

ファッションリーダー、最新の流行を追う人、ファッション業界の人、ファッション界に夢中な人のことを指します。

● **lifestyle guru**「ライフスタイル・アドバイザー」

ファッション、フィットネス、健康維持などについて、アドバイスをする専門家のことです。guru とはヒンズー教の「教祖」のことで、「権威」「指導者」といった意味でよく使われます。
➤A new twist to the trial of **lifestyle guru** Martha Stewart emerged over the weekend.（週末にかけ、ライフスタイル・アドバイザー、マーサ・スチュワートの裁判に、新しい展開が現れた）

● **must-have**「絶対に所有しなくてはならない」「必須の」「超おすすめの」

ファッション誌でよく見かける使い回しです。本来は、I must have this dress. などといった使い方をするのですが、must-have で形容詞として使われています。
➤It's a **must-have** item for this fall.（それはこの秋のマスト・アイテムです）

● **try too hard**「頑張りすぎる」「頑張りすぎて格好悪い」

try hard「頑張る」はたいていよい意味で使われますが、ファッションについて try too hard と言うと、「頑張りすぎて（一生懸命お洒落している様子が）格好悪い」という意味です。「さりげない」ことを格好よいとする価値観がよく現れています。

➤You don't want to look like you're **trying too hard**. (頑張りすぎって見られたくないでしょ)

● **high-end** 「高級な」

high-end goods「高級品」、high-end fashion(s)「高級ファッション」のように使われます。

● **tankini** 「タンキニ」

= tank top + bikini。トップスはタンクトップ、ボトムはビキニの水着。

● **camikini** 「キャミキニ」

= camisole + bikini。トップスはキャミソール、ボトムはビキニの水着。

● **bling-bling** 「(派手でキラキラした) アクセサリー」「光モノ」

テレビのファッション・レポート、ファッション誌などで使われます。
➤Did you see my new **bling-bling**? ([指輪を見せながら] 私の新しいキラキラ見た?)

● **accordion pleats** 「蛇腹状に折ったひだ」「(スカートの細い) プリーツ」

➤Buses here would move much faster if we got rid of those ridiculous dual buses joined in the middle by **accordion pleats**. (中央部を蛇腹状のもので連結したおかしな格好の2台連結バスを廃止すれば、ここのバスはもっと速く運行できるのに)

● **spaghetti-strap tops** 「(スパゲティのような) 細い肩紐のついたトップス」

➤See-through camisoles, **spaghetti-strap tops** made of the flimsiest materials imaginable, and lingerie-type underwear masquerading as outerwear are the hottest fashion items around. (シースルーのキャミソール、スパゲティみたいに細い肩

紐のついた、これ以上は無理というくらい薄い生地のトップス、そしてアウターとして着るランジェリータイプのアンダーウェア、巷ではこれらが最先端のファッションとなっています）

● burqa「ブルカ」

burka、burquaとも書きます。イスラム教徒の女性が外出時や人前に出るときに着る衣服で、頭からつま先まで全身をすっぽりと覆い、目だけ出しているマントです。日米共に、よく記事に出るようになりました。

➤A full **burqa**, or Afghan **burqa**, is a garment that conceals the entire body.（フル・ブルカ別名アフガン・ブルカは、全身を隠すマントです）

● grill ［意味の追加］「歯に飾った宝石」「歯のジュエリー」

複数はgrillz。歯の一部に埋め込んで飾るものから、ちゃんと型をとってかぶせるものまで、いろいろあります。

➤Cecelia felt naked without her platinum and ruby **grill**, but she had to remove it to walk through the airport security checkpoint.（セシリアはプラチナとルビーの歯のジュエリーをつけていないと、まるで裸にされたような気がした。でも、空港のセキュリティチェックを通るには、それを外さざるを得なかった）

● awareness band「覚醒腕輪」

今、米英などで大流行のゴムバンドで、一種の社会現象になっているほどです。ビーズ製のawareness braceletもあります。
1996年、がんで生存率50パーセントと診断された米国の自転車選手のランス・アームストロングが、がん患者のために財団を作り「強く生きよ」と書いた黄色の腕輪を1ドルで販売したのがきっかけです。アームストロングはツール・ド・フランスで優勝し、たちまち2,600万個が売れ、ネット上に闇市が成立したほど成功しました。

これにあやかり、エイズ患者救済、人種差別反対、いじめ追放、貧困撲滅など、人々の覚醒を促すさまざまなメッセージを込めたゴムや布製の腕輪が登場しました。

● brashwear 「ロペス流の華美な衣装」

米国のラテン系女優・歌手ジェニファー・ロペス (Jennifer Lopez) は米国の若者に人気がありますが、2005年春、日本映画のリメーク Shall we Dance? で日本人のファンも急増しました。
J-Lo（ロペスの愛称）は、その年の初めにファッションショーを開催しましたが、どの衣装も派手できらびやかでした。brash wear は「派手でけばけばしい衣装」のことですが、1語で brashwear と言うと「ロペス流の華美な衣装」という意味になります。

▶There is an exploding market for "**brashwear**," a new category that Lopez personifies, in this Sweetface collection that is a luxe version of her existing line.（ロペスその人を表すような新しいファッション「ブラッシュウェア」が、爆発的な売れ行きですが、これは既存のロペスのファッションからすると華美な衣装を集めた「スイートフェイス・コレクション」で発表されたものです）

＊ personify「具現する」

● du rag 「ドゥラグ」

黒人の男性特有のファッションで、頭に巻いている布のことです。du rag は本来、髪形が崩れるのを防ぐため、就寝時にのみ使われるものでしたが、最近、ラッパーたちがファッションで身に着けるようになり、大人気となりました。
rag は「布切れ」。du には、気分として dude「しゃれ者」の意味も込められているのではないでしょうか。

▶Hey, I like your blue **du rag**. Where did you get it?（おい、かっこいい青のドゥラグをしてるな。どこで買ったんだ？）

● henna tattoo 「ヘナタトゥー」「消えるタトゥー」

temporary tattoo とも言います。ヘナの粉末をペースト状にした天然植物染料で描きます。ヘナは、南アジアや北アフリカに広く自生しているミソハギ科の低木です。
ピッツバーグのレストランでウエイトレスが額に大きなヘナタトゥーをつけて広告として活用したのが話題を呼びました。

● phototonic 「光に敏感な」「発光するような」

▶In the business of beauty, growth is powered by alluring hawkers like actress Scarlett Johansson and glamour gadgets like "**phototonic**" eye shadow designed to refract light like butterfly wings.（美容業界においては、その成長の原動力は、女優スカーレット・ヨハンソンのような魅惑的な販促員や、蝶の羽のように光を屈折させる性質をもった「発光する感じの」アイシャドーといった魅力的な製品が担っています）
＊ hawker 「行商人」「販売員」

● nip and tuck 「美容整形」

nip には「つまむ」「切る」、tuck には「（中に）折り畳む」「押し込む」という意味があります。nip and tuck には「五分五分（で）」「互角（で）」という意味もあります。

● fake bake 「日焼けサロンで作った小麦色の肌」

海岸やリゾート地ではなく、日焼けサロンで作った小麦色の肌のことをこう言います。fake とは「偽造の」「見せかけの」という意味です。
▶"She's got a nice tan." "That's a **fake bake**."（「彼女の小麦色の肌、素敵」「あれは日焼けサロンでつくった小麦色よ」）

● tanorexia 「日焼け不満足症」

＝ tan（日焼け）＋ anorexia（拒食症）。anorexia「拒食症」は、がりがりになるまでやせても本人はまだ太っていると思い込んでいて、さらにやせようとする病気です。

白人は一般に、適度に日焼けして小麦色になった肌を好みます。tan *oneself* on the beach と言えば「海辺で肌を焼く」という意味です。海辺に行けなければ、tanning booth「人工日光浴室、日焼けサロン」でこんがり焼きます。ところが、いくら焼いても焼いても本人は満足しない病的な「日焼け不満足症」を tanorexia と呼ぶのです。一種の文明病でしょうか。最近、欧米で増えていると言います。

● strollercise「ストローラーサイズ」「乳母車エクササイズ」
= stroller fitness

stroller「ストローラー」とは、日本語で言う「ベビーカー」のことです（ベビーカーは和製英語なので、ご注意）。
strollercise とは、ベビーカーを使ったエクササイズのことです。バレエの動作を組み込んだ運動法で、ベビーカーのハンドルをバレエのバー（支えに使う棒）代わりに持ってバランスを取ります。ニューヨークでは、産後の女性を中心に大変な人気です。

● stiletto workout「ハイヒール・エクササイズ」

stiletto とは婦人用ハイヒール。いま話題の新しいエクササイズで、ハイヒールを履き、モデルのように美しく歩く訓練をします。足のシェイプアップや姿勢を正すのに有効的なのだそうです。

● slinky figure「スリムな体型」

● BBW (big beautiful woman)「大柄な美人」

女性はすらりとやせていた方が良いというのが、世間一般の固定観念です。これでは「きれいだが太目」の女性はあまりに気の毒、ということで生まれた表現（？）。
とびっきり大柄な美人、特大美人を SSBBW (= super-size big beautiful woman) と言い、体重200ポンド（136キロ）以上が有資格者だそうです。
➤Sally was a nice girl, but at only 80 kilos, she was not the **BBW** of Mike's dreams.（サリーは素敵な女性だったが、たった80キロしかなかったので、マイクが理想とする大柄な美人ではな

かった)

● muffin top「マフィン・トップ」「腰まわりの贅肉」

女性のお腹や腰まわりの贅肉のことをマフィン・トップと言います。流行のローライズ(股上の浅い)でタイトなジーンズなどを履くと、贅肉がジーンズのウエストラインからはみ出してしまうことがあります。そのはみ出た贅肉の様子と、マフィンの上部がカップからはみ出ている様子が似ていることから、こう言われるようになったそうです。
➤Look at that girl's **muffin top**! Her pants must be two sizes too small.(あの子のはみ出たお肉を見てよ! パンツ[ズボン]が2サイズ小さいのよ)

● apple-shaped「(リンゴ型の)太鼓腹の」

● pear-shaped「(洋梨型の)出っ尻の」

ここでのpear「洋梨」は、リンゴと同じ形をしている日本の梨と違って、果実の下部に果肉が集まって膨らんでいる形の梨を言います。米国人成人の60パーセントは体重過剰か極度の肥満で、極度の肥満は糖尿病、心臓疾患その他の病気の危険を増すという調査結果が、米国の心臓学会で発表されました。同じ肥満でも肉が体の真ん中に集まっているリンゴ型の「太鼓腹タイプ」の女性は、腰や臀部、太ももに肉が集まっている洋梨型の「出っ尻タイプ」の女性にくらべると、同じ体重でも危険度が高まると言います。
➤**Apple-shaped** women had higher health risks than **pear-shaped** women, even at the same weight.(リンゴ型の太鼓腹の女性は、洋梨型の出っ尻の女性にくらべると、同じ体重でも病気にかかりやすかった)

● sixpack [意味の追加]「鍛え上げた腹部の筋肉」

鍛え上げた腹部の筋肉(割れた腹筋)のことをこう呼びます。6缶セットの炭酸飲料を上から見た形とよく似ているからでしょう。
➤I'll do 200 sit-ups a day until I get a **sixpack**!(腹筋が割れるまで1日200回、腹筋をやるぞ!)

＊

● **pimp (up/out)** ［意味の追加］「～を飾り付ける」「～をかっこよくする」「～を改善する」

pimpという言葉の本来の意味は、名詞で「女性（売春婦など）を働かせて金銭を貢がせているヒモ」のことです。さらに、ナンパ男のことをpimpとも言います。派手でチャラチャラした服装で、女性をナンパして歩く男性で、自分は女性にモテると思い込んでいるタイプ。pimp「ヒモ」はたいてい派手なチャラチャラした服装をしていることから、この表現が生まれたのでしょう。

また、pimpには動詞でmake better, fix upの意味があるようです。車を改造したり、塗装やステッカーで外見を変えることなどをpimp upと言っています。このような車をpimped up ride [car]と言いますが、日本語では「ドレスアップカー」と言っています。例文にあるbe pimped upはbe dressed upとよく似た慣用句として使われています。

▶My car is **pimped up**.（おれの車はドレスアップしている）

▶I recently went to Circuit City and **pimped up** my ride a bit. Got a nice subwoofer, a nice amp for it, an enclosure for the sub, and a new CD deck.（最近サーキットシティに行って、車をちょっとドレスアップしたんだ。いいサブウーファーを買って、それに合ういいアンプとスピーカーボックス、それにCDデッキも新しいのを買ってね）

＊Circuit Cityは米国の家電量販店。

▶His bike is **pimped up** with the Zipps and looking cool.（ヤツの自転車はジップのホイールが取り付けてあって、かっこいいんだ）

＊Zippは自転車装備品のメーカー。特にホイールで有名。

▶I **pimped up** my ride with custom stickers.（カスタム・ステッカーを貼って車をドレスアップした）

● **prowl the catwalks**「細長いステージをぶらぶら歩く」

prowlは「うろつく」「ぶらつく」という意味です。

▶The fashion models **prowl the catwalks**.（ファッションモデルたちは細長いステージを行ったり来たりする）

● **wear *one's* hair in**「〜の髪形をしている」

➤I usually **wear my hair in** a ponytail.（私はいつもポニーテールにしている）

➤She is now **wearing her hair in** a cornrow style.（彼女はいま髪をコーンロウに編みこんでいる）

* cornrow とは「髪をいくつかの細い筋に分けて頭皮に密着させながら編み込んでいく髪形」のこと。とうもろこし（の粒）が並んでいるように見えることから。

▼
スポーツ

● **World Baseball Classic** (WBC)「ワールド・ベースボール・クラシック」

2006年から始まった野球のワールドカップ戦。

● **the final Four**「ベスト4」「準決勝」

the final Eight と言えば「ベスト8」「準々決勝」になります。

➤Our team advanced to **the final Four** for the first time since 1986.（うちのチームは1986年以来、初めてベスト4に進んだ）

● **small ball**「つなぐ野球」「細かい野球」
= small baseball

送りバント、盗塁、犠打、エンドランなど、あらゆる作戦を駆使して着実に得点を重ねる野球のこと。また、基本に忠実な野球をも意味します。

反対に、長打で得点をあげる豪快な野球は long ball と言います。big ball とは言いません。

➤Playing flawless **small ball**, Japan beat Cuba 10-6 to win the title.（完璧なつなぐ野球を展開し、日本はキューバを10対6でくだして優勝した）

● mercy rule 「(点差規定による)コールドゲーム」「コールド規定」

野球やソフトボールで、規定回数で規定の点差が生じたとき、審判がゲームの終了を宣告するルールです。
負けているチームがこれ以上恥をかかないように、慈悲(mercy)でもって試合を終了するということなのでしょう。
➤The game was so one-sided that the only drama was whether the game would be ended by a **mercy rule** or not. (試合はあまりにも一方的で、唯一のドラマと言えば、試合がコールドゲームで終わるかどうかだった)

● ribby 「打点」

野球用語。ribbie、rbi、rib-eyeとも言います。これはRBI (run(s) batted in)「打点」の発音からきたもの。rib-eye は牛の肋骨外側のステーキ用肉のことでもあります。
➤He hit the ball over the middle and got two **ribbies**. (彼はセンターオーバーのヒットで2打点をたたき出した)

● ride the pine 「(スポーツ選手が)控え[補欠]である」

warm [ride] the bench「ベンチを温める、控え選手である」という言い方もあります。
例文では、最近のダッグアウトのベンチは木製でなく、プラスティックもあるようなので、pine の代わりに plastic と付言しているのでしょう。
➤He was **riding the pine**—er, plastic,—in the Giants dugout. (彼はジャイアンツのダッグアウトでは控え選手だった)
➤I'm tired of **warming the bench**. I hope I get to play soon. (ベンチを温めているのはもうあきた。早く試合に出たいよ)

● eephus pitch 「イーファスボール」

超スローな山なりのボールのことです。eephus pitch (ball)は、blooperとも言われ、1941年パイレーツの投手リップ・シーウエルが右足の親指をけがして、やむを得ず工夫した投球にモーリス・ロベイズ外野手が名づけました。

►Buehrle even lobbed an **eephus pitch** to start Ichiro's seventh inning at bat.（バールはイチローの７回の打席の初球に、高く弧を描くイーファスボールまでも投げた）

● **bobblehead doll**「バブルヘッド人形（首振り人形）」

メジャーリーグのプロモーションで配布される首振り人形です。
►Ichiro **bobblehead dolls** will be given away to the first 20,000 fans at tomorrow's Seattle Mariners game.（明日のシアトル・マリナーズの試合で、イチローのバブルヘッド人形が先着２万人のファンに配られる）

● **in pinstripes**「ヤンキースのユニフォームを着て」

►Alex Rodriguez got his first base hit **in pinstripes**.（アレックス・ロドリゲスがニューヨーク・ヤンキースのユニフォームを着て初ヒットを打った）

● **bolt** [意味の追加]「離脱する」

►He **bolted** the team because of a contract dispute.（契約上の問題で彼はチームを離脱した）

● **miss the cut**「(ゴルフで) 予選落ちする」

►Nicklaus **missed the cut** after shooting a 72 in his final major.（ニクラウスは彼の最後のメジャーの試合で72打をたたいて予選落ちとなった）

● **assassin-fan**「選手に物を投げつけるスポーツ・ファン」

2005年、ピョンヤンで行われたイランと北朝鮮のサッカーの試合で、北朝鮮のファンは勝ったイラン選手に対して怒りをぶつけ、会場に物を投げ入れたり、選手のバスを立ち往生させたりしました。

● **pole work**「ポールワーク」

セクシーダンスでポール（棒）に足などを絡ませる演技。例文はハイフンでつないで形容詞として使っています。
また、足をポールに絡ませてのけぞる行為を lean back と言います。

slide downはストリッパーが「ポールに足を絡ませて滑り降りる」行為。対して、フロアで踊るのを floor work と言います。

セクシーダンスに限らず、ポールを相手にする仕事（例えば電柱での作業）、ポールを使ったスポーツの訓練（例えば障害馬の跳躍訓練、棒高跳びの訓練）なども pole work と言っているようです。

▶I'm particularly excited because this is **pole-work** day. The instructor said, "Don't do this in a dress or bare feet."（私はとりわけわくわくしています。ポールワークを練習する日だから。教官が「ドレスを着たり、素足のままでこれをやったらいけません」と言いました）

● **back loop**「後方宙返り」「後ろ宙返り」

ハンググライダーなど、空中の後方宙返りです。地上ではねる、とんぼ返りのような後方宙返りは backward somersault と言います。

● **pumping iron**「鉄のバーベルやダンベルを上下させること」「ボディビル」

▶**Pumping iron** creates big muscles.（鉄のバーベルやダンベルを上下させる運動は筋肉を増大させる）

● **Bassmaster**「バスマスター」

魚つりのスーパーボウルといわれる最高ランクの競技大会。ちなみに、BASS は Bass Angler Sportsman Society の略。

● **Vince Lombardi trophy**「ロンバルディー杯」

スーパーボウルの勝者に贈られる、ボールをかたどった銀色のトロフィー。2006年にこのトロフィーを手にしたのは、ピッツバーグ・スティーラーズでした。

この年、スーパーボウルを中継したのは ABC 放送。スーパーボウルの中継は圧倒的な視聴率を誇り、この番組の30秒スポットは1本約250万ドル（3億円弱相当）もすると言われています。

▶With ABC the money winner, who will take home the coveted **Vince Lombardi trophy**?（お金の面では ABC 放送が勝者だが、羨望のロンバルディー杯を持ち帰るのはどこだろうか？）

コラム 3

メジャーリーガーのニックネーム

A-Rod　アレックス・ロドリゲス
Alex Rodriguez、ニューヨーク・ヤンキース三塁手。

Bambino　ベーブ・ルース
往年のニューヨーク・ヤンキースの名選手ベーブ・ルース (Babe Ruth) は本名 George Herman Ruth。身長 188 センチ、体重 98 キロという巨体でしたが、顔が幼く見えたため「ベーブ」というあだ名がつきました。そして「バンビーノ」は、イタリア語で「赤ん坊」という意味。1936 年に殿堂入り。

Big Unit　ランディ・ジョンソン
Randy Johnson、2005 年にニューヨーク・ヤンキースに移籍し、2 年連続でシーズン開幕投手を務めた投手。

The Commerce Comet　ミッキー・マントル
ミッキー・マントル (Mickey Mantle) は、メジャー史上最高のスイッチヒッターとして名高く、引退するまでヤンキース一筋の野球人生を過ごしました。特に飛距離は伝説的なものがあり、推定飛距離 170 m オーバーを何本も記録しました。1955 年、1956 年、1958 年、1960 年の本塁打王。1974 年に殿堂入り。Commerce は彼が育ったオクラホマ州の都市名、comet は「彗星」という意味です。

The Cyclone　サイ・ヤング
サイ・ヤング (Cy Young) 投手は、本名は Denton True Young でしたが、圧倒的なスピードボールを投げ込んでくるため、The Cyclone（竜巻）と呼ばれ、それを縮めて「サイ」と呼ばれるようになりました。1937 年に殿堂入り。

Godzilla　松井秀喜
ニューヨーク・ヤンキース左翼手。

メジャーリーガーのニックネーム

Gorgeous George　ジョージ・シスラー

ジョージ・シスラー (George Sisler) は、セントルイス・ブラウンズで活躍した1920年代を代表する名打者です。1920年、シーズン最多安打記録（257本）を達成。その輝く活躍ぶりから「ゴージャス」という愛称で呼ばれました。2004年にイチローがジョージ・シスラーの年間最多安打記録を84年ぶりに更新したことは記憶に新しいと思います。1939年に殿堂入り。

The Iron Horse　ルー・ゲーリッグ

ルー・ゲーリッグ (Lou Gehrig) は、ヤンキースの一塁手で、カル・リプケン Jr. (Cal Ripken, Jr.) に破られるまで保持していた連続出場記録2130試合は有名です。「鉄の馬」「鉄人」という意味の The Iron Horse という愛称で呼ばれました。本塁打王3回。1939年に殿堂入り。

Rocket　ロジャー・クレメンス

Roger Clemens、ヒューストン・アストロズ投手。

Shiggy　長谷川滋利

シアトル・マリナーズ投手。

The Yankee Clipper　ジョー・ディマジオ

ジョー・ディマジオ (Joe DiMaggio) は、ヤンキースのスター選手であるだけでなく、マリリン・モンローと結婚するなど、20世紀のもっとも有名なアメリカ人のひとりです。clipper は「快速帆船」という意味です。連続安打の記録を作り、ヤンキースに黄金時代をもたらしました。ほかにも、Joltin' Joe とも呼ばれており、これはサイモン＆ガーファンクルの "Mrs. Robinson" の歌詞にも使われました。ちなみに、jolt は「揺さぶる」「衝撃を与える」という意味で、Joe と韻を踏んでいます。1955年に殿堂入り。

CHAPTER 3
SCIENCE
最新の科学技術の動向がわかる表現 153

――先端技術など
――環境
――遺伝子工学
――医学
――病名など
――恐怖症
――薬学
――超自然現象

先端技術など

● biometrics 「生体認証」「生体識別」
= biometric identification

指紋、声紋、網膜パターン、虹彩パターン、てのひらの静脈模様、顔の形状などの身体的特徴で個人を識別する技術。biometrics は「生物測定学」という訳語で出ている辞書が多いのですが、最近は上記の意味で使われることが多くなりました。

● biometric passport 「バイオメトリック・パスポート」

生体識別情報を含んだパスポート。
▶The European Union has called on the United States to delay the deadline for the introduction of **biometric passports** for visitors without visas.（欧州連合は、入国ビザを必要としないバイオメトリック・パスポートの導入開始時期を延期するよう米国に求めた）

● FPC (flexible printed circuit (board)) 「フレキシブルプリント配線板」

屈曲性のある配線基板で、折りたたんで狭いスペースに電子部品を組み込めるため、デジタルカメラや携帯電話などに使われています。

● smart fabrics 「スマート織物」

布地にコンピュータ・チップを入れた「スマート織物」は、布地を暖めたり、カギなどの忘れ物のサインを出したり、色まで変えることができます。
electronic textiles「電子織物」、washable computing「洗えるコンピュータ」とも言われます。
▶The incorporation of sensors and controls into clothing is the first step towards a new realm of "**smart fabrics**."（衣類にセンサーと制御装置を組み込むことが、「スマート繊維」という新しい分野への第一歩である）

● DLP TV (digital light processing TV)「DLPテレビ」

背面投射（リアプロジェクション）型テレビで、米テキサス・インスツルメンツ (TI) が開発した DMD「デジタル・マイクロミラー・デバイス」と呼ばれる表示デバイスを搭載しています。
背面投射型テレビは、LCD「液晶」パネル方式と比べると、偏光板による光のロスがなく、高輝度で高精細な画面が得られます。米国では大型スクリーン TV の主流になりつつあります。LCD、PDP「プラズマ・ディスプレイ」に続く「第３の薄型テレビ」として注目を浴び始めています。

● high-def 「高品位の」

HDTV は high-definition TV の略語ですが、今は high-definition は high-def と略されるようです。
- high-def display（高品位ディスプレイ）
- high-def video games（高品位テレビゲーム）
- high-def DVD（高品位 DVD）

● rendering ［意味の追加］「レンダリング」「数値データの可視化」

数値で与えられた物体や図形に関する情報を演算処理して画像化すること。一般的には３次元グラフィックスで描画することを指す場合が多い。

● render farm 「レンダーファーム」「動画演算設備」

レンダリングに使用するサーバ群のことです。また、アニメ映画製作などで、人物や風景をリアルに見せるために、画面をコンピュータで何度も加工処理するスタジオを render farm と言います。
▶Mr Leonard says that DreamWorks' computer center (or "**render farm**") ran seven days a week for a year and a half.
（レオナード氏によると、ドリームワークス社のコンピュータ・センター、別名レンダーファームは、ここ１年半は週に７日稼動した）

● **cascade** [意味の追加]「カスケード（原子炉燃料濃縮のため多段に機器を組み合わせた装置）」

cascade とは、複数のウィンドウを少しずつずらしながら重ねて画面に表示することや、コンピュータの多段接続など、小さな滝 (cascade) 状に連結されたもの、数珠(じゅず)つなぎ状になったものを指します。
比較的最近、話題になったのは、イランの核開発に関しての遠心分離機の連結でした。イランは遠心分離機 164 基を連結した「カスケード」と呼ばれる装置でウラン濃縮をしています。IAEA のエルバラダイ事務局長の報告書によると、イランはさらに 2 つのカスケードの増設準備に着手しており、完成すれば今の 3 倍規模での濃縮が可能となる、と報じられました。
▶It is unclear how long it would take Iran to work out the problems of tying those machines into a "**cascade**."（イランが、これらの機器をつなぎ合わせてカスケードにするのにどれくらいの時間がかかるかは不明だ）

● **UPS** (uninterruptible power supply)「無停電電源装置」

停電時に、内蔵した電池（大がかりなものでは発電機）を使い、数分から数十分にわたって電気を供給する装置のことです。
内蔵電池を用いたものは、オフィスや家庭でも使われるようになりました。背景には、パソコンやハードディスク駆動装置を使用する DVD レコーダーの普及があります。これらの機器は停電によってデータを破損する可能性が高いからです。

● **escape latch**「非常開錠装置付き掛け錠」「非常用掛け錠」

自動車のトランクなどにロックされて閉じ込められたときに、自分で中から開けて脱出できるような仕掛けの施錠です。

● **flex-fuel car**「多燃料適応車」「混合燃料車」
＝ flex-fuel vehicles (FFV)

代替燃料をガソリンに混ぜて使える車です。原油価格の高騰や供給力不安に鑑み、米国政府はアルコールをベースとするエタノール

(ethanol) の活用を研究しています。

▶The virtue of ethanol is that it can power **"flex-fuel" cars** that can run on either petrol or alcohol.（エタノールの長所は、ガソリンでもアルコールでも走れる「多燃料車」の動力を増すことである）

● **double-decker** [意味の追加]「二階建て航空機」

「二階建てバス」の意味なら辞書に載っていますが、新型スーパージャンボ機エアバス A380 型機は、客室全体が二階建てとなっており、こう呼ばれます。

▶Airbus's giant new A380 **double-decker**, the world's biggest airliner....（世界最大の旅客機であるエアバス社の新大型 A380 二階建て航空機は…）

● **Humvee**「ハンビー」

米の軍用車両 HMMWV（= High Mobility Multipurpose Wheeled Vehicle「高性能多目的装輪車」）のことで、読みやすいようにつづったものです。

▶An enemy grenade destroyed the **Humvee** carrying Army Pfc. Jessica Lynch.（敵の手榴弾がジェシカ・リンチ陸軍上等兵の乗ったハンビーを破壊した）

＊ Pfc. = private first class

● **drone**「無人偵察機」

遠隔操作で動く無人飛行機で、人が搭乗しないため、撃墜を恐れることなく対象物に接近して偵察できます。

▶The insurgents left behind posters and graffiti saying they were members of al-Qaeda in Iraq and claiming responsibility for shooting down a U.S. **drone**.（暴徒たちは、自分たちはイラクのアルカイダのメンバーであり、米国の無人偵察機を撃墜したのは自分たちだという貼り紙や落書きを残して行った）

● **biodefense**「(対) 生物テロ防衛 (策)」「バイオテロ防衛 (策)」

▶The U.S. has poured billions of dollars into **biodefense** research since its anthrax attacks in 2001.（アメリカは、2001年の炭疽菌テロ以来、対生物テロ防衛の研究に数十億ドルを注ぎ込んでいる）

● Project BioShield「生物兵器遮蔽計画」「バイオシールド計画」

生物兵器に対して効果的なワクチンや薬品を開発・製造するアメリカの国家プロジェクト。

● biodetection architecture「生体探知機能付き建築」

生物兵器や化学兵器に対して、それらを探知する機能が組み込まれた建築のことです。
➤Medical surveillance is the most important component of a biodetection architecture.（医学的監視は生体探知機能付き建築のもっとも重要な機能である）

● TLO (Technology Licensing Office)「技術移転機関」

大学における研究成果を企業に技術移転させる機関で、アメリカではTechnology Licensing Office、あるいはOffice of Technology Licensing (OTL) と言っています。日本では同じOでも、Organizationを多く使っているようです。

● valley of death「死の谷」

基礎研究には国からの資金が、事業には民間の資金が期待できますが、その中間に横たわる深い谷を「死の谷」と呼びます。つまり、基礎研究の成果を新製品や新規事業に結びつける過程で資金難に陥り、技術がなかなか開花しない状況を言います。
ちなみに、Death Valley「死の谷」はアメリカのカリフォルニア州南東部からネバダ州にまたがる渓谷の名前です。

● launch-debris「宇宙空間に残された廃棄物」「宇宙ごみ」
＝ space debris

debrisは「破片」「がらくた」「残がい」という意味です。もともとフランス語なので、末尾のsは発音しません。

● astrobiology「宇宙生命学」

火星など他の天体での生命の可能性を探究する生物学の一分野。astro- は「星」「天体」という意味。biology は「生物学」。

● exoplanet「太陽系外惑星」

exo- は「外」を現す接頭辞。extrasolar planet とも言います。
➤Astronomers snap first **exoplanet** photos.（天文学者たちが初めて太陽系外惑星を撮影）

● tech-savvy「技術に明るい」

technology と savvy「知っている、精通した」の合成語。
➤**Tech-savvy** children can use programs to create false numbers.（技術に明るい子どもたちは、プログラムを利用して偽造ナンバーをつくることができる）

▼
環 境

● sustainable living「地球環境に配慮した生活」

持続可能な (sustainable) 生活とは、地球の環境を破壊せずに維持できるような生活スタイルという意味です。
➤Those who go to organic food stores are not only interested in eating healthily, but are often in favor of promoting **sustainable living**.（自然食品の店で買い物をするような人たちは、健康な食事だけでなく、地球環境に配慮した生活を心がけたいという人が多い）

● sustainable energy system「環境保全に配慮したエネルギーシステム」

● LOHAS (Lifestyles of Health and Sustainability)「健康と持続性を重視した生活様式」「ロハス」

健康と環境を志向する新しいライフスタイル。日本ではその商標登

録をめぐって論議を呼んでいます。
➤**LOHAS** is an acronym that stands for **Lifestyles of Health and Sustainability** and describes goods and services that appeal to consumers who value health, the environment, social justice, personal development and sustainable living.（LOHASは「健康と持続性を重視した生活様式」を表す頭字語で、健康、環境、社会正義、個人の成長および持続可能な生活を重視する消費者にアピールする商品やサービスのことです）

● **environment-friendly technologies**「環境にやさしい科学技術」

● **ecolonomics**「環境にやさしい経済（学）」

ecology「環境」と economics「経済学」の合成語。
環境、特に資源を守りつつ、ビジネス面で利益を向上させること、またそれを研究することです。自動車部品の再利用を義務づける経済政策もその一例。
➤**Ecolonomics** means maintaining natural resources in ways that are economically sound.（環境にやさしい経済とは、経済的に健全な方法で資源を維持することです）

● **ecological footprint**「個人あるいは社会の生活維持に不可欠な土地、資源など」

footprint は「予定区域」の意味。環境論の観点から高まった新しい概念で、人間が現在の技術水準を使って、一定人数の物質的生活をずっと維持してゆくのに必要な土地などのこと。要するに「これだけの土地でどれだけの人間を養えるか」という基準です。以前はappropriated carrying capacity「収奪された［囲い込まれた］環境扶養能力」という言い方を使っていました。
関連した表現として、ecological deficit「環境上必要な土地の不足」、overshoot「土地の能力以上の成長」、yield factor「その国の生態系の生産性を測る指数（1が地球平均）」（経済用語では「利回り要因」、製造業で yield は「歩留まり」という意味で使われます）、embodied energy「商品が生産から廃棄までに使う総エネルギー」

などがあります。

● clean coal technology (CCT)「クリーンコール・テクノロジー」「クリーンコール技術」

煙や有毒ガスを排出しない、クリーンな石炭利用を可能にする技術。
➤Clean coal technology, or CCT, minimizes adverse effects on the environment and makes better use of coal.（クリーンコール技術 (CCT) で環境への負荷を最小限にとどめ、石炭をより効率的に利用することができる）

● hydrogen fuel cell vehicle「水素燃料電池自動車」

● energy service company (ESCO)「エスコ」

「省エネ手段をアドバイスする事業」のことです。工場やビル内で使われる電気や水、ガスなどの使用量を機器ごとに測定し、効果が上がりそうなものを選び、改善策を提案します。

● environment tax「環境税」

● the Kyoto Protocol「京都議定書」

● greenhouse gas emissions「温室効果ガス排出（量）」

● emissions trading「温室効果ガス排出量取引」

emission quota transactions とも言います。quota は「割り当て量」という意味です。
京都議定書の設定目標にもとづく国内での温室効果ガス排出量の削減が目標に達しない場合、不足分は外国との排出量取引などで調節する方法が考えられています。しかし、先進国のこの削減策に発展途上国が反発することも懸念されているようです。CO_2削減目標の達成を促すために、環境税の導入も検討されています。

● Asia-Pacific Partnership for Clean Development and Climates「クリーン開発と気候に関するアジア太平洋パートナーシップ」

京都議定書に加わっていなかった米・豪が主体となって働きかけ、京都議定書で温暖化ガス排出削減の義務を負っていない途上国の中国、インドを加え、日本と韓国も併せた6ヶ国が参加して、2005年8月に設置が決定しました。これに早くも Coal Pact というあだ名がつきましたが、このなかに世界の1位から5位までの産炭国が含まれているためです。

● the noise-graded fee system「着陸時の騒音のレベルに応じた空港使用料システム」

騒音が少ない飛行機ほど料金が安くなるシステムで、周囲の環境への配慮を促すことになります。

● developmentalist「開発推進論者」「開発推進派」

この対極にいるのが environmentalist「環境保護論者」です。
➤On one side of the barricades are the "**developmentalists**." (バリケードの一方の側には「開発推進派」がいる)

● eco-warrior「環境保護運動家」

環境保護団体グリーンピース創設者のひとりで2005年に亡くなったボブ・ハンター氏が造った表現で、環境 (ecology) を守る戦士の意味。
➤The green army has lost the first of its **eco-warriors**. (グリーン・アーミー[グリーンピース]は、その最初の環境保護戦士を失った)

● mind bomb「(行動を起こす力となる)心の起爆剤」

同じくボブ・ハンター氏が造った表現です。
➤Another of the punchy new expressions Hunter coined was "**mind bomb**," to describe an image which leaves an indelible image on the mind's eye. The first "mind bomb" spawned

Greenpeace in 1971.（ハンターが作ったイキイキとした表現のひとつに mind bomb というのがあり、それは心の中にある、取り去ることができないほど強いイメージのこと。彼にとっての最初の mind bomb が、1971年にグリーンピースを生み出した）

● **Green campaigners**「環境保護団体［運動家］」

Green groups とも言います。Green は green とも書きます。

● **go green**「地球環境保全のために行動し貢献する」

▶The Port of Los Angeles is **going green** with 14 environmentally friendly compressed natural gas (CNG) vehicles.（ロサンゼルス港では圧縮天然ガスで走る車を14台導入して環境保全に努めている）

● **ecomagination**「エコマジネイション」

= ecology ＋ imagination。ゼネラルエレクトリック (GE) 社は、自社の環境保全に取り組む姿勢を ecomagination と名付けました。
▶General Electric CEO Jeff Immelt announced the commencement of the US\$ 150 billion company's spanking new, environmentally friendly business initiative, "**ecomagination**."（GE社のCEOジェフ・イメルトは、1500億米ドルの、同社のまったく新しい、環境にやさしい率先的事業活動「エコマジネイション」を始めることを発表した）

● **conservation subdivision**「環境保全と一体の住宅開発」「環境保全型分譲」

周囲の環境を保全するため、緑をたっぷり生かして宅地を造成、分譲すること。
▶The ordinance of the town eliminates the minimum two-acre zoning for new homes and instead encourages the building of a **conservation subdivision**.（町の条例では、家を新築する場合には各戸最低2エーカーの敷地という規制を廃し、代わって環境保全分をたっぷり取った住宅開発を奨励している）

● **ARF** (Animal Rights Federation)「動物の権利を守る会」

イギリスで設立され、アメリカでも勢力を持つようになった動物の擁護団体。

● **animal liberation**「動物の解放」

● **ANWR** (Arctic National Wildlife Refuge)「北極圏野生生物保護区」

米国アラスカ州に広がる広大な野生生物保護区。ブッシュ大統領は以前からこの保護区での原油採掘の実現化に力を入れてきました。原油需給がひっ迫し世界的に原油の増産が難しくなってきたため、議会に原油採掘の実現を働きかけています。自然保護団体と民主党は反対しています。
▶On March 16, the Senate voted to open up the **Arctic National Wildlife Refuge** (**ANWR**) to drilling, though the battle is far from over.（3月16日に上院は極北野生生物保護区で試掘を認める採決を行った。しかし闘いはまだまだこれからだ）

● **bioindicator**「生物指標」

= biological + indicator。生物の生息状況や変化などを参考にして、ある地域の環境の質などを類推・評価するための指標。たとえば、「サワガニがいればきれいな水」といった具合です。その指標に使われる生物や植物を bioindicator plants「指標植物」と言ったり bioindicator species「指標種、指標生物」と言ったりします。

● **arborist**「樹木医」

樹木医は木の病気を治す専門家のことで、tree surgeon とも言われます。arbor は樹木のこと。Arbor Day は「植樹祭」。ちなみに、日本の「みどりの日」は Greenery Day と言います。

● **Cal/EPA** (California Environmental Protection Agency)「カリフォルニア州環境保護局」

スラッシュなしで CalEPA と書くこともあります。

● **killer wave**「津波」

そのまま英語にもなっている tsunami の別称です。

● **vacuum effect**「吸い上げ効果」

台風が近づいたときに気圧が低くなるために、水面が上昇することを指します。一般に気圧が1hPa（ヘクトパスカル）低くなると、海面は1センチメートル上昇すると言われます。

遺伝子工学

● **GM foods** (genetically modified foods)「遺伝子組み換え食品」

gene-modified foods とも言います。また、GMO foods (= genetically modified organism foods) という言い方もあります。
GM crops「遺伝子組み換え作物」、GM ingredients「遺伝子組み換え原料」、GM potatoes「遺伝子組み換えポテト」など、ありとあらゆるモノで遺伝子の組み換えが行われているようです。
「遺伝子組み換え食品」は、ほかにも下記のような言い方があります。
 ・genetically engineered foods ＝ gene-engineered foods (GE foods)
 ・genetically altered foods ＝ gene-altered foods (GA foods)
 ・genetically manipulated foods ＝ gene-manipulated foods
➤Our products do not contain any **genetically modified ingredients**.（当社の製品は遺伝子組み換え原料は使用しておりません）

● **Frankenfoods**「遺伝子組み換え食品」

Franken は、フランケンシュタイン (Frankenstein) の Franken ですが、遺伝子組み換えによる「有害性」を強調する接頭辞として用いられています。Frankenfruit「遺伝子組み換え果物」、Frankentomatoes「遺伝子組み換えトマト」、Frankenrice「遺伝子組み換え米」などのように使われます。

● bioengineered foods「遺伝子組み換え食品」

遺伝子を操作して害虫に強い種子や、除虫剤・除草剤に対して耐性を有する種子 (GM seeds, bioengineered seeds, etc.) を開発し、その種から遺伝子組み換え作物 (GM crops, bioengineered crops, etc.) を収穫し、それを原料にして遺伝子組み換え食品 (GM foods, bioengineered foods, etc.) を作るという流れです。

● transgenic foods「遺伝子組み換え食品」

transgenic seeds「遺伝子組み換え種子」、transgenic crops「遺伝子組み換え作物」なども使います。

● biopharming「(製薬を目的とした) 遺伝子組み換え農作物栽培」
＝ pharming

plant-made pharmaceuticals「植物産製薬」の生産を目指しています。遺伝子組み換えにより医薬品の成分を含んだ食物を作ることです。biotechnology「バイオテクノロジー」、pharmaceuticals「製薬」、farming「耕作、農業」の3語からの造語のようです。
同じ意味で、短く pharming と言うこともありますが、bio- をつけない形は多くの場合、オンラインを悪用した詐欺である phishing「フィッシング」の一種を指します (⇨ p.195)。
►Increasing numbers of biotechnology firms are seeking federal regulatory approval for the outdoor plantings, often called "**biopharming**," because the idea is to lower drug-making costs by using plants to grow medications. (屋外でのいわゆる「遺伝子組み換え農作物栽培」に対する連邦政府の規制認可を求めるバイオ企業が増加している。農作物に薬を生産させることになり、製薬コスト削減が可能になる点を狙っているからだ)

● pharma rice「(製薬を目的とした) 遺伝子組み換え米」

米国のバイオ技術企業が、あるタンパク質を生産する働きを持つ合成ヒト遺伝子米 (pharma rice) を栽培し、薬ないしは健康食品の開発に取り組もうとしています。しかし、通常の稲がこの pharma rice に汚染される危険性が心配されています。

● cross-pollinate「異花受粉する（させる）」

➤Other food companies, environmentalists and farmers fear genetically altered rice could **cross-pollinate** with other food crops and introduce the foreign genes into the food chain.（他の食品会社、環境保護グループ、農業従事者らは、遺伝子組み換えの稲が、他の農作物との異花受粉により、今までになかった遺伝子を食物連鎖に組み込んでしまう危険があることを恐れている）

● synthetic human genes「合成ヒト遺伝子」

● bioprospecting「バイオ探査」

医薬品の組成物など、商業価値のある生物中の成分を探し求めること。

➤So, Carvalho and Raimundo started a business, Extracta, and went "**bioprospecting**."（そこでカルバロとレイモンドは「エクストラクタ」という会社を始め、バイオ探査に乗り出した）

● disease-resistant「病気に強い」

➤Through the powers of biotechnology, low-nicotine tobacco, **disease-resistant** cotton and soy immune to weed killer are grown in Hawaii.（遺伝子工学の成果により、ハワイでは、低ニコチン濃度のタバコ、病気に強い綿花や除草剤に対して免疫のある大豆などが栽培されている）

● gene jockey「遺伝子組み換えの専門家、企業」

文字通りには「遺伝子をあやつる騎手」ということ。
米国内の「進化論と創造論」の論争で、「生物は知的なものによって設計されている」とするのが創造論の立場の intelligent design。その「知的な設計者 (intelligent designer)」とは、God を言い換えたものだと一般的には言われています。

➤In some sense, a "**gene jockey**" plays the role of an intelligent designer using a "supernatural" process.（ある意味で、遺伝子をあやつる専門家は、自然の摂理を超えた方法を用いて神の役割を

演じていると言える)

● plant breeding「食物育種(学)」

● victimless meat「人工培養した肉」

バイオ技術によって、牛肉、鶏肉、魚肉などが将来、動物や魚などを殺すことなく容易に入手できるようになるかもしれません。これこそ victimless「犠牲者を生まない」です。
➤**Victimless beef, chicken or fish** grown in the laboratory could one day make its way into kitchens on Earth and in space.(研究施設で人工培養された牛肉、鶏肉、魚肉が地球上の、そして宇宙の台所にお目見えする日が来るかもしれない)

● tissue engineering「再生医療」

人体組織などを、バイオ技術を利用して作り、疾患の治療に役立てる手段。

● embryonic stem cell「胚性幹細胞」「ES細胞」

● Clone-Gate「クローン疑惑」

韓国の Hwang Woo Suk(ファン・ウソク＝黄禹錫)博士が、*Science* 誌に発表した胚性幹細胞(ES細胞)研究は、当初画期的な発見と賞賛されましたが、2005年12月に信ぴょう性が Clone-Gate「クローン疑惑」として問われ、結局、11個のES細胞全部がねつ造されたものであると判明しました。
➤The "**Clone-Gate**" scoop backfired on the Korean news program that aired the work of South Korean researcher Hwang Woo Suk.(「クローン疑惑」のスクープは、韓国人研究者ファン・ウソクの[クローン]研究を放送していた韓国の報道番組にとって裏目に出た)

● carbon-copy bulls「クローン牛」

カーボンコピーのようにそっくりの牛、ということ。

● designer baby「デザイナーベビー」

遺伝子やゲノムを、生殖技術、遺伝子技術を用いて意図的に選択（デザイン）した赤ん坊のことです。受精卵の段階で遺伝子操作を行なうことによって、親が望む外見や体力・知力等を持たせた子どものことを言います。親が自分の子どもの特徴を、まるで物をデザインするかのように選ぶため、そのように呼ばれます。
designer child も同じ意味です。
➤The whole concept of a "**designer baby**" is against English law.（「デザイナーベビー」という考え方自体がイギリスの法に違反している）

● savior [saviour] sibling「救いの子」

重い遺伝障害を持つ兄弟姉妹を救うために、特別に選択された遺伝子的特徴を持たされて生まれた赤ん坊のこと。倫理上の批判があります。
似た表現に designer baby「あらかじめ設計された赤ん坊」がありますが、これは髪の色、音楽的才能などといった特徴を親があらかじめ希望して、胎芽の選択などに手を加える、あるいは遺伝的欠陥をあらかじめ取り除くことです。こちらの方が批判がより強いようです。
➤In the U.S., "**saviour siblings**" are totally unregulated.（アメリカでは、「救いの子」についてはまったく規制されていない）

● dunce gene「記憶中枢を侵す遺伝子」

認知症など記憶障害を起こす病気は、DNA の突然変異、DNA 配列の変化が原因となります。
dunce とはそもそも「劣等生」のことで、You dunce. と言えば「このバカ者め」ということです。また昔は、物覚えの悪い生徒や怠けた生徒に、罰として円錐形の帽子をかぶせましたが、これをdunce('s) cap と呼びました。

● vector「ベクター」「遺伝子運搬因子」

遺伝子を細胞内に入れるために使う、DNA を組み込んだウイルス

など。

● drybio「ドライバイオ」

コンピュータ・シミュレーションを主体として開発されたバイオテクノロジー技術。

● wetbio「ウェットバイオ」

現実に物を使って、動物実験などを繰り返して開発したバイオテクノロジー技術。

医 学

● tailored medicine「オーダーメード医療」「あつらえ医療」

患者個人個人の状況に最適の医療を提供することです。
➤The hope is that genetically **tailored medicines** will replace the current one-size-fits-all paradigm of drug development and usage.（願わくは、遺伝子工学的にあつらえた医療が、いろいろ効くという現在の医薬品開発や使用法の基本的な考え方にとって代わってほしい）

＊ one-size-fits-all「フリーサイズの」「万能の」「万人向きの」

● complementary and alternative medicine (CAM)「相補・代替医療」「補完代替医療」

西洋医学以外の治療法の総称です。米国では、がん患者の多くが何らかのCAMを利用していると言われています。具体例としては、中国医学、インド医学などの伝統医学、サプリメント、健康食品などを指します。

● microscission「注射針抜きの注射」「針なし注射」

＝ micro（極微）＋ scission（切断）。世に、aichmophobia（＝ fear of needles「尖鋭恐怖症・注射針恐怖症」）、trypanophobia（＝ fear of injections「注射恐怖症」）という人は多くいますが、皮膚のごく小さな部分にガスを吹き付けて、microconduitと呼ばれる

微細な穴を通し、薬を体内に送り込む方法が、まもなく実用化されるそうです。実験に参加した人たちは、注射に比べ、ほとんど苦痛はないと言っています。

▶In the not-too-distant future, we can expect to have our drugs delivered through a new technique called **microscission**. (遠からず、注射針抜き注射という新しい技術で、体内に薬を送り込むことができるだろう)

● prenatal scans 「胎児の超音波検査」

▶The desire for sons drives the use of **prenatal scans** in China. (中国では男子が望まれるので、いきおい胎児の超音波検査が行われるということになる)

● defibrillator 「細動除去器」「除細動器」

心臓の異常な細動を除去する救命機器。

● ICD (implantable cardioverter defibrillator) 「植込み型除細動器」

体内埋め込み式の電気的除細動器のこと。ICD の略称だけで記事に出ていることがあります。

● coronary artery bypass operations 「冠動脈バイパス手術」

● gametocyte 「生殖母体」「配偶子母細胞」

マラリア原虫などでは、体内に入った原虫が作る子孫のもととなる細胞。蚊が吸って伝播して増殖を助けます。

● bacterial spores 「バクテリアの胞子」「細菌胞子」

▶Putting **bacterial spores** into people to prevent disease is probably on top of the list of research priority. (病気予防のために、細菌胞子を人間の体内に入れることが、これからしなければいけない研究の最優先事項であろう)

● spore coat 「胚胞」

胚種 (spore) の表面を被う胚胞。

● oxytocin 「オキシトシン」

視床下部で合成される下垂体ホルモン。
➤A hormone called **oxytocin** promotes trust between human beings.（オキシトシンというホルモンには、人と人の信頼関係を促進する働きがある）

● body lift 「体全体の整形術」

facelift「顔の整形」という言葉はすでに一般的ですが、腰や太ももなどのしわ取り、脂肪除去あるいは添加、樹脂加工など、体全体の整形を body lift と言います。
➤In the UK, the concept of a **body lift** was brought into the public eye in late 2003.（英国では、体全体の整形という考え方は、2003年後半に一般的に知られるようになった）

● face transplant 「顔移植」

2005年11月、フランスで、世界で初めて顔面移植手術が行われました。倫理面や患者の精神的負担を考慮して、これまで控えられてきましたが、38歳の女性が犬にかまれて大きな傷を負ったため、鼻、口、あごにかけての移植手術が脳死者から提供を受けて行われました。
➤The alternative to a **face transplant** is to move the patient's own skin from their back, buttocks or thighs to their face.（顔移植に代わるものとしては、患者自身の背中、臀部、太ももから自分の皮膚を顔に移植するやり方がある）

● Stan D. Ardman 「擬似人体」

英国のブリストル大医学校が、医学の診療・治療実習に使うために開発した精巧な人体模型です。触った感じも人体とよく似ていて、呼吸もすれば、体温や心臓の鼓動もあり、病状が出たり、採尿・注射などの実習もでき、処置を誤れば死ぬこともあるということです。

Standard Man をもじった名称のようですが、男女双方があるそうです。

● Human Patient Simulator (HPS)「擬似人体」「高機能患者シミュレータ」

上記の Stan D. Ardman のようなものを指して一般名称化している言葉です。

● nutrigenomics「食品機能学」「ニュートリゲノミックス」

nutrition「栄養学」と genomics「ゲノム学」の合成語。
▶**Nutrigenomics** is the study of the response of human to food and food components using genomics.（食品機能学とは、ゲノム学を用いて食品と食物成分に対する人間の反応を研究することである）

● eternity leave「末期看護休暇」「末期介護休暇」

死の床にある肉親を看病するために仕事を離れること。カナダのオンタリオで51歳の女性が、母親の看病のため無給休暇 (unpaid leave) を申請しクビになったところから、その是非をめぐって大きな話題となり、この表現が生まれました。

● health tourism「健康旅行」「療養や病気治療が目的の海外旅行」

療養と観光を兼ねた旅行のことです。古くからある湯治や転地療法はこれにあたります。また、最近では、臓器移植や高度医療は外国に行った方が安いということで、さらに大きな広がりをみせています。
health tourist と言えば「健康旅行をする人」「療養や病気治療が目的の海外旅行者」です。
▶A "**health tourist**" goes to another country not only for a vacation but to get a medical treatment done at a fraction of what it would cost in the U.S.（健康旅行をする人とは、休暇目的だけではなく、アメリカの数分の1の費用で済む治療を受けるために外国に行く人のことです）

＊ fraction「小部分」「分数」

● medical tourism 「医療旅行」「病気治療が目的の海外旅行」
= medicare tourism

medical tourist は「病気治療が目的の海外旅行者」です。
病気治療のための海外旅行先として特に注目されているのがインドです。その理由として以下のことが考えられます。
- 治療費が安いこと。
- 医療技術の水準が高いこと。
- ほとんどの医師が英語を話すこと。
- 欧米の病院にはたいていインド人の医師がおり、違和感がないこと。

しかし玉石混交の恐れがあるので、十分調査するようにと、事情通はアドバイスしています。

➤India is fast emerging as a **medical tourism** destination mainly due to its cost advantage and world-class medical facility.（インドは医療旅行の目的地として急速に台頭しているが、その主な理由はコスト面で有利なことと、世界的なレベルの医療設備が整っていることである）

➤A retired American apple farmer has become part of the legion of "**medical tourists**," who come to India in search of high-quality, low-cost medical care.（引退したアメリカ人りんご園経営者が、医療旅行団の一員となり、高水準で安価な医療を求めてインドに来ています）

● transplant tourism 「器官移植旅行」「臓器移植旅行」

主要国では、身体器官の直接売買は禁止されていますが、国境を越えての違法な臓器取引が行われています。

➤The worldwide need for a greater number of organ donations has led to surge in the illegal practice of "**transplant tourism**."（臓器提供の必要性は世界的にますます増大しているが、そのことが臓器移植旅行という違法行為をはびこらせている）

● tooth tourism 「歯科旅行」「歯科治療旅行」

技術がしっかりしていて医療費の安い国に治療と観光を兼ねて行くことを medical tourism「医療旅行」と言いますが、その歯科版が tooth tourism です。

➤Hungary woos West with cut-price **tooth tourism**. (ハンガリーは格安の歯科旅行で欧米の人々を惹きつけようとしている)

＊例文は新聞の見出しなので、the West の the が省略されている。

● dental spa 「くつろいだ歯科治療」

歯医者嫌いは世界共通の現象。特に子どもに多いですね。dento-phobia は、そうした歯医者への恐怖を表すことばです。
そこで、最近はリラックスした雰囲気を提供し、歯医者通いを楽しくさせようという試みが米・英などで盛んです。spa は元来、ベルギーの温泉町の名で、今は温泉そのものを示します。dental spa は、まるで温泉に入っているようにくつろげるという触れ込み。
まず案内される豪華な待合室では、飲み物、クッキーなどが振舞われ、次いで心地よく振動する zen chair「禅の椅子」に座って、テレビを見たり音楽を聴いたりできる一方、手足のマッサージを受けます。治療は医者とセラピスト、美容師の共同作業となります。

● wheelchair-bound 「車椅子生活の」

-bound は名詞の後に付き、「〜に固定された」「〜に縛られた、束縛された」などの意味があります。

➤A **wheelchair-bound** man died after falling from a skydiving ride at an indoor amusement park. (車椅子生活の男性が、屋内遊技場のスカイダイビングのアトラクションから落ちて亡くなった)

● disaster medical assistance team (DMAT) 「災害医療派遣チーム」

医師・看護師等数名からなるチームで、24時間体制で待機して、ビル火災や列車事故などの大災害時にすぐ現場に駆けつけて活動をします。機動性をもつ医療関係者の集まりです。

病名など

● emerging infectious diseases 「新興感染症」

昔はなかったか、知られていなかった新しい感染症。HIV、エボラ出血熱、SARS、西ナイル熱、高病原性鳥インフルエンザなどです。

● re-emerging infectious diseases 「再興感染症」

結核やマラリアなど、いったんはほとんど制圧されたが、再び勢いを盛り返して流行しはじめた感染症。

● tsunami lung 「津波肺炎」

スマトラ島沖大地震の後遺症が今頃になって明らかになってきました。細菌に汚染された水が肺に入り、そこから細菌が神経系統を伝わって脳に達し、身体の一部を麻痺させています。
▶The condition has been dubbed "**tsunami lung**" by doctors who treated such patients following the December 26 tsunami.
(その病状は、12月26日の津波被害を受けた患者を治療した医者たちによって「津波肺炎」と命名された)

● SARS (severe acute respiratory syndrome) 「サーズ」「重症急性呼吸器症候群」

SARSコロナウイルスの感染によっておきる病気です。熱や咳、呼吸困難などの呼吸器症状、筋肉痛、下痢など、インフルエンザに似た症状が特徴です。主に中国(台湾も含む)で流行し、現在までに世界の多くの国で患者が出ました。

● West Nile fever 「西ナイル熱」

1999年から21世紀の初頭にかけてアメリカで流行した脳炎ウイルスの一種。

● respiratory anthrax 「肺炭疽(症)」「吸入炭疽(症)」

炭疽菌による症状は、感染場所によって症状が異なり、中でも肺炭

疽は重症になることが多いので最も恐れられています。
➤He was breathing on his own and appeared to be doing better than patients with **respiratory anthrax** usually do.（彼は自力で呼吸していたし、肺炭疽にかかった人が通常呼吸するよりもいい具合に呼吸しているようだった）

● **mad cow disease**「狂牛病」

● **bovine spongiform encephalopathy** (BSE)「牛海綿状脳症」「狂牛病」

● **downer cattle**「へたり牛」

downer cow とも、また単に downer とも言います。狂牛病などで歩行困難な牛のことを言います。
➤**Downer cows** have a higher risk of brain-wasting disease.（へたり牛は脳に障害がある可能性が高い）

● **blanket testing of cows**「牛の全頭検査」

blanket testing とは、すべて徹底的に検査することです。
その他の表現として、100-percent testing of all cattle、screen every cow などがあります（後者は動詞句）。
➤An expert panel of the commission approved the relaxation of **blanket testing for all cattle**.（委員会の専門家委員は牛の全頭検査緩和を承認した）

● **contiguous cull**「予防屠殺」

contiguous は「隣接した」、cull は「選んで殺すこと」という意味です。狂牛病の発生で、明らかに健康な牛であっても、同じ牛舎などであれば、予防的にその周りの牛も全部殺してしまうことを指します。鳥インフルエンザでも同じことが行われています。

● **avian flu**「鳥インフルエンザ」
= avian influenza

2005年3月29日にベトナムで検出されたH5N1型の高病原性

(H5N1 virus) 鳥インフルエンザを、WHO (世界保健機関) の文書ではavian influenzaとしています。avian fluとも言い、一般的にはbird fluと言われます。

● **highly pathogenic avian influenza** (HPAI)「高病原性鳥インフルエンザ」

pathogenic は「病原性の」の意味です。
➤The confirmation of avian flu in Turkey and Romania in mid-October has led the United States and the European Union to formulate countermeasures against **highly pathogenic avian influenza (HPAI)**.（10月半ばにトルコとルーマニアで鳥インフルエンザが確認されたため、アメリカとEUは高病原性鳥インフルエンザへの対策を講じることとなった）

● **rabies virus**「狂犬病ウイルス」

● **feline immunodeficiency virus** (FIV)「猫免疫不全ウイルス」「猫エイズ (ウイルス)」

保健所ではFeLVとかFIVと略称で呼びます。feline は「ネコ科の」、immunodeficiency は「免疫不全」という意味です。

● **cat plague**「猫ペスト」

plague は「ペスト」「疫病」という意味です。

● **Q-fever**「Q熱」

リケッチャと呼ぶ微生物による病気のひとつです。犬や猫などから人間にうつります。

● **zoonosis**「動物由来感染症」「人獣 (畜) 共通感染症」

動物から人間へうつる感染症。

● **cardiac arrest**「心拍停止」

医学用語ですが、*ER*シリーズなどテレビドラマの影響で一般にも知られ、使われるようになりました。

● persistent vegetative state 「長期にわたる植物人間状態」

➤She was in a **persistent vegetative state** with no real consciousness or chance of recovery.（彼女は意識もなく、回復の見込みもないまま、長期にわたる植物人間状態にあった）

● RSI (repetitive stress injury) 「反復運動過多損傷」

テニス肘やゴルフ肩などのように、同部位を反復して酷使するために生じる損傷。携帯メールのやりすぎによる、いわゆる「親指症候群」もRSIの一種。

● crush syndrome 「挫滅症候群」「クラッシュ症候群」

事故や地震などで筋肉が押しつぶされたり、長時間圧迫されたりしたあとに現れる腎不全、高カリウム血などの症候群。
➤Immediately after the Kobe quake, many patients at the Kobe University Hospital suffered from external injuries and **crush syndrome**.（神戸の地震の直後、神戸大学病院の多くの患者は、外傷と挫滅症候群で苦しんでいた）

● shaken baby syndrome (SBS) 「ゆさぶられっこ症候群」

ゆさぶられっこ症候群は、乳幼児を揺することによって、頭頸部が強く動揺し、その結果、頭蓋内出血や眼底出血が引き起こされるものです。最悪の場合、死亡や脳性麻痺、精神運動発達遅滞、視力障害などを引き起こします。
➤**Shaken baby syndrome (SBS)** is a form of child abuse caused by an overwrought caregiver venting frustration on their small charge.（ゆさぶられっこ症候群（SBS）は、乳幼児虐待の一形態で、過度に興奮した育児担当者が暴力的になって幼い相手に自分のフラストレーションをぶつけることによって引き起こされる）

● cat cry syndrome 「猫鳴き症候群」

cri du chat syndrome「クリドゥシャ・シンドローム」とも言います。猫のような泣きかたをする、赤ちゃんの先天性疾患。

● schizoaffective disorder 「統合失調情動障害」

統合失調症と情緒障害が同時に発生する精神障害。
➤She has a **schizoaffective disorder**. (彼女は統合失調情動障害にかかっている)

▼ 恐怖症

● erythrophobia 「赤面症」「赤面恐怖症」

-phobia は「恐怖症」を表す接尾辞。erythrophobia は fear of blushing という意味です。対人恐怖症のなかでも特に多くみられる症状で、人前に出ると顔が赤くなるという症状 (facial blushing) が現れます。
➤Sufferers of **erythrophobia** tend to avoid social gatherings and workplace projects that require them to interact with, or speak before, groups of co-workers. (赤面恐怖症で苦しむ人々は、同僚の集団と接したり彼らの前で話したりなければならない懇親会や職場でのプロジェクトなどに参加するのを避ける傾向がある)

● ailurophobia 「猫恐怖症」「猫嫌い」
= galeophobia = felinophobia = elurophobia

fear of cats という意味です。
➤Sufferers from **ailurophobia** may fear not only the scratch or bite of a cat, but also the "evil mystique" of cats as depicted in Halloween folklore and such literary works as Edgar Allen Poe's "The Black Cat." (猫恐怖症の人たちは、猫にひっかかれたりかまれたりすることに恐怖を感じるのみならず、ハロウィーンの言い伝えやエドガー・アラン・ポーの「黒猫」のような文学作品で描写される猫の「悪魔的神秘性」にも恐怖を感じる)

● germophobia 「ばい菌恐怖症」

germ +-phobia で、fear of germs という意味です。
➤He had **germophobia**, and washed his hands hundreds of

times a day.（ばい菌恐怖症だったので、彼は一日に何百回も手を洗っていた）

● agoraphobia「広場恐怖症」

神経症の一種で、fear of open spaces or of being in crowded public places「広い場所や混雑した公共の場所にいるときに（理由のない）恐怖を感じる症状」です。
➤I have suffered from **agoraphobia** since the age of 13 and now I rarely leave the house.（13歳のときから私は広場恐怖症で、今もめったに家から出ません）

● claustrophobia「閉所恐怖症」

fear of confined spacesという意味です。
➤A person who has **claustrophobia** may panic when inside an elevator, airplane, crowded room or other confined area.（閉所恐怖症の人は、エレベータや飛行機の中や、人でいっぱいの部屋や閉ざされた場所にいると、パニックを起こすことがある）

● xenoglossophobia「外国語恐怖症」「外国語嫌い」

fear of foreign languagesという意味です。xeno-「外国人」「異種」、glossal「舌の」、-phobia「～恐怖症」「～嫌い」が合体した言葉です。外国語を耳にするとむしずが走るというほど、外国語に対して嫌悪感を抱く症状を言います。
➤The early 20th century was a time of American isolation and arrogance. **Xenoglossophobia**—fear of foreign languages—ran rampant.（20世紀初めは、アメリカの孤立と傲慢の時代だった。そして、外国語恐怖症がはびこった）

● petronoia「石油不足恐怖症」

= petroleum（石油）+ paranoia（偏執症、妄想症）。petronoiaは、原油やガソリンの供給が十分にないと思った石油取引業者が、いわれなく石油不足を恐れて買いに走り、値をつり上げた状態を表した言葉です。石油価格情報サービス会社のアナリスト、トム・クローザが言い出した言葉です。

薬 学

● generic medicine 「ジェネリック医薬品」「後発医薬品」
= generic drug

特許期間の満了後に、特許を取得していた本家の薬と同等の成分（品質）で発売される医薬品のことです。generic とは「一般的な」「ノーブランドの」という意味です。

● Tamiflu 「タミフル」

通常のインフルエンザ対策のひとつは、ワクチンの予防接種ですが、新型ウイルスの登場前に開発することは事実上不可能です。新型ウイルス発生後、すぐにワクチンの製造に取りかかっても、最低でも半年はかかります。
そこで注目されているのが、H5N1型（鳥インフルエンザ）にも有効とされる坑インフルエンザ薬のタミフル（一般名：リン酸オセルタミビル）です。ウイルス表面のタンパク質に作用し、細胞内で増殖したウイルスが外に出るのを防ぎます。発症後48時間以内に服用を始めれば、体内のウイルス増殖を抑え、発症緩和が期待されます。

● Exubera 「エクスベラ」

吸引する形で体に取り込むインスリン新薬（糖尿病治療薬）。糖尿病治療のため患者が自分でインスリンを定期的に注射するケースがありますが、それを嫌う患者のために鼻から肺に吸い込む方式の新薬が、米国食品医薬品局（FDA）の諮問委員会で承認賛成にまとまり、注目されています。

● neuraminidase inhibitor 「ノイラミニダーゼ阻害剤」

ウイルスの増殖を防ぐ薬。

● adjuvant 「アジュバント」

薬剤の効能を高める補助剤と、抗原に対する免疫力を強める免疫助

成剤の両方の場合に使われているようです。例文は、後者の意味で使われていると思われます。

➤It is effective against the newer strain of flu and does not need an **adjuvant** to boost the immune system response. (それは新種のインフルエンザに効果があり、免疫システムの反応を高めるためのアジュバントを必要としない)

● obesity pills 「肥満防止薬」「減量薬」「やせ薬」
＝ anti-obesity medicine ＝ weight-loss medicine ＝ slimming pills

➤Drug firms are eyeing fat profits from new **obesity pills**. (製薬会社は新しい肥満防止薬で巨大な利益を目論んでいる)
＊ fat が掛けことばになっている。

● plan B 「プランB」

セックス後3日以内に服用すれば効果のある経口避妊薬です。市販を求める声があったにもかかわらず、安全性について検討していた専門家による諮問委員会が承認を勧告するかどうかの判定も出ていないうちに、FDA (＝ Food and Drug Administration「米食品医薬品局」) が非認可と決定しました。つまり、医師の処方に任せるべきだという考え方です。

この決定について、科学的事実よりも政治・宗教的判断のほうが優先されたのではないかと論議を呼んでいます。FDA側には、あまり簡便にこうした薬が使われると性病のまん延につながりやすいという判断もあったようです。

● memory-enhancing drug 「記憶力増進薬」

➤If clinical trials continue successfully, **memory-enhancing drugs** could be a bigger pharmaceutical bonanza than Viagra. (臨床試験がいい結果を出しつづければ、記憶力増進薬はバイアグラを超える大当たりの薬になるかもしれない)

● off-label use 「(医薬品の) 承認外使用」

米国では新薬はFDAの承認を経て販売が認められていますが、承認された症状と薬効以外の症状に効くこともあり、患者からの要望

で、病院、製薬会社がいろいろの手段で使用を試みています。
FDA はそのような使用を望んでいませんが、実際には使用は増えていると見られています。例文は、呼吸困難を伴った心臓病患者の短期治療薬として認められた Natrecor を、長期治療薬としても効果があるとして使用しているニューヨーク州のある病院の話です。
➤It's an experimental therapy known as an **off-label use** of the drug because the FDA did not specifically approve the drug for such treatment.（それは薬の「承認外使用」という実験的治療である。というのは、FDA はそのような治療のためにその薬を承認したのではないからである）

● **fast-acting**「すぐ効く」「即効性の」「作用の早い」

・fast-acting brake (mechanism)（迅速に作動するブレーキ装置）
➤The market for these **fast-acting** liquid nutrition and invigoration medicines has expanded.（即効性のあるこれらの滋養強壮ドリンク剤の市場は伸びている）

● **biobank**「生体バンク」「生体貯蔵所」

＝ bio-（生物の、生命の）＋ bank（預ける所）。ヒト（由来）DNA、血清、組織などを貯えておく所。
➤**Biobanks**, which link tissue samples to patient data, are all the rage—but have drawbacks as well as benefits.（生体組織のサンプルと患者のデータを結合させている「生体貯蔵所」がはやっているが、利点もあれば問題点もある）

● **cord blood bank**「臍帯血バンク」

赤ん坊のへその緒から採った臍帯血は、幹細胞が豊かだとされ、研究調査には貴重な資料となっています。このため、出産直後のへその緒を集める企業が米国などで生まれています。
➤Cryobanks believes it has the largest **cord blood bank** of any private company in the United States.（クライオバンクスは、米国企業のなかで最大の臍帯血バンクを持っていると自負している）

超自然現象

● veridical hallucination「真正な幻覚」

幻覚が現実と符合したり、対応することです。

● apport「(神霊術で) 物体貫通現象」

その場に持ってくることができないはずの物や人を心霊現象として出現させること。

● trans state「入神状態」「トランス状態」

● psi ability「プシー能力」「サイ能力」

念力と第六感の2つの能力を指しています。念力は働きかける力で、第六感は感知する力です。

● parapsychology [訳語の追加]「実験主義的心霊現象研究」

辞書に載っている「超心理学」という訳語だけでは、何のことかわからない人が多いと思います。

● lucky break「つき」「幸運」

骨や棒を折って行うまじないに由来する言葉です。

● oneiromancy「夢占い」

夢で将来を予測すること。

● psychopomp「霊伝道師」

魂を天国など幸せな場所へと導く者。

コラム4

台風の名前のつけ方

2006年9月17日に佐世保付近に上陸した台風13号にはTyphoon Shanshan「台風サンサン」という名称がつけられました。台風の名前は、どのようにつけられているのでしょう。

台風には1945年より、米国が英語の女性名（例えば、キティー台風、ジェーン台風など）をつけていましたが、1979年からは、それに男性の名前も交互につけられるようになりました。
それが2000年より改正され、西北太平洋領域で発生する強い熱帯低気圧には新しい名称が用いられるようになりました。14のアジアの国と地域および米国からそれぞれ10の固有の名前（日本は星座名＝Yagi, Usagi,...）が提出され、計140の名前の中から順番に、毎年発生する台風に名前が割り振られています。

2006年は1号Chanchu（チャンチー＝真珠、マカオ）から始まり、2号Jelawat（ジェラワット＝淡水魚の名前、マレーシア）、3号Ewiniar（イーウィニャ＝嵐の神、ミクロネシア）、4号Bilis（ビリス＝スピード、フィリピン）、5号Kaemi（ケーミー＝アリ、韓国）と続きました。
新しいところでは、2006年9月下旬に日本列島に接近した台風14号の名前は日本名のYagi（ヤギ座）でした。冒頭のShanshanは香港が提出した少女の名前です。おおむね5年で台風の名前が一巡します。
ちなみにcycloneは、インド洋で発生する熱帯低気圧です。

▶Taiwan braces for Typhoon **Chanchu**.（台湾は台風チャンチーの襲来に緊張）

CHAPTER 4
IT
最新の情報技術の動向がわかる表現76

──IT
──携帯電話・モバイル機器
──個人情報と犯罪

IT

● **ICT** (information and communication(s) technologies)「情報通信技術」「アイシーティー」

IT「インフォメーション・テクノロジー」に代わる言葉として一部で使われ始めました。総務省が2004年8月に「ICT政策大綱」を発表しています。ITとICTは基本的に変わらないと解釈できます。強いて言えば、米国ではIT、欧州ではICTを使うことが多いようです。

● **pervasive computing**「ユビキタス」
　= ubiquitous computing

文字どおりには「隅々までゆきわたったコンピュータ化」という意味です。目に見えない形ですべてがコンピュータ化された環境を言います。
日本では「ユビキタス」がよく使われていますが、米国ではpervasive computingがより一般的で、IEEE（= Institute of Electrical and Electronics Engineers「米国電気電子学会」）発行の雑誌のタイトルにも使われています。

● **digital home**「デジタル家庭」

通信機器メーカーのMotorola社が公開した将来のdigital home「デジタル家庭」は、「朝、ベッドの近くのビデオが自動的に起床を促す。スクリーンは次に、台所に行き朝食をとるよう導く。そのあと居間で出勤の準備。家を出て、車に乗ると車内のスクリーンにこれからの予定が示される」といったような計画です。
Motorola社のJohn Burke氏は「レコードやテープはCD・DVDに。写真はデジタルに。テレビもデジタル化する。ガレージのドアから冷蔵庫・ステレオなどまで、家庭の完全デジタル化は急速に進む」と話しています。
▶Recently, at one of the fast-proliferating conferences devoted to the "**digital home**," John Burke, an executive at Motorola, a

maker of mobile phones and digital gadgets, showed a video that presented the company's version of this vision.（最近、よく開催されるようになったデジタル家庭関連の会議で、携帯電話やデジタル機器のメーカーであるモトローラ社の役員ジョン・パーク氏は、同社の今後の「デジタル家庭」計画をビデオで公開した）

● UWB (Ultra Wide Band)「ウルトラワイドバンド」「超広域帯無線技術」

高速で大容量のデータをやり取りできる無線技術のことです。この技術を応用して、テレビや冷蔵庫などの家電やAV機器をネットワークに組み入れて制御することができます。外出先から携帯電話で、エアコンのスイッチの切り忘れを確認したり、帰宅する前にエアコンのスイッチを入れたりなどができます。

● power line communication (PLC)「電力線通信」「電力線ネット」

家庭や事務所にあるコンセントと電力線を利用して、専用モデムを介して通信用機器を接続する高速データ通信の方法。データ通信用の配線が不要となります。海外ではすでに実用化が始まっていますが、電波法との兼ね合いもあり、日本では遅れていました。日本でも早ければ2006年には一般家庭での試験的実施が始まる予定です。

● dry copper「ドライカッパー」

NTTが設置している加入回線（銅線）で未使用のものを指します。「乾いた銅」と訳され、回線を水道になぞらえています。
これに対して未使用の光ファイバー回線を、ダークファイバー(darkfiber)と言います。光が通っていないからです。

● computer telephony integration (CTI)「シーティーアイ」

「コンピュータと電話の統合」を意味し、電話やファックスをコンピュータシステムに統合して利用する技術のことです。たとえば顧客から電話がかかると、電話番号を手がかりにして、顧客のプロフィールや過去の取引の状況などをパソコンの画面上で見ることが

できます。これによって適切なアドバイスやサポートを提供できます。

● **VoIP** (Voice over Internet Protocol)「**インターネットで音声通話をする技術**」「**インターネット電話**」

元来、いわゆる buzzword「素人にはわかりにくい専門用語」のひとつでしたが、一般にも結構使われています。
➤VoIP providers must offer the same 911 emergency phone service as regular telephone companies.（インターネット電話サービス会社も、通常の電話会社と同じ911番の緊急連絡サービス機能を備える義務がある）

● **IP centrex**「**IPセントレックス**」

企業向けのIP電話サービスで、IP電話のサーバーの保守や運用を請け負うことです。従来はPBX（構内交換機）を通して内線や代表電話などを管理していました。IPセントレックスの導入によって、ユーザー企業はIP電話サーバーやPBXを廃止することができますし、従来は外線電話でしか話ができなかった支店間なども内線と同じ扱いになり、通信コストの大幅な削減が図れます。

● **mobile centrex**「**モバイル・セントレックス**」

携帯電話を内線電話としても使えるようにするサービスのことです。このシステムを採用すると、固定電話を廃止することができますし、携帯電話を社内で使用する際には内線として扱い、通話料は発生しません。

● **e-marketplace**「**eマーケットプレイス**」

インターネット上での取引所。従来のマーケットプレイスでは企業間の取引が中心でしたが、e-marketplace では企業（大企業のみならず中小企業も）と個人間の取引も盛んに行われるようになりました。Amazon での中古本の売買がその一例です。いわゆる「電子市場」や「ネット取引市場」というのがこれにあたります。
➤Companies looking to form an **e-marketplace** should ask themselves three key questions.（eマーケットプレイスを作ろ

うと計画している会社は、3つの鍵となる問いを自問するべきだ）

● e-readiness「電子商取引環境」

➤Denmark tops a list of nations by "**e-readiness**," according to a study released today.（本日発表された調査結果によると、世界の国のなかで電子商取引環境が最も整っているのはデンマークということだ）

● email ［表記の追加］「電子メール」

英和辞典の見出し語としては e-mail とハイフン付きになっていますが、日本の経済財政報告に相当する米国政府の公式文書である Economic Report of the President「大統領経済報告」の2005年版では email と1語で登場しています。同じ分野の言葉である「電子商取引」は同報告でも e-commerce とハイフン付きで表記されていますから、一番早く登場した e-mail が一番早く1語化したようです。

➤Usage of the Internet includes **email** and the rapid growth of e-commerce.（インターネットの使用は、電子メールと急速に増加している電子商取引を含んでいる）

● e-march「eメールデモ」「eメールによる抗議」

政府に対してeメールで抗議することです。march とは「デモ行進」のことです。

➤**E-marches** are the newest way to protest your government.（eメールデモは政府に抗議する最新のスタイルだ）

● blog「ブログ」

「インターネット」を意味する web と、「日誌」を意味する log を1語にまとめた weblog の省略形で、時系列で並べられた日記風のサイトです。ホームページを立ち上げるほどの知識がなくても、無料運営サイトに登録すればブログを開設できます。デジカメや携帯電話で撮影した映像をページにアップすることもできます。

ブログのいろいろ

moblog「モブログ」「携帯端末や携帯電話を利用するブログ」
= mobile（移動式）+ blog。

audioblog「音声入りのブログ」
= audio + blog。

phlog「携帯やデジカメで撮った写真が載ったブログ」
photo + blog で、photoblog とも言います。

vlog「ビデオブログ」「動画ブログ」
ビデオを使ったブログで、video blog とも言います。

blawg「法律問題専門のブログ」
= blog + law。

watch blog「監視ブログ」
特に新聞など既成メディアによるネット上の配信に目を光らすブログです。

soldier blog「軍人によるブログ」
軍人が書き込むもので、国家機密の漏洩にならないか、当局は神経を尖らせています。

blogosphere「ブログが作り出す世界」
blogsphere とも言います。ブログはもう社会現象であるという認識からこの言葉が生まれました。

blogstorm「ブログの世界で起こっている特定の論争」
blog swarm とも言います。

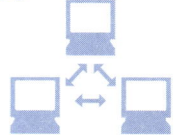

コラム 5

blogorrhea「ブログ上で長々と述べること」
＝ blog ＋ logorrhea（多弁症）。

bleg「読者に対する呼びかけ」
＝ blog ＋ beg。

blogfoo「特定個人または特定グループ（に対する批評・攻撃など）を意図しながら、一般性を装って書かれたブログ」

blogsnob「仲間内のブログ以外は相手にしない人」
＝ blog ＋ snob（俗物）。

war blogger「ブログ上のイラク戦争支持者」

blogroll「ブログのリスト」「ブログのリンク」
ほかのブログへのリンクのことを言います。

blog hopping「話題を追って次々とほかのブログに接続すること」
hopping は「（店などの）はしごをすること」です。

● **ticker** ［意味の追加］「ティッカー」「テロップの仕組み」

ホームページ画面の上部や下部に一定のニュースなどが流れる仕組み。もともとは「カチカチいうもの」の意。
ticker には、news ticker、stock (market) ticker、baby ticker（赤ん坊が現在生後何ヶ月か、などの情報）などいろいろあります。

● **crawler** ［意味の追加］「クローラー」

crawler は「這う人（物・動物）」という意味。spider とも言います。コンピュータ用語としては、web 情報を集めてまわるロボット型の（つまりコマンドを押せば自動的にインターネットを検索し情報収集する）プログラムのことをこう呼びます。Google でウェブサイトの検索をする際もこのようなプログラムが使われています。
これに対して、人の手によって細かいカテゴリーに分類されたデータベースで検索するタイプを directory「ディレクトリー型検索エンジン」と言います。

● **Eurogoogle**「欧州版グーグル」

米国の Google や Yahoo に対抗するため、仏・独両政府共同で新機関 Quaero を設立しました。Quaero はラテン語で、その意味は I seek. です。

● **nearline storage**「ニアライン・ストレージ」

コンピュータの記憶装置は、大きく2つに分類されます。主記憶 (primary storage) は演算を行ったり、データ処理の途中結果を保持するのに使われ、アクセス速度が速く値段が高いのが特徴。2次記憶 (secondary storage) は磁気ディスクなどで、主としてデータの保管やバックアップに使われ、速度は遅く値段が安いのが特徴です。ニアライン・ストレージはその中間に位置する記憶装置で、コストパフォーマンスの改善を狙ったものです。
➤**Nearline storage** can help organizations complement and improve existing tape backup, archiving and data protection.
（ニアライン・ストレージは、組織が現存のテープのバックアップ、データの保管、それにデータの保護を補足し改善するのに役立つ）

● activation ［意味の追加］「アクティベーション」「ライセンス認証」

「活性化」というのが本来の意味です。コンピュータの世界では、「初期設定済みのサーバソフトウエアを起動する」という意味と「正規のライセンス品であることを証明する」という意味の2通りに使われます。特に不正にコピーされたソフトウエアの使用を防ぐために、後者の意味でよく使われます。

● peer to peer「ピア・ツー・ピア」

ピアとは「仲間」のことですが、ネットワークでは個々のPCを指します。peer to peer、PtoP、P2Pとは「PCからPCへ」、つまり、インターネットでつながったPC同士で直接データを交換する仕組みのことをいいます。

● thin client「シン・クライアント」

ネットワークで使用しているPCのうち、各自が操作するPC（これをクライアント端末と呼びます）に入力と表示などの最低限の機能しか持たせず、データ保存や処理機能はすべてサーバーで管理するのが特徴です。余分な機能がないので、thin「やせた」と呼ばれます。手元のPCにはデータが保存されないので、ノートパソコンを盗まれたりしても企業の機密情報は外部に流出しません。ソフトの更新もサーバー側だけで済み、運用管理コストの低減が見込まれます。

● management service provider (MSP)「エムエスピー」「運用管理サービス」

企業が所有するサーバーやネットワークの運用管理を請け負う事業者のこと。

● cybersquatting「サイバースクワッティング」「ドメインの先取り」

cyberは、ほとんどの日本人にわかる用語になりましたが、squattingは米国の開拓の歴史を踏まえた特殊なニュアンスのある用語です。未開拓の公有地に先に入っていって開拓、入植して占有することに

よって、その土地に対する権利が主張できるようにして、開拓を奨励した時代があり、本来は、そのような行為を squatting と言っていました。

サイバー世界では、使われそうな URL やアドレスのドメインの権利を他人よりも先に取得して利用したり転売しようとする行為を指しています。

● technopreneur 「ハイテク起業家」「コンピュータ関連起業家」

technology（技術）＋ entrepreneur（起業家）の合成語。とくに東南アジアやインドの起業家を指すことがあります。

▶India's Ministry of Science & Technology has launched a novel programme known as **Technopreneur** Promotion Programme.（インドの科学技術省は、ハイテク起業家支援計画という斬新なプログラムをスタートさせた）

● Google-aire 「ネット長者」

＝ Google ＋ millionaire。ご存知、Google はネット上の代表的な search engine「情報検索ソフト」ですが、これに投資して一山当てた人を言います。

● death march ［意味の追加］「デスマーチ」

本来は「死の行軍」という意味ですが、IT 業界では、あまりにも条件が過酷で完遂不可能なプロジェクトに携わることをいいます。エドワード・ヨードンの著書『デスマーチ―なぜソフトウエア・プロジェクトは混乱するのか』により、IT 業界で広く使われるようになりました。

＊

● spam ［意味の追加］「スパムメール」「大量に送られる迷惑メール」

spam は名詞としても動詞としても使えます。

spam の本来の意味は、缶詰の安い肉（主にポーク）のことです（もともとは商品名）。spam は広く家庭で使われていましたが、何の肉なのかわからない、健康に悪いなどと言われ、次第に利用する人が少なくなりました。しかし、ハワイや沖縄では今も定番のおか

ずのひとつとして定着しています。
➤I get so much **spam** in my mailbox.（私のメールボックスにスパムメールがどっさり入る）
➤I'm going to **spam** him.（彼にスパムメールを送りつけてやる）

● spammer「スパムメールを送る人」「スパム業者」

➤**Spammers** collect mail addresses on the Web.（スパム業者はウェブサイトでアドレスを集める）

● splog「スプログ」

spam blog(s) の略。人気のあるブログをコピーして、偽のブログを作成することです。検索エンジンでの検索では上位に出てきます。さらにこの偽造ブログが数千件にも及ぶRSSフィードや電子メール通知を送り出したので、大量のデータがネット上を駆け巡りました。
➤This **splog** thing is getting totally out of hand.（このスプログというものは、まったく手がつけられない）

● malware「コンピュータ・ウイルス」「破壊ソフト」

= malicious（悪意のある）+ software。これも、コンピュータ関連の複合語です。

● crack [意味の追加]「クラックする」

パスワードやライセンスで保護されているソフトウエアのプロテクトをはずすことです。このクラッキングを行う人を「クラッカー」と呼びます。このような行為をする人を「ハッカー」と呼ぶことがありますが、本来「ハッカー」には技術に詳しい人を指す意味しかありませんでした。
・crack the password（パスワードを探り当てる（破る））crackには「破る、破壊する」のほかに、「（暗号などを）解き明かす」という意味があります。
・cracking tool（クラッキングツール、攻撃ツール）他人のコンピュータを盗み見たり、破壊したりするプログラムを言います。
・password crack（パスワード・クラック）ネットワーク上で他人のパスワードを解析して探り当てること。

➤The real pirates **crack** software so they can make millions of copies to sell around the world.（ほんもののクラッカーは、ソフトウェアのプロテクトをはずし、世界中で何百万ものコピーを売りさばける）

● **spyware**「スパイウエア」

パソコンのユーザーがアクセスしたサイトの情報などを集めて、ユーザーが知らない間に外部に送り出すプログラムのことです。そのプログラムの多くは、他のアプリケーションと抱き合わせでユーザーに配布されます。収集されたデータは、そのパソコンにスパイウエア・プログラムを送り込んだ企業に送付されます。主に、マーケティングデータの収集に使われているとされています。
似たようなものに adware「アドウエア」があります。これは、ユーザーの画面に広告を表示する条件で使用できる無料のソフトです。この多くはスパイウエアの機能を持っていると考えられています。

● **rootkit**「ルートキット」

他人のコンピュータに不正に侵入した後、その人の情報を収集するために利用するプログラムをひとつにまとめたパッケージを指します。具体的には、侵入したことを隠したり、プログラムを気づかれないように変更します。それらを瞬時に行えるようにパッケージキットにして用意します。

● **Magic Byte**「マジックバイト」

ウイルスなどを含む悪質な実行ファイルに特定のデータが付け加えられたもので、アンチウイルス・ソフトウエアのスキャンチェックをすり抜けることができます。この付け加えられたデータを「マジックバイト」と呼びます。

● **zombie PC**「ゾンビPC」

不正行為で乗っ取られたパソコンのこと。悪質な業者（あるいは人）は、まずセキュリティホールのあるパソコンを不正に乗っ取り、支配権を確保する。次に乗っ取ったパソコン（これがゾンビPCとなる）にメールを自動的に送信するソフトウエアを送り込み、それら

のパソコンがいっせいに数千通のメールを送信します。迷惑メールの一因です。

►Britain has the largest **zombie PC** population on the planet, according to the latest Symantec Internet Security Threat Report.（最新のシマンテック・インターネットセキュリティ脅威レポートによると、不法に乗っ取られたパソコン台数がいちばん多いのはイギリスだとのことだ）

● **botnet**「ボットネット」

ゾンビPCで構成されたネットワーク。bot networkとも呼ばれます。botはrobot「ロボット」のbotです。

►Despite Microsoft's renewed focus on security, recent research shows that computers running Windows XP and 2000 form the bulk of **botnets**.（マイクロソフトが改めてセキュリティに力を入れているにもかかわらず、Windows XPおよび2000が使われているコンピュータが巨大なボットネットに組み入れられていることが最近の調査で判明した）

携帯電話・モバイル機器

● **digits** [意味の追加]「電話番号」「携帯の番号」

digitの本来の意味は「アラビア数字（0から9までの数字）」あるいは「桁」ですが、最近では主として携帯の電話番号のこともdigitsと言うようになりました。

►Can I get your **digits**?（携帯の番号教えてよ）

● **ringtone**「着信音」

ring toneと2語につづることもあります。

● **ringtone melody**「着メロ」「着うた」

ringtoneでも通じます。ringtone song、さらに簡単にringsong、ring songとも言います。

►I just changed my **ringtone song**.（着うたを変えたばっかり

なの)

● ringtone movie「着ムービー」

● ringtone motion「着モーション (動画付きの着メロ)」

● text messaging「携帯でメールを送ること」

➤**Text messaging** allows virtual conversation that costs much less than a call.(携帯でメールを送ることで、通話よりずっと安く、事実上の会話ができる)

● text [意味の追加]「携帯でメールを送る (こと)」

上記のように、text message と言えば、携帯のメッセージのことを指しましたが、最近ではさらに簡単に text だけでも済みます。動詞も同様です。
➤Have you **texted** James about tonight?(ジェームズに今夜のことをメールした?)

● mobisode「モビソード」

mobile と episode の合成語で、携帯電話でダウンロードできる短いテレビクリップを言います。フォックス社の商標登録ですが、一般名詞のようにも使われます。

● push-to-talk「プッシュ・ツー・トーク」

携帯電話の新しい使い方で、トランシーバーで話すときのように送信ボタンを押しながら話をします。同時に多数の人に話しかけることができます。米国では数年前から実用化されていますが、日本でも NTT ドコモと KDDI が、2005 年冬からサービスを開始しました。

● clamshell [意味の追加]「折りたたみ式の携帯」

携帯電話で折りたたみ型のものをこう呼びます。ハイフンを入れて clam-shell と書くこともあります。
折りたたみでないものを、candy-bar phone「キャンディ・バー型の携帯」と呼ぶことがあります。

● smart phone 「スマートフォン」

PDA (= Personal Digital Assistant) の機能が組み込まれた携帯電話のことです。電子メール機能やwebブラウザを内蔵しています。NTTドコモのiモードがその先駆者です。

● WiBro (Wireless Broadband) 「ワイブロ」

韓国生まれの無線通信技術で、携帯電話などで、テレビを見たりすることができるようになります。高速で移動中に使用できるのが特徴です。WiMAX「固定無線通信」と同じ世界標準IEEE 802.16eに準拠しています。
日本では2006年4月から、地上デジタル放送が開始された地域で、ワンセグ形式のテレビ放送が携帯電話を始めとするモバイル端末で視聴できるようになってきています。

● cellphone addiction 「携帯電話中毒」

➤The inner fear of loneliness expressed by **cellphone addiction** gives rise to a very serious and far-reaching social problem. (携帯電話中毒は、孤独への恐怖心のあらわれであり、深刻で広範囲にわたる社会問題を生む)

● stage-phoning 「聞こえよがしに携帯で話すこと」

電車でも喫茶店でも、まだいますよね、無作法な人が。stageはこの場合「舞台」のことで、まるで衆人環視の舞台で、携帯を小道具のように使っているところからこう言います。こういう人をstage-phonerと言い、米語では、「嫌な奴」というニュアンスを込めて、cellphone jerkという言い方もあります。cellphoneは「携帯電話」のことで、jerkは「不快な奴」のことです。

● cell yell 「携帯電話の大声」

➤One of the product's side benefits is a reduction in "**cell yell**," the shouting often heard from cellphone users. (製品の副次的な利点は、携帯電話使用者がよく発している大声を減らせることです)

● flash mob 「フラッシュ・モブ」

インターネットや携帯の呼びかけで集まる群衆のことです。中国で2005年5月に行われた反日暴動のように、ネット上の呼びかけで、見知らぬ人たちが群衆となり、時には暴徒化することを言います。まさに flash「閃光」のように瞬間的に生まれる mob「暴徒」です。

● happy slapping 「いじめの現場を携帯に録画して見せ合うこと」

1940年代に生まれた表現 happy snapping「スナップ写真を撮ること」のもじりで、slapping は「平手打ちをくわすこと」です。携帯時代にあって、いじめも「進化」しています。いじめの対象を選び、暴力を振るう者、そのシーンの写真を撮る者に分かれ、被害者の醜い姿をあとで仲間に送信して楽しむという、卑劣極まりない少年犯罪。最近ロンドンの下町を中心に流行し、たちまち全英に広がって登校拒否が続出しています。

▶Young thugs are rather attracted to surveillance culture, as the recent craze for so called "**happy slapping**" attests.（チンピラどもはむしろ、見て楽しむ側に回ることに惹かれるようだ。最近のいわゆる「携帯写真いじめ」の流行に象徴されるように）

● Bells 「AT&T が分割してできた電話通信会社」

ベル電話会社を前身とする米国 AT&T 社は 1984 年に分割して、いくつかの Baby Bells、つまり、RBOCs（＝ regional Bell operating companies「地域ベル電話事業会社」）が生まれました。通信関連企業が登場する記事などに、Bell、Bells などといきなり書かれていたときには、上記の意味で使われています。

＊

● BlackBerry 「ブラックベリー（携帯情報機器）」

新型の携帯用情報端末の一種。小さいのにすぐれた画像、ネットへのアクセス機能、文書作成・通信機能を備えているので、外勤のビジネスマン、作業員に人気が出て、伸びてきている機器です。PDAの市場は、依然として世界の半分以上が米国市場だと言います。

● the iPod generation「iPod世代」

iPodはアップル社のMP3携帯プレーヤーです。MP3とは、MPEG Audio Layer-3の略で、映像データ圧縮方式のMPEG-1で利用される音声圧縮方式のひとつです。
➤The "iPod generation" that now expects to get TV,...（今やテレビを購入しようと考えるiPod世代…）

● podcasting「ポッドキャスティング」

＝iPod＋broadcasting。インターネット放送の番組や音楽などをiPodに自動ダウンロードし、好きなときに聴取するシステム。
アップル社製の携帯型プレーヤーiPodはインターネットからの音楽ダウンロードやpodcastingで若者の人気を博していますが、今度は音声に加えてビデオもダウンロード可能の機器が売り出されました。これによってiPodを利用したメディアによる宣伝が活発化し、ビデオ利用に革命を起こすのではないかと言われています。
利用が多い分野は政治的・社会的な意見表明、宗教者による説教、そしてポルノだろうと言われています。こうしたコンテンツの提供を企業化しようと手ぐすね引いている向きもありますが、軌道に乗せるにはかなりの資金と経験が必要だと言われています。
➤Podcasting is on the verge of setting off a video revolution and users of Apple Computer Inc.'s new video iPod can expect a deluge of outspoken commentary, religious sermons and pornography.（iPodを利用した放送コンテンツのダウンロードはビデオ革命をもたらそうとしている。アップル社のビデオ対応の新しいiPodの利用者は、政治的社会的発言や宗教者の説教、ポルノの洪水にあうだろう）

● eVest「電子時代のチョッキ」「イーベスト」

米SCOTT社の製品で、さまざまなデジタル製品を携帯できるジャケット。eはelectronic「電子の」の略、vestはチョッキ。ポケットがたくさんあり、携帯電話、PDA（＝personal data assistant「携帯端末」）、超小型コンピュータなどが入るように特に設計された袖なし、防水ジャケット。

個人情報と犯罪

● code breaker「コードブレイカー」「暗号解読者」

「暗号破り（暗号解読者）」、また「暗号解読ツール」のことです。break a code と言えば「暗号を解読する (decode)」、code-breaking は「暗号の解読」です。

● cybercrime「サイバー犯罪」「コンピュータ犯罪」

cyber（コンピュータの）＋ crime（犯罪）の合成語。こうした犯罪者を cybercriminal と言います。同様に、cyberwar と言えば、コンピュータを使って、敵国の活動、特に通信手段を破壊することを指します。

● cyber-crook「サイバー詐欺師」「ネット詐欺師」

➤They will fall into the hands of **cyber-crooks**.（彼らはやがてネット詐欺師の手中に落ちるだろう）

● identity theft「個人情報を盗むこと」

米国では、Social Security Number「社会保障番号」などの身分情報や、personal financial information「個人の金融情報」の盗難による犯罪が急激に増加しているそうです。

● identity fraud「身分詐称」「ID 詐欺」

不正に探り出した他人の個人情報を使って、不正行為を働くことです。identity theft and fraud「個人情報の窃盗と詐称」と、ペアでよく見かけます。

● shoulder surfer「(ATMなどで) 肩越しに暗証番号などを盗み見る人」

➤A **shoulder surfer** with a cellphone camera can steal personal information from several feet away.（カメラ付き携帯で人の肩越しに盗み見れば、数フィート離れたところから個人情報を盗むこと

も可能だ）

● skimmer ［意味の追加］「情報読み取り機」

磁気カードなどの情報を読み取る機械。その行為が skimming です。

● account takeover「口座乗っ取り」

犯人は必要な個人情報を集めた後、クレジット会社に電話を入れ、住所変更手続きをして、カードの新規発行を求めます。これであなたの口座は完全に乗っ取られるのです。
➤Account takeover is one of the more prevalent forms of identity theft.（口座乗っ取りは、もっとよく見かける個人情報の窃盗パターンのひとつである）

● phishing「フィッシング」

銀行やクレジット会社などのサイトであるかのようにユーザーをだまして、パスワードなどの重要な情報を盗みだす行為のこと。fishing「釣りあげる」からの造語ですが、f から ph への置換は、phreaking「回線の不正利用、ハッキング」や phony「いんちきの」から連想した、などの説がありますが、定かではありません。

● pharming「ファーミング」

オンラインを悪用した詐欺である phishing「フィッシング」の一種で、偽サイトへ自動的に誘導します。phishing では餌（本物らしく思わせるメール）を送るのに対して、pharming では前もってタネをまいておきます。具体的には、偽サイトへ自動的に行くようなプログラムをユーザーの PC に前もって送り込みます。

● insider jobs「内部協力者の仕業」「内部の犯行」

ホテル、レストラン、バー、販売業者などの従業員の中に個人情報を売るなどの不正を働く者がいた場合、情報の漏洩は防ぎようがありません。

● bin raiding「ゴミ箱あさり」

bin は英国では dustbin「ゴミ箱」で、米語では trash can です。raid

は「侵入する」という意味。bin raiding は、ゴミ箱をあさって、領収証、手紙、メモなどから、捨てた人の個人情報を探り出すという手口です。こうした目的で「ゴミあさりをする人」を bin raider と言います。

● Jackal fraud 「ジャッカルのペテン」
= Day of the Jackal fraud

フレデリック・フォーサイスのベストセラー『ジャッカルの日』に出てくる手口を真似たもので、墓場の墓石の記録から個人情報を探り出します。これをベースにたどっていき、ついには必要な情報を手に入れるのです。

● name-list brokers 「名簿閲覧サービス会社」

● Act on the Protection of Personal Information 「個人情報保護法」

● crank call 「いやがらせ電話」「いたずら電話」
= hoax call

動詞としても、crank call で「いやがらせの電話をする」という意味になります。「いたずら電話」では prank call、hoax call という表現が一般的ですが、crank call とは敵意に満ちた電話を指します。ちなみに「嫌がらせの手紙」は hate mail、crank letter という表現が使われます。

● phone scam 「電話詐欺」

scam には「汚い手口」「詐欺」という意味があります。phone scam には「ワン切り (one-ring phone scam)」や、振り込め詐欺なども含まれます。

➤A 63-year-old woman was swindled out of 2 million yen in **phone scam**. (63歳の女性が電話詐欺[振り込め詐欺]で200万円をだましとられた)

CHAPTER 5
MONEY
最新の経済・ビジネスの動向がわかる表現161

──ビジネス・経済
──マーケティング・広告・マスコミ
──株式・企業買収
──税・年金
──特許
──企業再生
──ロジカルシンキング

ビジネス・経済

● "was" price 「元の値段」「元価格」

割引セール商法で「〜パーセント引き」と業者がうたうときの、引き下げ前の「元の値段」のこと。実はこの「元の値段」設定にさまざまなカラクリがあることを、イギリスの消費者雑誌が摘発しています。元の値段を高く設定できれば、割引率が上がり、大幅に得をしたような錯覚を消費者に与えることができます。

● "now" price 「現在の値段」「現在価格」

前記の"was" priceともに、英国で多く使われます。
▶Make sure the price of the item is clear. If the item is on sale and you have a **"was" price** and a **"now" price**, make sure the **"was" price** is crossed out.（商品価格がはっきりしていることを確認しましょう。割引セールに出されている商品に元の価格と現在価格が表示されている場合は、元の価格に線が引かれていることを確認してください）

● price establishment period 「元値確定期間」

上記割引セールの基本となる元値についての規制で「4週間連続して実際に売った値段」と、イギリスでは法に定めています。この期間の値段をベースにセールの割引率を提示するのですが、業者はさまざまな抜け道を編み出しています。

● masstige 「マスティージ」「値ごろ感のある高級品」

mass（大量）＋ prestige（高級）の合成語で、mass-tigeとも書きます。「（大量販売で）買いやすい値段だが、高級感のあるブランド品」といった意味です。
▶Calvin Klein underwear is **masstige**. Klein rules, but basically everyone can afford it.（カルバン・クラインの下着は手の届きやすい高級品だ。すごく人気があるけど、誰でも買える）
＊rule「抜群だ」「最高だ」

● employee pricing 「従業員向け割引価格」「社員価格」

employee discount「社員割引」も使われます。
米国自動車メーカーのGM、フォードの業績が悪化していますが、「従業員向け割引価格」を一般の購買者にも広げたため、収入が減少したことも原因のひとつに挙げられています。
➤GM's solution, "**employee pricing**" for everyone, gave away the store.（従業員向け割引価格を一般購買者にまで広げたGMの方針は、採算を無視するものだった）
＊give away the store「採算を度外視する」「たたき売る」

● dollar store 「1ドル・ショップ」

dollar shopは外貨規制の厳しい国などで「ドルで買える店」のことですが、dollar storeは日本の100円ショップに相当する、1ドルが基本の廉価ショップ。
➤Do you purchase those super-cheap multivitamins in closeout and **dollar stores**?（閉店セールや1ドル・ショップで売っている超廉価の総合ビタミン剤を買いますか？）

● POS system (point-of-sales system)「POSシステム」「販売時点管理」「販売時点情報管理システム」

point of sales、つまり商品の販売・支払いが発生するその場で、販売データを収集するシステムです。小売業情報化の基礎となります。POSシステムは他システムと連動することにより、クレジット決済、自動発注、在庫管理などの発展性に富んでいます。

● national brand (NB)「ナショナル・ブランド」

全国展開しているブランドのことです。たとえば、松下電器のPanasonicおよびNationalや、ソニーのパソコンVAIOなどです。反対表現は、地域［地方］に限定されたregional brandやlocal brandです。

● international brand (IB)「インターナショナル・ブランド」

世界的に販売されているブランド、世界的に有名なブランドのこと

です。

● private brand (PB)「プライベート・ブランド」

大手の卸売業者や大規模小売業者がメーカーに作らせる独自ブランドを指します。たとえば、ダイエーのセービング、ユニーの e-price などです。

● service name「サービス・ネーム」「サービス名」

他社と区別するために使っているサービスの名称やシンボルなど。ヤマト運輸株式会社の「クロネコヤマト」や au の「家族割」などが、その代表例。
▶The service launched on April 1, 2005, under the **service name** of "DataXpress."(その業務は DataXpress というサービス名で 2005 年 4 月 1 日にスタートした)

● core competence「中核的競争能力」「コア・コンピタンス」

他社に真似のできない、その企業ならではの中核となる能力(技術、サービスなど)を指します。

● category killer「カテゴリーキラー」

小売の業態のひとつで、特定の商品分野(カテゴリー)に限定して豊富な商品をとり揃え、低価格かつ大量に販売します。トイザらス、ヨドバシカメラやビックカメラなどのやり方です。

*

● MOT (management of technology)「技術経営」

技術系企業において、技術がもつ可能性に着目して企業活動に生かしていこうとする考え方です。米国のビジネススクールでは、20 年以上前から専門の講座が開催されていました。日本では経済産業省が中心になり、2002 年から国内の大学で講座が開講されはじめました。

● visionary company「ビジョナリー・カンパニー」

基本理念(ビジョン)を持ち、先見的であり、かつ卓越した業績を

しめす企業のことです。コリンズとポラスの共著『ビジョナリー・カンパニー』（原題：*Build to Last: Successful Habits of Visionary Companies*）で有名になりました。

● **thought leader**「専門分野のリーダー」「先進的リーダー」

衆目の一致する、特定分野の新しいビジョンを示すことのできるリーダー。ビジネス英語表現です。人にも企業にも使われます。
▶What differentiates a **thought leader** from any other knowledgeable company is the recognition from the outside world.（その分野の先進的リーダーたる企業が他のどの知識豊かな企業とも異なっている点は、専門外の世界からも認められているということです）

● **managerial grid**「マネジリアル・グリッド」

リーダーシップのスタイルを表現する方法のひとつです。ブレークとムートンが開発したもので、横軸にはConcern for Task「仕事・業績への関心度」を、縦軸にはConcern for People「人間への関心度」を示し、9×9＝81のスタイルで表現されます。
9·9型をTeam Leaderと呼んで理想型と考えます。9·1型をAuthoritarian「課業管理型」、1·9型を Country Club「カントリー・クラブ型」、1·1型をImpoverished「無気力型」と言います。

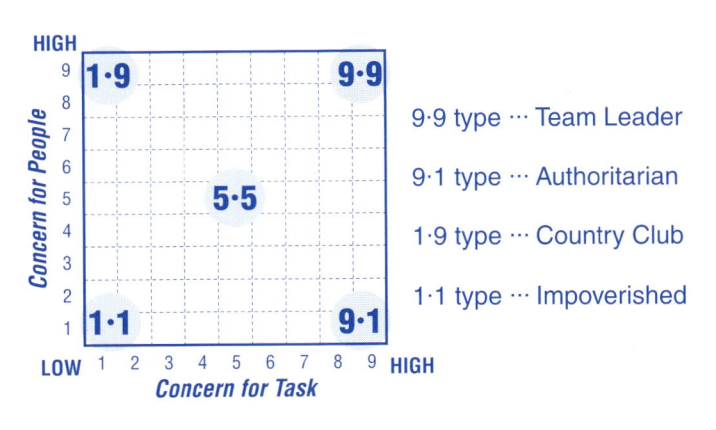

9·9 type … Team Leader

9·1 type … Authoritarian

1·9 type … Country Club

1·1 type … Impoverished

● management by objectives (MBO)「目標管理」

目標を用いて、仕事や部下の活動を管理していこうとする考えです。この考えが紹介された当初は「結果の割りつけによる管理」であり結果重視でしたが、現在では結果のみならずそのプロセスについても評価する方向に変化してきました。成果主義の基本要素です。

➤**MBO** was first outlined by Peter Drucker in 1954 in his book *The Practice of Management*.（目標管理について、1954年にピーター・ドラッカーが彼の著書『現代の経営』で、初めて明らかにした）

● open book management「オープンブック経営」

財務諸表 (Book) などの情報を積極的に公表して、従業員の仕事への自律的な取り組みを図る経営方法です。

● TCO (total cost of ownership)「ティー・シー・オー」

コンピュータなどのシステムを導入する際に、製品価格などの初期費用に限定せず、維持や管理にかかる費用の総額を考慮しようとする考え方です。hidden cost「隠れた費用」を明確に洗い出して、導入後を含む総費用を管理していきます。

● sham accounting「粉飾決算」

● economic value added (EVA)「経済的付加価値」

NOPAT（= net operating profit after tax「税引き後営業利益」）から使用総資本コストを引いて求めます。その企業が作り出した経済価値を表します。EVA は米国の経営コンサルティング会社 Stern Stewart 社の登録商標です。

● corporate social responsibility (CSR)「企業の社会的責任」

企業を取り巻く stakeholder「利害関係者」に配慮した経営を行う企業責任。欧米で始まり、企業と市民社会の関係を問題にした社会運動に起源を見ることができます。

● SRI (socially responsible investment)「社会的責任投資」

企業の社会的責任の遂行に注目して投資の対象を選別する方法のことです。従来の財務分析中心の投資基準にとどまらずに、社会性を考慮した考え方です。

*

● supply chain management (SCM)「サプライチェーン・マネジメント」

原材料・部品の入手から、消費者へ製品を届けるまでのプロセスであるサプライチェーンについて、企業全体で効率的なシステムを構築すること。

● lean manufacturing system「リーン生産システム」

lean「余分な肉がなくて健康な」という言葉が示すように、無駄をなくした効率的な生産システムのことです。
トヨタのJIT「ジャスト・イン・タイム方式、カンバン方式」を詳細に検討したMITのウォマック博士他の著書『リーン生産が世界の自動車産業をこう変える』(原題：*The Machine That Changed the World*)で世に知られるようになりました。
➤A **lean manufacturing system** is one that meets high throughput or service demands with very little inventory.（リーン生産システムは、在庫をほとんど持たずに、高い生産性やサービスの要求を満たす）

● SPH (strokes per hour)「1時間あたりの実績カウント数」

生産現場でこの値を表示するものをSPH管理板と呼んでおり、生産管理の目的で設置されます。
➤The Punchmaster can run at up to 125,000 **sph**.（このパンチマスターは、1時間あたり最大12万5000回パンチできます）

● TQM (total quality management)「ティー・キュー・エム」「総合的(全社的)品質管理」

米国が1980年代に、国際競争力に優れた日本企業の研究をして、

それを基にトップダウンで行う品質管理の仕組みを構築し、TQMと名づけました。

日本では、従来のTQC（Total Quality Control、全社的品質管理）の基本概念や方法論を引き継ぎながら、1996年にTQMという言葉を日本科学技術連盟が採用しました。

● make to stock (MTS)「見込み生産」

需要予測に基づいて製品の生産を行うことです。

● build to order (BTO)「受注加工組立生産」

主に電子機器の組立産業で使われています。顧客からの注文を受けてから、その仕様に沿って最終製品の組立を行う方式です。米デル社のデル・ダイレクト・モデルが有名です。

完成品在庫をまったく持たないので、市場の急激な変化による売れ残りリスクを回避でき、またキャッシュフローから見ても優れた経営方法です。

▶**Build-to-order** means that we don't maintain months of aging and expensive inventory. As a result, we typically provide our customers with the best pricing and latest technology for features they really want.（BTOでは、数ヶ月分の陳腐化する不経済な在庫を持ちません。その結果、一般的に、顧客が望む最新のテクノロジーを最もお買い得な値段で提供します）

● MFY system ("Made for You" system)「メイド・フォー・ユー方式」「オーダーメイド方式」

マクドナルド社は1998年から、顧客の注文を受けてから調理を始める方式を採用しました。メニューにバラエティを持たせることができる反面、混雑時に長い列ができて待たされる割には味に格段の改善は見られないとする声もあがりました。

▶McDonald's new **"Made for You" system**, which has taken five years to prepare, is crucial to its future.（マクドナルドの、注文を受けてから調理するという新システムは、準備に5年かかったが、同社の今後の鍵を握っている）

● **theory of constraints** (TOC)「制約理論」「制約条件の理論」

イスラエルの物理学者、エリヤフ・M・ゴールドラット博士が開発した生産現場でのスケジュール管理用ソフト OPT (Optimized Production Technology) に起源します。彼が書いた産業小説『ザ・ゴール』により、この考え方が世の中に知られるようになりました。

● **outsourcer**「外部の受託作業者」「外注受託業者」

企業が合理化のため、内部で処理していた業務を国内だけではなく、海外にも外注 (outsourcing) するケースが米国でも日本でも相次いでおり、景気が回復しても雇用が伸びない原因のひとつに挙げられています。この外注を受託する企業、業者が outsourcer です。一見、業務を外注する側の企業を指すように思えますが、実際は受託者を指します。

▶In recent years, Western corporations have rushed to India, hiring **outsourcers** to handle their back-office operations, call centers, and software development. (近年、欧米の企業は先を争ってインドに進出し、外部の受託作業者を雇って事務部門、コールセンター、それにソフトウエア開発を進めている)

● **business process outsourcing** (BPO)「ビジネスプロセス・アウトソーシング」「業務の外部委託」

企業が人事・総務・経理などの自社の業務処理 (business process) の一部を、専門業者に委託 (outsourcing) すること。米国のミドルクラスの仕事がインドなどに委託され始めて、高学歴のホワイトカラーにも不安が広がり、社会問題化しつつあります。

● **nearshore outsourcing**「近隣国へのアウトソーシング（業務委託）」

BPO (= business process outsourcing) は3つに分類されます。オンショア (onshore outsourcing) が自国内での業務委託、海外への業務委託はオフショア (offshore outsourcing) です。

海外でも、本国から近い国に業務委託することをニアショア (nearshore outsourcing) と言います。文化的背景が似ており、時差が少ないのが利点です。
日本での nearshore outsourcing は韓国や中国がその対象となります。

*

● **HRM** (human resource management)「人的資源管理」「人材マネジメント」

人事戦略のことで、人材採用、人材配置、人材育成などを含みます。また HCM（human capital management 人的資産管理）という言葉が使われることもあります。

● **internal labor market**「内部労働市場」

企業の構造が変化したときに、ひとつの企業の中に独自の労働市場があるとみなし、配置転換などを用いて企業内で労働力を再配分するやり方です。日本では伝統的にこの方法に頼ってきました。

● **temp to perm**「紹介予定派遣」

派遣社員として一定期間勤務した後、正社員として採用することを前提として実施される労働者の派遣です。temp は temporary の略で派遣社員を、perm は permanent staffing で正社員を指します。

● **non-compete agreement**「『他社の競合部門では働きません』という協定」

役員クラスの引き抜きが日常茶飯事の米国では、他社に引き抜かれた役員にこちらの機密情報をしゃべられたり、同じような製品を作られたりしたら一大事です。そこで、競争相手の会社に移っても、当社の情報は漏らさないし、競合するような仕事には就かないという一札を、辞める役員から取ります。
これが競合的業務の禁止ですが、2005 年、マイクロソフトのリー副社長（中国系）が検索最大手のグーグルに移ったことで、マイクロソフト側がこの条項を持ち出して、グーグルへの転職を認めないようワシントン州地方裁判所に訴えました。裁判所は引き抜かれた

役員の仕事は中国での研究開発で、マイクロソフト時代の仕事とは関係ないと判断しました。

▶A Washington state judge said that a **non-compete agreement** Kai-Fu Lee signed with Microsoft is valid, but recruiting and staffing a Google center in China would not violate that agreement.（カイ・フー・リー副社長がマイクロソフトとのあいだに交わした競合業務の禁止協定は有効だが、中国でグーグルの研究所の研究員やスタッフを募集・採用をするのは協定に抵触しないと、ワシントン州地方裁判所は判断を下した）

● **H1-B visa**「特殊技術者入国ビザ」

米国で外国人が仕事をする場合、ビザの取得が必要ですが、9.11同時多発テロ以降、ビザの取得が年々難しくなっています。

米国企業が悲鳴を上げているのは、コンピュータなど高度の技術開発に欠かせない、海外からの特殊技術者向けに発行されるH1-Bビザの2006年度枠65,000通が、新年度までまだ2ヶ月を残す時点で既に申請が満杯になろうとしていることです。

ビザ枠の拡大を希望している経営者たちは、外国からの特殊技術者にアメリカ人と同じ高給を支払わなければなりませんが、外国人を雇うことに必死だということを一生懸命訴えています。

▶**H1-B visas** are granted to foreigners in specialty professions such as computer programming.（H1-Bビザはコンピュータ・プログラミングのような、専門性の高い技術を持つ外国人に与えられる）

*

● **deposit payoff system**「ペイオフ制度」

金融機関が破綻した場合、預金者を保護するため、預金保険機構から一定額が払い戻される制度。

● **settlement accounts**「決済用預金口座」

日本で金融機関が破綻した場合、ペイオフ制度で保護されるのは1000万円までですが、新たに設けられたこの決済用口座では、利息がつかない代わりに、保障金額の額に制限はありません。金持ち

のための、ペイオフ制度の抜け道と言われています。

● quantitative monetary easing「量的緩和」

● fast-food bank「ファストフード銀行」

個人顧客を対象に、行員による窓口サービスを徹底し、小売店感覚を売り物にした銀行を言います。マクドナルドのように朝早く7時半から夜遅くまで開いており、土日も一部では開業しています。
▶**Fast-food bank** employees are trained to react to needs.（ファストフード銀行の従業員は、いろいろな要望に応えるように研修を積んでいる）

*

● re-bubble「バブルの再来」

1980年代のバブル経済の時代のように、経済の実体を伴わずに景気が拡大し、物の価格が上昇すること。

● soft patch「一時的な景気停滞」

グリーンスパン米国連邦準備制度理事会議長（当時）が、2004年9月の議会証言で、原油価格の上昇などで個人の可処分所得が減り、4～6月期の経済成長が一時的に鈍化した際、当時の経済情勢をこのように表現しました。
大統領選挙の投票を前に、お得意のわかりにくい表現で、政争に巻き込まれるのを回避したと見られています。しかし、2005年も再び原油価格の上昇により景気の停滞が懸念され、この言葉が市場を飛び交いました。景気が一時的に停滞するので、柔らかな手当 (soft patch) を必要とするかもしれないという意味と見られています。
▶Whether the economy is merely hitting a **soft patch**, or is at risk of a more serious pullback.（経済は単に一時的に景気停滞しているだけなのか、あるいはもっと深刻な景気後退の危険性があるのか？）

● juice up the economy「景気をよくする」

juice up は「～を活気づける」という意味です。

▶Some commentators in 1987 thought that Greenspan, in his haste to **juice up the economy**, would not take the necessary steps to squeeze out inflation.（1987年当時、コメンテーターの中には次のように考える者もいた。グリーンスパン氏は、景気をよくしようと急ぐあまり、インフレ抑制に必要な措置をとれないのではないか、と）

● core prices「食料とエネルギーを除いた（米国の）消費者物価指数」

消費者物価指数は全体の物価変動を見る「総合指数」のほかに、価格変動の激しい食料とエネルギーを除いた物価指数 (core prices) が重要な役割を果たします。

▶Higher oil and gasoline costs have not resulted in "notably" higher consumer prices for items other than food and energy, the Fed noted. Such "**core**" **prices** rose 1.6% in the twelve months.（連邦準備制度によると、石油とガソリン価格は上昇したが、そのことは食料とエネルギー以外に消費者物価に「大きな」影響を与えなかった。食料とエネルギーを除いた物価指数は1年間で、1.6パーセント上昇した）

● Gini coefficient「ジニ係数」

Gini's coefficient とも記します。所得分配の不平等さを測る指標で、イタリアの数理統計学者ジニ (Corrado Gini) が1936年に考案したものです。格差が小さいほど0に近くなり、格差が大きいほど1に近い値となります。所得格差が拡大しているかどうかをめぐる議会の論争でもよく登場する言葉です。

● rounding error「丸め誤差」

数字の端数を四捨五入や切り上げ・切り捨てなどで丸めることによって生じる誤差のこと。

▶That may sound like a **rounding error** in a $4 trillion economy.（それは、4兆ドル経済で端数を丸める際に生じた誤差のようだ）

● **havemores**「持てる者」「富める者」

haves「持てる者、富める者」に more が付いたものです。havenots、haven'ts「持たざる者、貧しき者」の対語。同じ発想で反対語 havelesses も見受けられます。

● **Freakonomics**「隠れた真実を見る経済学」

= freak（気まぐれな）＋ economics（経済学）。シカゴ大学の若手経済学者として各方面に人気のあるスティーブン・レビット教授が 2005 年 5 月に出版した本の書名です（邦題『ヤバい経済学─悪ガキ教授が世の裏側を探検する』）。

シカゴ大学はノーベル賞受賞者 5 人が現役の教授を務めているほか、受賞者 18 人がかつて学部、大学院、教職のいずれかに在籍したという「ノーベル賞の園」です。

レビット教授は 37 歳の若さで正教授の地位を獲得し、ノーベル賞に最も近いと言われ、40 歳以下の経済学者に与えられるジョン・ベイツ・クラーク賞を受賞しています。

教授は、少年のような好奇心で「あらゆる現象の隠れた面を『いたずらっ子』な経済学者が探求して、思いもかけない結果を発見した」と自らその内容を紹介しています。ニューヨーク・ヤンキースも彼の助言を求めているそうです。

＊

● **by-bidder**「競争入札者」「サクラの競売人」「空競り人」

by-bidder とは A person who bids at an auction to raise prices for the owner「競売でオーナーのために価格をせり上げる役目の人物」で、要するに「サクラの競売人」「空競り人」「偽競売人」といったところです。

➤He selected a "**by-bidder**" to create the illusion of real bidding even though he had already designated the winner.（彼は既に落札者を指名していたにもかかわらず、本当に入札が行われているかのように装うために「競争入札者」まで選定していた）

● latent defect 「隠れた瑕疵」

latent は「潜在的な、隠れた」、defect は「欠陥、瑕疵」の意。住宅などの欠陥についてよく用いられる法律用語です。

● patent defect 「明白な瑕疵」

patent は「特許 (の)」の意味でよく使いますが、ここでは「明白な」という意味です。

● pastorpreneur 「牧師企業家」

= pastor (牧師) + entrepreneur (起業家)。米国イリノイ州のウィロウ・クリーク (Willow Creek) 教会のように、銀行・薬局・自動車修理工場などを有し、企業経営のようなことを始めるところが現れています。

▶These **pastorpreneurs** are committed not just to applying good management techniques to their own organizations but also to spreading them to others. (これら牧師企業家たちは、有能な経営術を自身の組織に適用するだけでなく、他の組織へも広めている)

● aquafarmer 「魚介類養殖業者」

接頭語 aqua「水」と farmer「農場経営者」の合成語。

▶The **aquafarmers** are so efficient and competitive that the U.S. Congress has slapped anti-dumping duties on Vietnamese shrimp. ([エビ] 養殖業者は非常に効率的で競争力があるので、米国議会はベトナム産養殖エビに反ダンピング税をかけている)

● Euro-creep 「EUの域外でユーロの使用が増えること」

creep の原意は「忍び寄る」こと。徐々にユーロの勢力が増えることを示しています。

● ACU (Asian Currency Unit) 「アジア通貨単位」「アキュ」

欧州共通通貨 Euro「ユーロ」が導入される前に使われていた欧州通

5. MONEY

貨単位 ECU (= European Currency Unit)「エキュ」のアジア版です。アジア開発銀行による、アジア通貨の過重平均値を算出した「アジア通貨単位」構想。欧州通貨統合に次ぐ、将来のアジア通貨統合もにらんだ動きとして注目されます。

▶The Asian Development Bank plans to begin publicizing the **Asian currency unit** (**ACU**), a notional unit of exchange on a "basket," or the weighted average of the values of currencies used in 13 Asian countries.（アジア開発銀行は、アジア 13 か国の通貨価値を加重平均で組み込む、いわゆる通貨バスケット方式で算出する「アジア通貨単位」(ACU) 構想の公表を計画している）

● **Thaksinomics**「タクシン流経済政策」

= Thaksin + economics。実業家からタイ首相になったタクシン・シナワット (Thaksin Shinawatra) 氏は、2006 年 9 月、軍のクーデターにより政権の座を追われました。それまでの積極的な経済政策は Thaksinomics「タクシン流経済政策」と言われました。

▶Now, Thailand has a chance to reach its true potential, out of the shadow of **Thaksinomics**.（今や、タイは「タクシン流経済政策」の影響から脱し、真の潜在能力を開示できる好機を迎えた）

マーケティング・広告・マスコミ

● **long tail**「ロングテール」

インターネットの特性を生かしたマーケット理論。小さなニッチ市場が集まれば、マス市場を脅かす存在になりうるという考え方。これをグラフで示すと、ニッチ市場が「長い尾」のようになるところからこのように称されます。

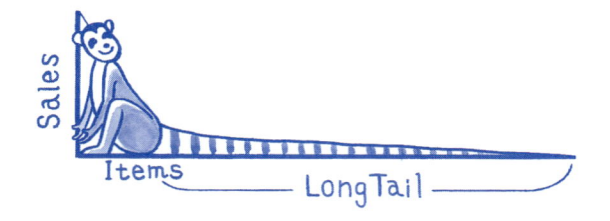

● customer relationship management (CRM)「顧客関係性管理」

顧客中心の事業モデルを指すマーケティング用語。顧客と企業との関係を強化するための仕組みのことで、顧客との関係作りを、顧客と直接接する営業部門に留まらず、企業レベルで目指す活動を指します。

● RFM analysis「アール・エフ・エム分析」「RFM分析」

マーケティングで、顧客の購買行動を分析して、優良顧客を見つけ出す顧客分析方法です。R/F/Mの観点から顧客を分析します。
- recency「顧客が最後に商品を購入した日」
- frequency「顧客がどの程度頻繁に購入してくれたか」
- monetary「顧客の購買金額」

これらの指標をもとに顧客のランキングを作成します。いちばん良い顧客は「つい最近、何度も、たくさん購入する顧客」です。

● frequent shoppers program (FSP)「フリークエント・ショッパーズ・プログラム」「優良顧客囲い込みプログラム」

顧客の囲い込みをねらうもので、ポイントカードを発行します。顧客の購買履歴を把握し、顧客をRFM分析によって選別し、セグメント別にサービスや特典を差別化しながら提供します。これによって、効率よく優良顧客を維持しようとします。
ルーツは航空会社のFrequent Flyers Program (FFP)「マイレージ・プログラム」とされています。

● innovator [意味の追加]「イノベーター」「革新的採用者」

マーケティング用語で、新製品が発表されたときに最も早く採用する先進的な購買者層のことです。イノベーターに続くのがearly adopter「初期少数採用者」です。

● Lifetime Value (LTV)「顧客生涯価値」

ひとりの顧客が生涯にわたって企業にもたらす利益(取引価値)の総額を指します。顧客ロイヤルティの高い(固定客の多い)企業ほ

ど収益性が良く、ロイヤルティの高い顧客は時間が経つにつれてさらに大きな利益をもたらす、と考えます。

新規顧客の獲得よりも既存顧客の維持のほうが大切と考えるワン・トゥ・ワン・マーケティングの基礎となっています。新規顧客を獲得するには、既存顧客を維持していくのに比べて5倍のコストがかかるという調査結果が報告されています。

● **One to One Marketing** 「ワン・トゥ・ワン・マーケティング」

個々の消費者の嗜好やニーズに的確に対応して、個別になされるマーケティング活動のことです。

● **"me" business** 「ミー・ビジネス」

「人とはちがった、私だけのものを持ちたい」「私のためだけのサービスを受けたい」というのが究極の消費者心理です。me(自分)中心の時代と言われる今、企業もそこに焦点を当てています。携帯を好きな色にして好きな着メロ・着うたにできたり、ハンドバッグに自分の写真を貼り付けたり、DVDに自分の写真やビデオを組み入れたり、といったサービスがその一例です。

▶More than marketing, though, the **"me" business** is an outgrowth of advances in manufacturing technology that have turned the traditional economies of scale on their ear. (ミー・ビジネスはしかし、市場開拓の面からというより、生産技術が進歩したからこそ生まれたものであり、[生産技術の進歩は]従来の「規模の経済性」を大きく変化させている)

＊economy of scale「規模の経済性(生産規模の増大につれて平均コストが減少する結果、利益率が高まる傾向)」

＊turn ～ on *one's* ear「～を一変させる」「～を(ひっくり返るほど)混乱させる」

● **WAF** (wife acceptance factor) 「ワフ」

家電の購買において、家計を管理している妻が見てOKを出すような条件のことを言います。

▶The display must meet a **WAF**, **wife acceptance factor**, which is based not only on price but also design and functionality.（モニターは、価格だけでなくデザインや機能など、奥様方の要求を充たすものでなくてはならない）

● KAGOY「子どもの成長が早くなっている」

Kids are getting older (at a) younger (age). の頭文字をとったもの。新聞記事などを中心に使われ始めた新しい言葉です。子どもがポップカルチャーに興味を示したり、もっと年上の子どもをターゲットとした商品を欲しがることを基にした販売コンセプトです。
➤The **KAGOY** factor, in part, refers to the increased buying power and influence over purchase decisions that children now have.（子どもの成長が早くなっていることを基とした販売コンセプトの要因としては、いまの子どもの購買力が増したことや、何を買うかを決めるにあたって子どもの影響力が増したことなどがあります）

● permission marketing「パーミッション・マーケティング」

前もって電話などでパーミッション（承諾）を得た顧客だけを対象にして、情報提供、勧誘、販売促進などの活動を行うマーケティングの考え方です。
従来の不特定多数に断りなく一方的にメッセージを送りつけるマーケティング活動（interruption marketing「土足マーケティング」）に比べると、パーミッション・マーケティングのほうが費用対効果は高いと考えます。

● voice of customer (VOC)「ヴィー・オー・シー」「顧客の声」

マーケティング用語で、顧客の声を記録し、データとして活用する仕組みのことです。

● guerrilla marketing「ゲリラ・マーケティング」

米国人コンサルタント、ジェイ・レビンソンが提唱したマーケティング手法です。
経営資源の乏しい小企業に適しており、少額の予算で効果的に商品やサービスを宣伝することを狙います。マインドシェア（顧客の心

のなかでのシェア）を得ることを主体に考えます。大企業もその効果に着目しており、アメリカのホンダは2005年9月から売り出した新シビックの宣伝に採用しました。

▶The concert, one of a half-dozen similar events planned this fall, is part of **guerrilla marketing** campaign to build buzz.（演奏会は、この秋に計画されている同様の6回のイベントのうちのひとつで、話題作りのためのゲリラ・マーケティングの一部である）
＊ build buzz「ブームを作る、はやらせる」

● **marketing mix**「マーケティング・ミックス」

マーケティング用語で、マーケティング活動をするときに用いる構成要素のことです。代表的なものにマッカーシーの「4P」があります。
・product「製品」
・price「価格」
・place「販売経路」
・promotion「販売促進」
これらの要素を組み合わせて、マーケティングの戦略を構築します。

● **4C**「フォーシー」「ヨンシー」

マーケティングの新しい考え方で、顧客の視点からのマーケティング・ミックスです。買い手の立場からみた4Cによりマーケティング政策を構築します。
・customer value「顧客価値」
・cost「コスト」
・communication「コミュニケーション」
・convenience「利便性」

● **SWOT analysis**「スウォット分析」「SWOT分析」

企業の内外の経営環境を分析する手法で、経営戦略やマーケティング戦略を策定する際によく使われます。
・strength「強み」
・weakness「弱み」
・opportunity「機会」

- threat「脅威」

● positioning「ポジショニング」

マーケティング用語で、自社の製品を競合製品との関連で、どのように位置づけるかを明確にしていくことです。

● segmentation「セグメンテーション」「分割分類」

マーケティング用語で、市場をある基準に従って、同質としてみなせる小集団に細分化することです。

● vertical marketing system (VMS)「垂直的マーケティング・システム」

生産から卸売、小売までの各段階が統合された流通システムのことです。従来からの生産者、卸売業者、小売業者、消費者のそれぞれが独立して機能する伝統的流通経路 (conventional distribution channel, CDC) と異なり、VMSでは少なくともふたつ以上の段階が結びつきます。

*

● POP (point of purchase)「ポップ（広告）」「ポイント・オブ・パーチェス」「購買時点広告」

売場で商品を宣伝する広告物のことです。衝動買いを誘起するもので、消費者に対して商品の陳列場所を目立たせると同時に、商品の魅力を伝えます。「ポップ」を第二の販売員と呼ぶことがあります。

● stealth ad「広告と気づかない広告」

stealth は「秘密の」という意味。企業名や商品名などがそれとなく画面に現れるなど、気づかないうちに視聴させられてしまう広告です。

● product placement「プロダクト・プレイスメント」

マスメディアの記事や番組、映画作品などに、それとなく特定の商品やブランドなどを織り込んで、視聴者への宣伝効果を狙う手法。好意で行われるものもあれば、有料で実施されるものもあるようで

す。米国ではかなり以前から行われていて、約束と実行のずれをめぐって訴訟沙汰になった例もあります。product placing とも言います。

● mass exposure ［意味の追加］「大量露出（おびただしい数の視聴者に情報や広告を見せること）」

mass exposure はニュースなどでは「集団被曝（有毒ガスやウイルスなどに集団でさらされること）」も指します。
➤A risk of such **mass exposure**—beyond paying $80,000 per second for the Super Bowl or $57,000 for the Oscar—is making a flop on a really big stage.（こうしたおびただしい数の視聴者に広告を見せることの危険性といえば、スーパーボウル［のCM］のために1秒当たり8万ドル、オスカーのために5万7000ドルも支払うということ以上に、大きな舞台で大失敗をすることである）

● poster child「（宣伝用ポスターなどの）イメージキャラクター」

ポスターなどの、シンボルや「顔」という意味です。
・unofficial poster child against big government overspending（政府の大盤振る舞いに対抗する非公式な「顔」）

● virtual ad「バーチャル広告」

米大リーグの野球中継や大学のアメフトのTV中継などで、実際はありもしないところに広告物が掲出されているかのような画像をデジタル的に挿入して広告する手法。スポンサーの求めに応じて、競技場の広告物や街角の屋外広告物などの映像が画面に組み込まれて放送されます。現実にはそのようなものはなく、実物と異なる映像になります。PVI社などが得意としている広告手法です。

● SEM (ad) (Search Engine Marketing (ad))「検索結果連動型マーケティング（広告）」「SEM広告」

インターネットの検索結果のページに自社のサイトへ呼び込むための広告リンクを貼ります。たとえば、「自動車」という言葉やその中の特定の車種とか、「乗馬」というようなカギとなる検索語で引

いた検索結果のページに、自動車会社のような製造業や乗馬クラブのようなサービス業のスポンサーのサイトの案内を表示し、顧客を誘導するわけです。掲載順位は広告費をいちばん多く出したところから順に表示される競り合いの仕組みです。

日本のインターネット広告費は、他のマスメディア広告がほぼ横ばいだった中で、2004年は5割近く伸びましたが、それはこのSEM広告などのような新しい工夫のために、スポンサーの投下費用が増えたからだと言われています。2005年にもさらに前年を上回る伸びを示し、そのうちSEMは2割を占めて、重要な広告手段として定着しました。

● affiliated relationship「(書籍などの)売上高比例報酬制度」「アフィリエート制度」

書籍販売のほか、インターネット広告で、スポンサー・サイトのクリック数や売り上げに応じて広告費を支払う成果報酬型広告費支払契約を結ぶこともaffiliateと言います。

● unique user「ユニーク・ユーザー(重複して数えない視聴者総数)」

重複視聴者は何回視聴しても1人としか数えないで計算した総視聴者数。インターネットの画面の効果を判断する指標のひとつとしても使われます。

● naming right「命名権」

競技場やチームやイベントに、企業などスポンサーの名前をつける権利です。日本の例をみると、西武ドームがインボイス西武ドームに、横浜国際総合競技場が日産スタジアムとなりました。
▶The company bought both facility and team **naming rights**.
(その会社は競技施設とチームの両方の命名権を買った)

● inspimercial「霊感宣伝」

= inspirational (霊感を与える、霊感の) + commercial。日本で以前はやった「霊感商法」とは違って、こちらは極めて真面目なもの。すなわち、教会、宗教団体などが宗教への関心をより深めてもらお

うと、コマーシャルを流したり、CDやDVDなどを販売したりすることです。inspirational ad とも言います。

● **bogo** (buy one get one)「1つ買えば1つおまけ」

すべて大文字でBOGOと書くこともあります。
▶**Bogo** advertisement is a commonly used promotion.（1つ買えば1つおまけの広告は、おなじみの販売促進策だ）

● **false advertisement**「虚偽広告」

● **endorse** [意味の追加]「CMに出る」

endorseの原義は「（手形などに）裏書きする」「保証する」。
▶That athletic hero **endorses** espresso coffee.（あのスポーツ界のヒーローは、エスプレッソコーヒーのコマーシャルに出ている）

● **AAAA** (American Association of Advertising Agencies)「米国広告代理業協会」

AAAAと略されるものはほかにアメリカ芸能人協会 (Associated Actors and Artists of America) や、アマチュア運動競技協会 (Amateur Athletic Associations of America) があります。

＊

● **freebie biz**「タブロイド判の無料新聞」

欧米では、一般の新聞は広告収入が伸び悩んでいるので、自動車など特定分野の広告に依存した無料のタブロイド判の新聞を配りだしました。freebieは「ただで配っているもの」「無料の配布物」で、よく無料サンプル（試供品）や景品などを指して言います。

● **headline grabber** [意味の追加]「メディアに華やかに取り上げられそうな話題」

ある辞書には「新聞の見出しを書く人」「立役者」の訳語が記載されています。以下の例では、「見出しになるような事項」という意味で使用されているようです。
▶These loophole-ridden proposals sound good at news

conferences but don't even carry an enforcement mechanism. Look at these **headline grabbers** under a magnifying glass. (これら抜け穴だらけの法案は、記者発表の席では聞こえがいいけれども、施行の仕組みさえ伴っていない。こうしたメディア受けを狙ったものは、拡大鏡で詳しく調べてみよう)

＊ loophole-ridden「抜け穴だらけの」「抜け穴の多い」

● **media frenzy**「マスコミの熱狂ぶり」

frenzyには「熱狂」「逆上」という意味があります。
▶Katie Holmes has caused **media frenzy** over her engagement to Tom Cruise. (ケイティ・ホームズがトム・クルーズとの婚約でマスコミを熱狂させている)

● **media circus**「(ドタバタの) 報道合戦」「メディアを巻き込んでのドタバタ」

マイケル・ジャクソンの裁判に関する報道はまさにこれに当たるでしょう。日本では、ライブドア問題をめぐって大騒ぎを繰り広げた報道合戦などは、まさにmedia circusでしょう。
▶There is no one the **media circus** loves more than Michael Jackson. (報道合戦の一番のターゲットはマイケル・ジャクソンだ)

● **media hype**「大げさ報道」「過剰 (誇大) 宣伝」

▶Most cattlemen have become hardened to continued **media hype** over BSE. (牧畜業者のほとんどが、相次ぐ大げさなBSE報道を何とも思わなくなっている)

＊ hardened「無情な」「冷淡な」

● **media-driven**「メディアにあやつられている」「メディア主導の」

▶In Japan, identity is more **media-driven** than in any other country. (日本ほど、個性というものがメディアに左右されやすい国はない)

● **media literacy**「メディアリテラシー」

マスコミ報道に過度に踊らされず、自分の判断力を保持する能力。

● **leak-free** ［意味の追加］「リーク・フリーの」「情報がもれない」

leak-free とは、もともと水もれ・ガスもれ・液もれなどしない、という意味です。leak-free piping system といえば「水もれしない配管システム」ということですね（ちなみに、leak-free がある一定条件下で試験済みの場合には、leak-proof という言葉も使われることがあります）。

leak は、アメリカのメディア用語では、news leak の意味で使われています。これは、政府機関などがニュースを意図的にもらすことを言い、情報操作の一環でもあります。日本のマスメディア関係者にも使われている用語です。日本語で言う「リークする」の leak です。

政治について leak-free と言えば「情報がもれない」あるいは「情報がもれても影響がなくゆるがない」ということになるでしょう。マスメディアなどへの内部告発にゆるがない米国ブッシュ政権は、メディア操作が巧妙で、内部告発にゆさぶられないリーク・フリー政権 (leak-free administration) だと自ら誇っているようです。

株式・企業買収

● **advancer** ［意味の追加］「値上がり株」
　＝ advancing issue

一方、decliner ＝ declining issue と言えば「値下がり株」です。
▶When you look at the complexion, the volume, the **advancers** versus decliners, it is a positive day, but it's not a runaway day.（値上がり株と値下がり株の動きや出来高の比を見ると、上り調子の日ではあったが、一本調子の上昇の日ではない）

● **fixed stock**「安定株」

● floating stock「浮動株」

● short selling「空売り」

保有していない株を売却して、値が下落したら買い戻して、差額をもうけることを狙う行為です。
►**Short selling** of stocks is also restricted in many Asian markets, which typically have lots of illiquid small stocks that can easily be manipulated.（通常、簡単に操作できる非流動的な小型株を多く扱っている多くのアジアの市場では、株の空売りは制限されている）

● value investing「バリュー投資」

割安株投資とも呼ばれ、本来の価値より安く取引されている銘柄を探して投資する方法のことです。

● listed issue「上場銘柄」

株式を公開し、証券取引所で売買されている会社の株式。

● initial public offering (IPO)「新規株式公開」

未公開会社の株式を、株式市場で自由に売買できる状態にすることです。不特定多数の投資家に対しての disclosure「情報開示」が義務づけられます。

● specialist [意味の追加]「(ニューヨーク証券取引所の)値付け業者」

本来は特定分野の専門家を意味しますが、ニューヨーク証券取引所では、スペシャリストと呼ばれる取引業者が売買を仲介して値段をつける独特の制度が、先進国の証券市場で唯一維持されています。しかし、不正行為による逮捕者も出しています。
►Trades in the stocks may be made only through the **specialists**, which is why their role is so critical.（株式の売買は、専門家を通じてのみ可能なので、彼らの役割は決定的に重要である）

● **stop high [low]**「ストップ高［安］」

取引所では、一日の値動きの幅を前日の終値または最終気配値段などを基準にして、価格の水準に応じて一定に制限しています。この制限値段を「ストップ値段」と言い、そこまで価格が上がることを「ストップ高」、下がることを「ストップ安」と言います。

● **employee stock ownership plan** (ESOP)「従業員持株制度」「エソップ」

● **nomad**「指定顧問」

nomadは、nominated adviserの略語で、株式投資について助言する人のことです（「遊牧民」という意味のnomadとは別語源の新語）。

➤AIM immediately unveiled a plan to invade the Continent with a network of nominated advisers, "**nomads**," to bring companies to market and to develop new investors.（AIMは、指定顧問のネットワークを使って欧州大陸に進出し、市場に会社を引っぱってきて新しい投資家を開拓するとの計画を即座に発表した）

＊AIM＝Alternative Investment Market「代替投資市場」イギリスのベンチャー企業向けの投資市場。

● **in the greenshoe**「グリーンシュー条項にもとづいて」

グリーンシュー条項とは、一定の条件を満たすと一定率の割合の株式の追加発行、購入のオプションを認める米国の法律です。

➤He e-mailed investors who had agreed to sell shares **in the greenshoe**.（グリーンシュー条項にもとづいて株式を売ることに同意してくれた投資家に、彼は電子メールを送信した）

● **T-Bill** (Treasury bill)「財務省短期証券」「ティービル」

T-Billは1年以下の短期債券、treasury bondは10年以上の長期債券です。

● **stockholders meeting**「株主総会」

● **shareholders special benefit plan**「株主優待」

長期保有と株主・株価の安定をはかるなどの目的で、株主に特定の製品、サービスまたはその割引制度などを供与する特典。

● **proxy fight**「委任状争奪戦」

株主総会の議決で多数派となるために浮動株主の委任状を集めて互いにしのぎをけずること。

*

● **takeover bid** (TOB)「株式公開買付け」

企業の支配権取得を目的として株式を買う場合に、期間や価格、目標株数などを公表し、取引所外で不特定多数の株主から取得する証券取引法に定められた制度。
▶Air Canada launched a **takeover bid** for rival Canadian Airlines International.(エア・カナダはライバルのCAIの株式公開買い付けに踏み切った)

● **premium** [意味の追加]「上乗せ価格」
　＝ M&A premium ＝ takeover premium

M&A「企業の合併および買収」を実行することは、経営支配権が移動することです。欧米では、支配権に3割程度のプレミアムをつけるのが普通ですが、日本では対等合併を好み、支配者を明確にするプレミアムをゼロにすることが多くありました。
三菱東京フィナンシャル・グループがUFJホールディングスと合併する際に、買い手(三菱東京)が売り手(UFJ)の株主に30パーセント近いプレミアムを払うことにしましたが、日本では珍しいことです。

● **leveraged buyout** (LBO)「買収対象企業を担保にした買収」

買収者が買収しようとする企業を担保として買収資金を第三者から借り入れ、その資金によって買収対象企業を手中に収めること。

5. MONEY

leveraged は「てこの作用による」の意味で、小さな力で大きな仕事をすることができるてこの作用になぞらえ、自己資金が少なくても金融支援を受けることによって、企業を買収することを言います。

● due diligence「デュー・ディリジェンス」

企業の資産価値などを適正に査定したり評価したりする業務。例えば M&A を行う際には、基本合意が交わされた後、デュー・ディリジェンスを実施します。具体的には秘密保持契約を結び、合併や買収される会社の社内資料の閲覧・分析を行い、また関係者へのインタビューなども行います。

➤Performing **due diligence** on hedge funds or any investment is not a one-time event one undertakes prior to making an allocation.（ヘッジファンドやその他の投資についてデュー・ディリジェンスを実行することは、投資先を決定する前に一度だけ行えばよいというものではない）

● EBO (employee buyout)「イー・ビー・オー」

従業員が、資金を調達して自社の会社そのものや部門を買い取って、経営権を取得することです。アメリカの航空会社 UAL で 1993 年に最初に行われました。

● MBO (management buyout)「エム・ビー・オー」

経営者や幹部社員が、資金を調達して自社の会社そのものや部門を買い取って、経営権を取得することです。

● crown jewels ［意味の追加］「企業の花形部門」「高採算部門」「有望な花形部門」

ライブドアによるニッポン放送の買収劇で、ポニーキャニオンなどに関連してよく引用された言葉です。王冠の一番大切な宝石を抜き取って冠だけ渡すたとえで、被買収企業が防衛作戦として処分してしまう優良子会社や資産を指して使われます。
その作戦を「焦土作戦＝ scorched earth policy [strategy]」と訳した報道が見られましたが、占領軍に利用されないように退却前にすべてを焼き尽くす作戦にたとえたものです。

● **spreading false information**「風説の流布」

● **Tokyo Stop Exchange**「東京ストップ取引所」（東京が売買停止）

2006年1月18日、ライブドア騒動のあおりをうけてIT銘柄を中心に売り注文が殺到し、処理し切れなくなったTokyo Stock Exchange「東京証券取引所」は、全銘柄を売買停止にするという過去に例のない緊急措置に追い込まれました。この事態を、『フィナンシャル・タイムズ』が皮肉たっぷりに表現したのがこれです。Stock ExchangeとStop Exchangeを見事にかけています。

税・年金

● **income tax benefits**「所得税控除」

● **inheritance tax benefits**「相続税控除」

● **AMT** (Alternative Minimum Tax)「代替ミニマム税」「選択的最少額税」

米国で論議の的となっている税制のひとつ。高額所得者が税制上の優遇措置を利用して納税額を低く抑えすぎたため、最小限の税率を定めた制度で、1979年に制定されました。
米国では、普通の税金 (Regular Tax) とこのAMTの2種類の方法で税金を計算し、額の大きい方を払うことになっています。本来は富裕層を対象にしたものでしたが、所得水準の上昇により中間所得層も対象に入ってくるようになって問題となり、その是正が論議されています。

● **ITIN** (Individual Taxpayer Identification Number)「個人納税者識別番号」

米国内で1千万人を超すと言われる不法入国者も、合法的入国者と実質的に同じような経済的便宜を得られる方法があり、銀行をはじ

め各種の金融機関が口座を開設し、携帯電話の番号取得が可能になったりするようです。

今まで地下経済として不法な取引を強いられていた不法入国者が、表だった市場経済に組み入れられ、それが地域経済の活性化、人口の増加につながっているようです。合法的な不法入国者になるためには、本国政府（主としてメキシコ政府）の在米公館が発行する身分証明カード (Matricula consular) を入手し、次いで米国税庁に米国人と同様の個人納税者識別番号を申請し、それが受け付けられると、住宅ローンの融資も受けられるようになります。

不法就労から得た収入に課税するというのはすっきりしませんが、現実の金の動きの方が強いようです。米国内には、移民帰化局を経由しない外国領事館の身分証明書発行には強い反対があります。

例文のように、taxpayer が tax になっている例も見かけます。

►Next, they apply to the Internal Revenue Service for **individual tax identification numbers** (**ITIN**), allowing them to pay taxes like any U.S. citizen and thereby to eventually get a home mortgage.（それから、彼らは米国税庁に個人納税者識別番号を申請し、認められたら米国市民と同じく諸税を支払い、最終的には住宅ローンを組めるようになる）

● **private accounts**「(社会保障の) 個人勘定」

米国の公的年金は Social Security「社会保障」と呼ばれていますが、将来の行き詰まりが予想されるため、ブッシュ大統領は公的年金のなかに個人勘定を創設してこれを乗り切ろうとしています。たとえば大統領経済報告などの政府関係の文書では、personal retirement accounts「個人退職勘定」が使われています。

►The report comes as Bush and his allies continue a campaign-style effort to sell the White House's call to let workers divert a chunk of their payroll taxes into **private accounts**.（この報告は、ブッシュ大統領とその協力者が、労働者の給与税［日本の年金保険料に相当する］の大半を個人勘定に移すよう選挙運動さながらの呼びかけを展開しているときに公表された）

● tax on air(line) tickets「航空機チケット税」

airline ticket tax とも言います。絶望的な貧困にあえいでいるアフリカ南部をはじめとした世界の貧困を 2015 年までに半減させる Millennium Development Goals「ミレニアム開発目標」の資金を捻出する方策として、フランスはシラク大統領が提案した航空機のチケットに課税する案を、EU 等の国際会議で採用するよう働きかけています。フランスについては、2006 年 7 月より実施になっています。

▶France stepped up its campaign for an international **tax on airline tickets** to finance development aid.（フランスは、貧困追放の開発計画のための資金として、航空機のチケットに国際的に課税する案のキャンペーンを強化した）

● TABOR (Taxpayer's Bill of Rights)「納税者権利擁護法」

税収の伸びを抑制して小さな政府を目指す点で全米一厳しいと言われるコロラド州の州法のひとつ。年間物価上昇率と人口上昇率を基にして定める一定の率以下に税収と手数料収入の伸びを抑え、それを超えた分は納税者に還付すると定めています。

不況になると次年度の州政府歳入は減少します。同州では、この法律の効力を 5 年間停止させることの是非をめぐって住民投票を行う予定ですが、その結果は他州にも影響を及ぼすと見られています。

▶Colorado voters will decide on two measures that would suspend **TABOR** for five years.（コロラドの有権者は、納税者権利擁護法の施行を 5 年間停止することになる 2 つの法案の是非について投票を行う予定）

● deadbeat diplomat「(払うべきものを払わない) 踏み倒し外交官」

ワシントンやニューヨークでは、外交特権を傘に着て、駐車違反の反則金や固定資産税を払わない deadbeat diplomat「踏み倒し外交官」が横行しています。

そこで、米国から援助を受けている国に対しては、不払い額を援助額から差し引くという法案が採決されることになりました。ニュー

ヨーク市では外交官による駐車違反の反則金が2,100万ドルも取り立て不能となっており、もっとも額が多いのは援助額が2番目に多いエジプトだそうです。

➤New York City is owed millions of dollars from foreign consulates and embassies because of "**deadbeat diplomats**" who have unpaid parking tickets and owe property taxes. (ニューヨーク市は駐車違反罰金や固定資産税を支払わない「踏み倒し外交官」のおかげで、領事館や大使館による何百万ドル何千万ドルレベルの滞納金を抱えている)

特 許

● first to invent system「先発明主義」

先に発明したことを証明できれば、出願の順位にかかわらず、先に発明した方が有利になる特許制度。米国は先発明主義をベースとした特許制度です。しかし最近、世界の趨勢にならって先願主義にするべきだという動きも出てきています。

● first (to) file system「先願主義」

先に出願手続きをした方が優先される特許制度。日本をはじめ、ほとんどの国の特許制度はこの考え方の仕組みになっています。

● senior party「先願者」

● service invention「職務発明」

組織で働いているときに業務として行った発明。その対価をめぐって裁判が繰り広げられています。

● reduction to practice「実施(化)」

the embodiment of the concept of an invention「発明のアイデアを現実に物として作り上げたり、工程を実行に移したりすること」で、米国特許法の概念。

● **prior art**「先行技術」「公知技術」

従来からあった技術のこと。特許出願以前に、すでに利用されていたか、公開されていた技術。

● **small entity (status)**「小規模権利（者の地位）」

米国の中小企業特許出願優遇措置を受ける資格。

● **forum shopping**「法廷あさり」

自分に有利と考えられる裁判所を探して、そこで裁判を起こそうとすること。forum は「裁判所」という意味です。

企業再生

● **court-led rehabilitation**「再生法」
= court-mandated rehabilitation

▶The institution will be the first university to apply for court-led rehabilitation due to a student shortage.（大学が、学生の定員割れが原因で再生法の適用を申請するのは初めてである）

● **turnaround management business**「企業再生支援事業」

● **turnaround professionals**「企業再生の専門家（集団）」

turnaround specialists とも言います。多くは、このように複数形で使います。

● **Certified Turnaround Professional** (CTP)「公認事業再生士」

米国で設立された NPO 法人 TMA（= Turnaround Management Association「事業再生士協会」）が認定する資格。日本でも同様の資格を導入する動きがあります。

● **turnaround management company**「企業再生会社」

不振企業の不要部門や不良資産を整理し、競争力のある企業に再生させることを専門とする会社。銀行が新会社を設置し、自行の問題債権や不良債権を移し替えるケースが広がっています。

● **loan claims classified as "requiring special management"**「要管理先債権」

回収に注意が必要な債権という意味です。

● **the IRCJ** (the Industrial Revitalization Corporation of Japan)「産業再生機構」

日本の企業再生、事業再生の支援を目的とした会社。

ロジカルシンキング

● **MECE** (mutually exclusive, collectively exhaustive)「ミーシー」「ミッシー」

ロジカル・シンキングで使われる用語です。「モレなく (collectively exhaustive)、ダブリなく (mutually exclusive)」物事を分類することを意味します。
▶The **MECE** concept is an underlying principle which many business people miss.（ミッシーのコンセプトは、多くのビジネスマンが見逃してしまう基本的な原則だ）

● **framework thinking**「フレームワーク思考」

framework（枠組み）を使ってモレなく思考することです。あるテーマについて、MECE「モレなくダブリなく」かつ論理的に進めていくためのツールです。しかし、型破りな発想はここからは出てこないかもしれません。
▶The alternatives locked in the **framework thinking** might be very limited.（フレームワーク思考にこだわった代案は、非常に限

定されたものかもしれない）

● zero base thinking「ゼロベース思考」

過去の成功体験や今までの常識・既成概念を一度完全に忘れ去って、考える枠を大きく自由に広げて、まったく新しい考え方をすることです。
この概念は元米国大統領ジミー・カーター (Jimmy Carter) が唱えた zero base budgeting（ZBB「ゼロベース予算」）からきています。国家予算を立てる際に過去の数字、特に前年の数字をもとに足したり引いたりして数字を作ることが今でも普通に行われますが、ZBBでは本来いくら必要なのかを積み上げていきます。

● multiple option thinking「オプション思考」

解決策を考える際に、できるだけ多くの option「代替案、選択肢」を考えようとする考えです。考えついたたくさんのオプションのなかから最終的に、ひとつないしごく少数の案にしぼります。同じようなことばに、alternative thinking がありますが、心理学・教育の分野で使われています。米国の小学校で、PATHS (Promoting Alternative Thinking Strategies) の授業が行われているところがあります。
▶Multiple option thinking should be the first approach of exceptional leaders.（多様なオプション思考は、優秀なリーダーが最初にやるべきことであるはずだ）

● pyramid structure「ピラミッド構造」

論理の展開方法のひとつです。相手に伝えるとき、最初に主となる大きな考えを提示し、その後に大きな考えをサポートする小さな考えを紹介します。ピラミッドのように下段が上段を支えながら、裾が広がっていきます。

● process snapshot「プロセス図解」

問題や課題などを理解しやすくするために、プロセスに分解して図解したものです。

● **logic tree**「ロジック・ツリー」

物事を構造的にとらえるために、ツリー状に展開して表現します。展開するときには MECE を意識して行います。
issue tree という言葉が使われることもあります。ここでの issue は「争点」「論点」を意味します。logic tree と issue tree は同義とみなすことができます。
▶Finally, consider any cultural differences that might affect the development of this **logic tree**.（最後に、このロジック・ツリーの展開に影響を与えるかもしれない文化の違いについて考えなさい）

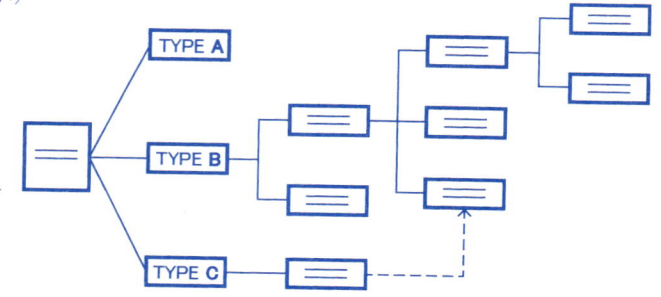

● **So what?** [意味の追加]「だから何なの」

ロジカル・シンキングをする際に、So what? と本質を問いかけることで、その事柄の上位になるエッセンスを探そうとします。ピラミッド構造の下位の概念から上位の概念を求めるときに使われます。日常英語で使われる So what? は他人に向けられる言葉ですが、これは自分への問いかけです。

● **hypothetical thinking**「仮説思考」

限られた時間と数少ない情報のもとで、速やかに仮説を立てて、すぐ行動に移すという考え方です。意思決定とその後の行動のスピードを重視します。最善の答えを探すより、より良い答えを見つけて、行動を起こします。

● **Five Forces Analysis**「ファイブフォース分析」「5つの力」

業界の魅力度を測るときに用いられる手法で「5つの力」に分けて競争要因を検討します。アメリカの経営学者マイケル・ポーターによる手法です。「5つの力」とは、以下のとおりです。
- the threat of new entry（新規参入業者の脅威）
- the power of buyers（買い手の力）
- the power of suppliers（売り手の力）
- the threat of substitutes（代替品の脅威）
- competitive rivalry（競合業者の競争関係）

▶**Five Forces Analysis** helps the marketer to analyze a competitive environment.（マーケターにとって、ファイブフォース分析は競争状況を比較するのに役立つ）

● **three generic strategies**「3つの基本戦略」

同じくマイケル・ポーターが紹介したフレームワークで、他社にくらべて競争の優位を保つための戦略を構築する際に使われます。コストリーダーシップ戦略、差別化戦略、集中戦略の3つを指します。

▶These **three generic strategies** are defined along two dimensions: strategic scope and strategic strength.（これらの3つの基本戦略は、2つの側面にそって定義づけられている。戦略的視野と戦略力だ）

コラム 6

お金をめぐる俗語表現あれこれ

Benjamin/Benny「100 ドル紙幣」

100 ドル紙幣に印刷されているベンジャミン・フランクリンから。**C-note** とも言います。C は cent のことで、century、percent などに見られるように 100 を意味します。note は「紙幣」です。「紙幣」「お金」の意味では **dead presidents** という面白い言い方もあります。▶"How is the damage on your car?" "It's gonna cost me a few **Benjamins** [**Bennies/C-notes**]."(「車の修理にどれくらいかかりそう？」「ベンジャミン数枚かな」)

dough「お金」「現金」

dough は本来「パン生地」の意味で、食物を買うことに関連して「お金」の意味をもつようになりました。そのほか、食べ物がらみの言い方に、**bean** もあります。《英》で「(少額の) お金」「小銭」、《米》で「1 ドルコイン」の意味です。

greenback/green「お金」「(米ドル) 紙幣」

1862 年発行のお札の裏側が緑色だったことから。

simoleon「1 ドル」「お金」「硬貨」「現金」

イギリスでは硬貨のデザインをした Thomas Simon に倣って硬貨を simon と呼んでおり、それがアメリカへ渡ったとき、フランスの硬貨 napoleon に倣ってこう呼ばれるようになりました。
※ **buck**「お金」「ドル」を始め、**moola**「お金」、**spondulicks/spondulix**「お金」「現金」など、お金を表す語はたくさんあります。

six-figure「6 桁の」「10 万 (ドル/ポンド) の」

a mid-to-high six-figure income と言えば、「5、60 万から 7、80 万ドルの収入」ということです。「5 桁の」であれば、five-figure です。a five-figure price tag「数万ドルの値札」。▶There are NO skills required. You only have to have the desire to earn a **six-figure** annual income.（技能はいっさい不要。必要なのは、6 桁の年収が欲しいという願望だけ）

CHAPTER 6
WORLD
最新の世界の動きと日本の今を表す表現179

―国際ニュース
―民族紛争
―テロリズム
―犯罪
―革命
―アメリカ政治・経済
―アメリカ社会
―イギリス事情
―日本の政治・社会

国際ニュース

● World Natural Heritage Site 「世界自然遺産」

日本では、屋久島、白神山地に次いで、2005年に知床半島が登録されました。

● geoglyph 「地上絵」

= geo-（地球、土地）＋ glyph（彫像、絵文字）。Nasca Linesまたは Nazca Lines「ナスカの線画（地上絵）」のことです。2006年4月、山形大学の坂井助教授らの研究グループがペルーのナスカ台地で新たな地上絵を発見しました。

▶They have discovered about 100 new **geoglyphs** on Peru's Nasca Plateau.（彼らはペルーのナスカ台地で約100の新しい地上絵を発見した）

● demarcation line 「境界線」

● armistice demarcation line (ADL) 「軍事境界線」

● equidistance line 「中間ライン」「等距離ライン」

● EEZ (exclusive economic zone) 「排他的経済水域」

主権的権利を持つ、沿岸から200海里（約370km）の範囲の海洋水域を言います。

● disputed waters 「係争水域」

disputedは「争点となっている」「係争中の」「問題の」といった意味。

● trial drilling rights 「試掘権」

▶The government would start procedures to grant **trial drilling rights** to private firms unless China agrees to stop its development of the Chunxiao and Duanqiao gas fields along the Japan-China median line.（中国側が日中中間ライン沿いの春暁および断橋ガス田の開発中止に同意しなければ、日本政府は、民間企業に試掘権を与える手続きに入るだろう）

● straw effect「ストロー効果」

埋蔵石油・ガス等の資源を、境界線外の油井・ガス井から吸い上げられてしまう影響のことです。東シナ海における中国の春暁および天外天の油田やガス田の開発により、日本の経済水域内にある海底石油・ガスが吸い出されるのではないかと懸念されています。
イラクのフセイン元大統領がクウェートに侵攻したときにも、このストロー効果を根拠としました。両国の油田等の資源が地下でつながっている可能性がある場合に、国際紛争の原因になる可能性があります。

● strategic diplomacy「戦略的外交」

▶The two countries are waging a tug-of-war with **strategic diplomacy**.（両国は、戦略的外交で主導権争いをしている）

● soft power「ソフトパワー」

軍事力や経済力とは別の、文化の力で国際的影響力を行使することをもっと考えたほうが賢明だ、とハーバード大のジョセフ・ナイ教授は言います。そのような文化の力を「ソフトパワー」と呼んでいます。
▶Koizumi's Yasukuni visits are damaging Japan's **soft power**, Nye warns.（小泉首相の靖国参拝は日本のソフトパワーに被害を与えていると、ナイ教授は警告する）

● geopolitically「地理的・政治的要因で」「地政学的に」

● Brussels「EU」

EUの本部があるブリュッセルをEUの代名詞として用います。
米英系の企業では、よく地名で組織を呼びます。たとえば、日本法人の本社が新横浜にあって、東京に営業所があるときに、本社と呼

ばずに Shin-Yokohama、東京営業所と呼ばないで Tokyo あるいは営業所が神田にあれば Kanda と呼ぶ、という具合です。
➤Washington and **Brussels** would likely ignore the verdict, badly damaging the credibility of the WTO.（米政府と EU は判定を無視するであろう。その結果、WTO の威信も著しく損なわれることになる）

● **confined space medicine** (CSM)「がれきの下の医療」「閉鎖空間での医療」

災害現場のがれきに入り、救命活動をすることです。災害時に、病院に搬送された負傷者を治療するのではなく、現場で救出作業と同時に治療をします。
➤**Confined space medicine** is one of the most important kinds of training for urban search and rescue.（がれきの下での医療というのは、[災害時の]市街地における捜索および救助のために、きわめて重要な訓練のひとつである）

● **food-relief efforts**「食料救援活動」

➤Plumpy'nut, devised by a French scientist less than two years ago, is simple to deliver and has changed the nature of **food-relief efforts**.（プランピーナッツ[栄養価を強化したピーナツバター]は、フランス人科学者によって考案されてから2年にもならないが、運搬が楽なため、食料救援活動の形態を変えてきた）

● **competitive compassion**「援助の競い合い」

被災地（国）や貧しい国々を競って援助をすることです。
➤**Competitive compassion** between richer governments seems to be working.（豊かな国々の間での援助競争がうまく機能しているようだ）

● **the CNN effect**「CNN 効果（度重なる TV 報道による災害寄付の先細り）」

2004 年 12 月のインド洋の津波に始まって、ハリケーンの襲来、豪雨による洪水被害、カシミール地方の大地震と、世界的に大規模

な自然災害が続発しました。救援の調整に当たる国際赤十字も、過去に記憶にないほどだと言っています。
CNN等のテレビ報道で悲惨な状況が映し出されると、これまでは、寄付金額が積み上がる後押しになったのですが、このように災害が多いと寄付側も援助疲れを起こし、寄付金の額が伸び悩みの傾向を見せています。
➤Officials of charities large and small say they worry about "disaster fatigue" and what some nonprofit analysts call "**the CNN effect**."（大小の慈善団体の寄付担当者は、援助側の災害疲れと、NPO活動の分析家が言うところのCNN効果を心配している）

● **road map** [意味の追加]「指針」「手引き」

普通は「道路地図」の意味で使用しますが、「指針」「手引き」の意味もあります。企業や産業界が将来の開発製品を考える際に用いる図表もroad mapと呼ばれています。
➤The tsunami was unprecedented in its power and reach, so there was no **road map** for dealing with it.（この津波は威力と被害の範囲が前例のないものだったので、それに対処する指針はなかった）

● **Product Red**「プロダクト・レッド」

ボノ（U2のボーカル）は、2006年1月、アメックスや複数の米国ファッション関連企業と共同して、Product Redという新しいプロジェクトを推進すると発表しました。
共同各社はProduct Redというブランドネームの商品を販売し、その売上の一部を基金に寄せて、アフリカのエイズ、結核、マラリア等の撲滅運動をサポートしようというものです。

● **Detroit East**「発展する東欧の自動車産業」

ベルリンの壁が崩壊して旧ソ連の衛星国だったチェコ、スロバキア、ルーマニア、ハンガリー、ポーランドの5ヶ国は、ソ連に押しつけられていた国別分業システムを脱却して、今や一大自動車生産国に変身しています。これにトルコを加えた6ヶ国は「東欧のデトロイト」と呼ばれるようになりました。

進出しているのは、独仏米伊日韓の６ヶ国、９社、15工場に達します。旧西側ヨーロッパに比べると、賃金水準は８分の１で、労働意欲が旺盛で、優秀な労働力がいくらでも集まります。しかも、トルコとルーマニアを除き、EU加盟が認められて関税の問題がなくなったことも影響しているようです。

▶Some are calling this super concentration of car-making **Detroit East**.（人々はこの自動車生産の極度の集中を「東欧のデトロイト」と呼んでいる）

● Reporters Without Borders「国境なき記者団」

パリに本部を置くジャーナリストの国際団体。オリジナルのフランス語名は、Reporters sans frontières（略称RSF）と言います。Doctors Without Borders（オリジナルのフランス語名 Médecins Sans Frontières、略称MSF）といえば「国境なき医師団」です。

民族紛争

● Islamofascism「イスラム・ファシズム」

核開発を進めると宣言するなど、イランのタカ派イスラム原理主義者の活動が活発化していますが、彼らはIslamofascism「イスラム・ファシズム」主義者とも呼ばれています。

▶It was they who began the war we are in—the global conflict between **Islamofascism** and the West—with their seizure of the US embassy in 1979.（イスラム・ファシズム主義者は、1979年に在イラン米国大使館を占拠したが、現在私たちが巻き込まれている、イスラム・ファシズムと西側との地球規模の対立を引き起したのは彼らだ）

● westoxication「西欧毒化」

west「西欧」とtoxication「中毒」の合成語。イランではタカ派のアフマディネジャド大統領が、「西欧化」は「毒化」だとして、西欧文化を攻撃しているが、コンピュータの分野では、イランは伸長している。

● the whip hand 「主導権」

➤Having governed for decades in Iraq, Sunnis are accustomed to serving as **the whip hand**.(イラクを数十年にわたって統治してきたスンニ派が主導権を握るのが慣例になっている)

● carrot-and-stick approach 「あめとムチの手段」

➤Europe and U.S. agree on a **carrot-and-stick approach** to Iran.(ヨーロッパとアメリカは、イランに対し、あめとムチの手段で対処することで合意している)

● axis of good 「善の枢軸」

ブッシュ大統領は、就任当初に、イラン・イラク・北朝鮮を axis of evil「悪の枢軸」と非難しました。
そして2003年の『エコノミスト』誌には、イラクの民主化を進める米国・英国・日本は axis of good「善の枢軸」である、との記事が掲載されました。同じ『エコノミスト』誌に今度は、例文のような記事が掲載されました(2006年1月21日号)。
➤Mr. Chavez invited Bolivia's President Morales into a Yanqui-bashing "**axis of good**" with Cuba and Venezuela.(ベネズエラのチャベス大統領は、キューバ、ベネズエラに加え、モラレス大統領のボリビアを、米国叩きの「善の枢軸」に招き入れた)
＊ Yanqui-bashing ＝ Yankee-bashing「アメリカ叩き(の)」

● rogue states 「ならず者国家」

ブッシュ大統領が北朝鮮・イラク・イランを指して発言した axis of evil「悪の枢軸」とともに有名になりました。rogue には「群れを離れた、狂暴な、危険な」という意味があり、rogue nation、rogue country とも表現されます。

● outpost of tyranny 「圧制国家」

ライス国務長官が北朝鮮をこう呼んだのに対して同国が反発し、話題となりました。

● **hermit kingdom**「隔離された世界」「隠者の王国」

北朝鮮のことをこう言います。Inside the Hermit Kingdom「北朝鮮の内幕」、Visiting the Hermit Kingdom「北朝鮮を訪ねて」といったタイトルを、新聞や雑誌で見かけます。
➤He was a teacher at the **hermit kingdom**'s spy school.（彼は北朝鮮のスパイ学校の教師だった）

● **useful idiot**「使えるバカ」「盲目的な体制支持者」

元来は、「レーニンやスターリンという絶対的独裁者を盲目的に支持した西側のコミュニスト」を指しました。しばらく死語のようになっていましたが、広い世界にはまだまだ残っているということで、また使われはじめました。

● **Hamastan**「ハマスタン」「ハマスの国」（新政権下のパレスチナ）

Hamas + stan で「ハマスの住む国（地域）」という意味です。ハマスはパレスチナ最大のイスラム原理主義組織で、1987年創設。2006年1月のパレスチナ自治評議会選挙で勝利し、第一党となりました。
➤"Today, **Hamastan** was formed," said former prime minister Benjamin Netanyahu.（「今日、ハマスの国ができたのだ」と［イスラエルの］ベンヤミン・ネタニヤフ元首相は語った）

● **GasPutin**「ガスプーチン」

大産油国であるロシアは、石油・ガスの価格の高騰を武器に、供給先である近隣諸国に政治的圧力を強めています。そこで、プーチン(Putin) 大統領は、ニコライ二世時代の怪僧 Rasputin「ラスプーチン」になぞらえ、GasPutin「ガスプーチン」と呼ばれています。

▼
テロリズム

● **7/7**「2005年7月7日のロンドン同時多発テロ」

seven, seven と読み、上記同時テロの代名詞となりました。米国

の同時多発テロが9/11 (nine, eleven) と呼ばれるひそみにならいました。9/11の方は、American Dialect Society「米地方語協会」が2001年を代表する言葉に選び、たちまち英語圏に定着しました。7/7も同様の経過をたどって、一般名詞になろうとしています。
▶The countries of Central and South-eastern Europe have been edgy and anxious since **7/7**. (7月7日のロンドン同時多発テロ以来、中央および南東ヨーロッパ諸国は、神経質になり、不安におののいている)

● shoot-to-kill policy「発砲必殺主義」

文字通り「威嚇などではなく、殺すために発砲するという方針」です。地下鉄テロに見舞われたロンドンで、事件と関係ない青年が私服警官に追われていると誤解し、地下鉄の柵を乗り越えて電車に飛び乗ろうとして射殺される痛ましい事件が起きました。

英国の制服警官は、テロの危険がある北アイルランドを除いて短銃を携行しませんが、ロンドンなどで一部の私服警官は、2003年ごろから自爆テロ犯人を射殺するため、陸軍の特殊部隊の訓練を受けて拳銃を携行しています。警視庁のイアン・ブレア警視総監は、自爆テロの容疑者を容赦なく射殺する方針は「正しい」とテレビのインタビューで答えて、やめる考えのないことを明らかにしました。さらに targeted searches「ねらい打ち捜索」も新たに始める構えで、その対象になるイスラム教徒からの反発が心配されます。
▶The shooting in front of horrified passengers, coupled with the mayor's acknowledgement of a police **shoot-to-kill policy**, threatened to raise religious tensions. (恐怖におびえる乗客の面前での発砲は、容疑者を必ず射殺するという警察の方針をロンドン市長が承認していることもあって、宗教的な対立を引き起こす恐れがあった)

● cleanskin「前科のない人」「要注意リストに載っていない人」「面の割れていない秘密捜査員」

clean-skin とも clean skin とも書きます。
もともとは unbranded farm animal「焼印を押されていない家畜」のことでした。まさにクリーンなお肌 (clean skin) というわけです。

それが、「前科のない人」「要注意リストにない人」を表すようになり、2005年7月7日のロンドンのテロ事件で脚光を浴びました。容疑者は全員、警察がマークすべきリストに載っていないcleanskinだったのです。言い換えれば、clean record「前科のないノーマークの人物」だったというわけです。

治安関係以外でも、"clean skin" football supporters「暴行などの前歴のないサッカー・サポーター」のように使われます。

▶The alleged bombers are described as "**cleanskins**."（爆弾テロ犯とされる連中は、当局のリストにはない人物だと言われている）

● sleeper cell「大きなテロ組織に属する小グループ」「潜伏グループ」

2005年のロンドン・テロ事件で一般化した表現です。上部組織から実行命令が出るまで、民衆の中で眠ったようにじっと息を潜めているところから、このように言います。cell「細胞」はここでは「末端の組織」という意味です。

▶Spanish authorities have claimed that Nasar, 46, established "**sleeper cells**" in Britain.（スペイン当局は、ナサー（46歳）が英国にテロの小グループを作り上げたといっている）

● Londonistan「ロンドニスタン」「ロンドンのイスラム・コミュニティ」

ロンドンがイスラム過激派の巣窟となっていることを批判して言ったもの。

● Patterns of Global Terrorism「テロに関する米国務省年次報告書」

これは、a congressionally-mandated annual report from the US Department of State「連邦議会によって提出が定められた、国務省による年次報告書」。Patterns of Global Terrorism 2003のように表記されます。

● **TBI** (traumatic brain injury)「(爆発などによる) 外傷性脳障害」

アフガニスタン、イラク、その他のテロなどで爆風にあい、堅固な装備によって身体が守られ、死は免れても、そのショックと頭蓋骨内の脳の振動も原因となって残る障害で、半数以上が永続的な障害となると言われています。
一見、正常なようでも、頭痛、光や音などの刺激に対する過敏な反応、躁鬱(そううつ)状態、記憶喪失、問題解決能力の劣化、歩行や会話の障害などが起こることがあります。

● **color-coded alert system**「カラー表示によるテロ警報システム」

同時多発テロ後、米国で2002年から実施されています。詳しくは次項 terrorism alert level 参照。

● **terrorism alert level**「テロ警戒水準」

危険度を色で表しており、危険度の高いほうから、「赤」「オレンジ」「黄」「青」「緑」の5段階となっています。それぞれ、code red、code orange のように言いますが、ただ red、orange と言うこともよくあります。日本ではまだこのような指標はありません。

● **snoopspeak**「盗聴」

テロリスト対策として、米国政府が令状なしに盗聴を行ったのが問題になっています。これまで「盗聴」は eavesdropping とか wiretapping という言葉が使われてきましたが、snoopspeak なる言葉も現れました。snoop は「嗅ぎまわる」とか「スパイ活動をする」という意味です。
▶Thus was born **snoopspeak**, the language of the intercepted communication of personal intimacies and national secrets.（かくして、個人的なやりとりや国家機密に関する通信の傍受を意味する言葉 snoopspeak が現れた）

● **ground zero** [意味の追加]「同時テロ WTC ビル跡地」

多くの辞書には「核爆弾の爆心地」や「その水面」などとして出て

います。大文字の場合、「米国の反核運動組織」としている辞書もあります。
しかし、最近の記事はこの言葉で、同時多発テロで崩壊したニューヨークの世界貿易センター (WTC) ビルの跡地を指しているものが圧倒的に多くなっています。この語が持っていたもともとのニュアンスを知ると、米国人が同時テロを、爆撃のように「自国に対する未曾有の攻撃」と感じていることがよくわかります。

● Freedom Tower「フリーダム・タワー」

世界貿易センタービルの跡地に建設する構想が浮上している高層ビルの名称です。アメリカが独立した1776年にちなんで、1776フィート（約541メートル）の高さとなります。2010年完成予定です。

● bioterrorism「生物兵器によるテロ」「バイオテロ」

▶The likely conclusion of our imaginary panel can be summed up in one sentence: America is shockingly unprepared for **bioterrorism**.（委員会があったなら、その結論は次のひと言で表わされるのではないだろうか。すなわち、アメリカはバイオテロに対して恐ろしいほど無防備だと）

● IED (improvised explosive devices)「仕掛け爆弾」「簡易爆破装置」「急造爆破装置」

イラク駐留の米兵がこれで多数、殺傷されています。

● glorifying terrorism「テロの美化」

劇作家・小説家・映画監督・画家などが、テロリズムをその作品で美化するような動きを示すことです。
▶No critic of the prevention of terrorism bill actually favors "**glorifying terrorism**."（テロ防止法案については批判しても、「テロの美化」を支持する人は誰ひとりとしていない）

● enemy combatant「敵性戦闘員」「テロ活動容疑者」

現在新聞などに登場している enemy combatants は、単なる「敵

性戦闘員」ではなく、「テロ活動を行う容疑者」の意味で使われています。unlawful enemy combatant とも言います。
例文は、テロ容疑者を法的手続きなしに拘束、拷問しているとされるグアンタナモ米海軍基地についての話。
▶This, after all, is a White House that has steadfastly tried to keep "**enemy combatants**" beyond the purview of American courts.（結局、現米国政府が、敵性戦闘員［テロリスト容疑者］を迷わず米国法廷の枠外に置こうとしてきたのだ）

＊a White House は「（1つの）米国政権、米国政府」で、文脈により「現政権」または「時の政権」を表す。

● **BCP** (business continuity plan)「業務継続計画」

災害や事故などに遭遇し、通常の事業活動を継続することが困難になった場合に、できるだけ業務を中断しないで、通常の状態に復帰できるよう事前に計画・準備しておくこと。米国同時多発テロ事件で、多くの米企業が大きな損失を受けながらも、数日中に通常業務に戻ることができたのは、こういった準備がされていたからだと言われています。

● **box-cutter**「ボックスカッター」「厚刃のカッターナイフ」

ボール箱などの切断に適しています。9/11の米本土テロで、ハイジャック犯が持っていたとされる、刃の厚いカッターナイフです。以来、空港での取締りが厳しくなっています。

● **asymmetric warfare**「非対称戦争」
＝ asymmetric conflict

asymmetrical を使って asymmetrical warfare や asymmetrical conflict とも言います。asymmetric (al) は「不均整の」「非対称の」という意味です。戦闘当事国の戦力に圧倒的な差があり、弱い方は自爆テロなどの非常手段を取る戦争形態のことを言います。アフガン戦争、イラク戦争がその好例です。

● **emotional correctness**「感情的妥当性」

言語上の人種差別、男女差別などを徹底的に排する political correctness（あるいは politically correct、PC と略。「政治的妥当性」の意味）からの派生語です。米本土テロ以来、テロに対して断固たる気構えでいるべきだという、感情面に対する一種の圧力のムードが全米を覆いました。

● homeland security studies「国土防衛学」

2001年9月11日以降、アメリカの大学、また大学院で「国土防衛学」という専攻に注目が集まっています。

犯　罪

● the "broken windows" theory (of crime prevention)「割れ窓理論」「破れ窓理論」

米国の心理学者であるジョージ・ケリング博士が提唱した理論で、建物の窓ガラスが割れたまま放置されていると、管理人がいないと思われ、凶悪な犯罪が増えるというものです。ニューヨーク市では地下鉄の無賃乗車や落書きを「割れ窓」に見立て、これらを徹底的に取り締まった結果、犯罪が激減しました。

▶In the '90s, this nation experienced a record drop in crime. One element of that drop was adherence to **the "broken windows" theory of crime prevention**, which holds that in areas where it is perceived that no one cares, criminals are emboldened.（アメリカでは90年代、犯罪が記録的に減少した。その要因のひとつは、この「割れ窓理論」に徹底的に取り組んだことであった。その理論によると、誰も注意を払わない地域では、犯罪者はエスカレートするものなのだ）

● office creeper「事務所荒らし」

修理マンや訪問者を装って事務所へ忍び込み、従業員の財布や会社の物品を失敬するどろぼうです。creeper は creep「地をはう」から派生した言葉で、昆虫やへびなどの爬虫類を指します。
赤ん坊のように「はう人」も creeper です。creepers というと、乳幼児用の「はいはい着」「ロンパース」「カバーオール」という意

味にもなります。

creepにはまた、俗語で「おべっか使い」「助平」などという悪い意味があります。

● aggravated robbery「加重強盗」

例えば凶器の使用など、特に悪質で、重い刑罰を科して当然と考えられる強盗です。

▶If a deadly weapon is used or threatened, it is **aggravated robbery**. If a suspect makes a victim believe that he has a deadly weapon by simulating a gun or by saying that he has a weapon, it is **aggravated robbery**. (凶器を使用したり、それで威嚇した場合、加重強盗となる。容疑者が、銃を持っているふりをしたり、凶器を持っているぞと言ったりして、被害者に凶器を持っていると信じ込ませても加重強盗となる)

● counterfeit bill detector「偽札鑑別機」

● cloned vehicle「クローン車」

盗んだ自動車に正規登録車のナンバー (VIN = vehicle identification number) をつけた偽造車。激増中のため、警察は取締りを強化しようとしています。

● chop shop「盗難車の解体屋」

盗難車をバラバラにして、パーツごと販売する業者。窃盗団と手を組んだ小売業者が多くあります。

▶By the time Janet realized her car was stolen, it was already in fifteen pieces in the **chop shop**. (ジャネットが車を盗まれたとわかったときには、車は解体屋で15のパーツに解体されていた)

● DUI「飲酒および薬物使用運転」

driving under the influenceのことです。DUIのままで米国人の間でよく使われています。同じ意味でDWI、OUI、OWIとも言います。
- DWI = driving while intoxicated
- OUI = operating under the influence

- OWI = operating while intoxicated

➤Have you ever been arrested for **DUI** or **DWI**?（飲酒運転とか薬物使用運転で捕まったことがある？）

● **crack house**「コカイン密造所」

● **Oxycontin**「オキシコンティン」

若者に流行するドラッグの一種です。従来、エクスタシーという薬物が米国の十代の若者の人気を集め、多くの英和辞典に掲載されていますし、日本でもよく耳にしました。ところが、同時多発テロ後の空港検閲強化の影響により、エクスタシーが米国に入りにくくなり、それに代わって陸路で入ってきて、エクスタシーを抜いて主流になったと言われる薬物です。

● **U.S. antidrug czar**「麻薬対策局局長」「麻薬対策の責任者」

czar「ツァー」は、ロシア皇帝の意味です。Thomas Scully, the former Medicare czar や Rumsfeld, the Pentagon czar や Chauncey Parker, the state's criminal justice czar といった例があるように、「長」「総責任者」の意味でよく使われ、「かなり強引に事を進める」というニュアンスを伴うようです。

➤**U.S. antidrug czar** John Walters told reporters that new data from the U.S. and abroad shows that marijuana is often miscategorized as a "safe" drug.（米国の麻薬対策の総責任者であるジョン・ウォルターズ局長は、記者会見で「米国および他国の新しいデータによると、マリファナはしばしば間違って安全な薬に分類されている」と語った）

● **professional negligence**「業務上過失（致死傷）」

後ろに resulting in death「致死」や resulting in injury「致傷」を付け加えれば意味がはっきりします。

negligence を使った表現には、medical negligence「医療過誤」、clinical negligence「医療過誤、診療過誤」、dental negligence「歯科診療過誤」などもあります。

➤He was arrested March 16 on suspicion of **professional**

negligence.（彼は3月16日に業務上過失致死の疑いで逮捕された）

● **sex offender**「性犯罪者」「性犯罪の前科がある者」

➤Police keeps tabs on convicted **sex offenders**.（警察は前科のある性犯罪者を［出所後も］監視しつづけている）

● **groper** [意味の追加]「痴漢」

「痴漢」はmolesterとも言います。ちなみに「痴漢行為」はgroping、molestationと言います。

● **the secret photographing of**「(〜の)盗撮」「隠し撮り」

the secret filming [videoing]や、video voyeurismなどの表現もあります。

● **gendercide**「女性殺し」「ジェンダー殺人」

自然にまかせれば男女の出生比率はほぼバランスが取れているはずなのに、実際の人口統計によると、女性の出産数および現存人口の少ない国や地域があります。これを修正していくと、全世界で女性の人口が2億人不足しているという調査結果が、2005年に国連で発表されました。
性別による堕胎、嬰児殺しが女性人口不足の主な原因で、そのほかにも家庭内暴力、一部文化圏の名誉殺人があります。その根本的な原因は、男児の出産を喜ぶ社会的風潮にあると言われています。
➤There is a shortfall of some 200 million women in the world —"missing" due to what a three-year study on violence against women calls "**gendercide**."（世界で女性の数が2億人足りない。女性に対する暴力についての3年間にわたる研究結果が示唆しているところによると、女性がの数が不足しているのは、「女性全般に対する殺人」に起因しているとのことだ）

● **human trafficker**「人身売買人」

human trafficking [traffic]は「人身売買」です。trafficは「違法取

引」という意味で、drug traffic であれば「麻薬取引」です。
➤The Justice Ministry will create a database of information on **human traffickers** and of victims' accounts.（法務省は人身売買業者に関する情報と犠牲者たちの話をデータベース化することにしている）

● **undocumented immigrant**《婉曲》「不法滞在者」

illegal immigrant「不法移民」を、「差別的でない（politically correct な）」言い方で表したもの。illegal だと「違法の」という意味合いが強く、undocumented になると「入国に必要な書類を持たない、ビザなしの」と、やや婉曲的な表現になります。

● **rendition** [意味の追加]《名》「容疑者の関係国への引き渡し」《動》「〜を引き渡す」

従来の「翻訳」「演奏」といった意味に、2005 年に付加された新しい意味。とくにテロの容疑者について使われます。
米国内では、torture「拷問」は法律で禁じられているので、禁じられていない第三国に移して取調べを行うのが目的だと言われています。
➤US officials acknowledge that they have **renditioned** suspects to third countries for interrogation.（米当局は、取調べのため容疑者を第三国に引き渡したことを認めている）

● **good-behavior time credit**「模範囚としての刑期短縮」

➤**Good-behavior time credits** are allowing him to get out now.（模範囚としての刑期短縮により、彼は今、釈放されようとしている）

▼
革 命

● **Cedar Revolution**「杉革命」

2005 年、レバノンにおける野党の呼びかけで起こった反シリアデモを「杉革命」と呼んでいます。杉はレバノン国旗に描かれており、

国家的シンボルであるところからこの名がつけられました。
▶The demonstrations calling for the departure of Syrian forces from Lebanon have been tagged the "**Cedar Revolution**."（レバノンからの、シリア軍の撤退を求めるデモは「杉革命」と名づけられている）

● Orange Revolution「オレンジ革命」

「オレンジ革命」（2004年）はウクライナ野党のシンボルカラーがオレンジ色であったことに由来しています。
▶It was the "Rose Revolution" that toppled an authoritarian regime in Georgia and the "**Orange Revolution**" that did the same in Ukraine.（グルジアの独裁政権を倒したのが「ばら革命」であり、ウクライナで同じことをやったのが「オレンジ革命」であった）

● Rose Revolution「ばら革命」

グルジアの「ばら革命」（2003年）は、運動支持者が非暴力の象徴としてばらを身につけていたところからこう呼ばれています。

● Tulip Revolution「チューリップ革命」

2005年、キルギスの「チューリップ革命」により、1990年の独立以来、維持していたアカエフ政権は崩壊しました。この名称は、アカエフ大統領自身の、Color Revolutions（別名 Flower Revolutions）「花革命（共産主義政権崩壊後の中央および東ヨーロッパを中心に起こった一連の無血革命）」はここキルギスでは許さない、と述べた演説の中からとられました。
▶Kyrgyzstan's **Tulip Revolution** came just three months after Ukraine's Orange Revolution and 16 months after Georgia's Rose Revolution.（キルギス共和国の「チューリップ革命」は、ウクライナの「オレンジ革命」のほんの3ヶ月後、グルジアの「バラ革命」の1年4ヶ月後に起こった）

アメリカ政治・経済

● **blue state**「民主党支持州」

● **red state**「共和党支持州」

2000年の大統領選から、民主党の支持州を青で、共和党の支持州を赤で表す、というメディアにおける色分けが固まり、この言い方ができました。その前までの選挙では、逆の色分けをした例もありました。

● **gaggle** [意味の追加]「ホワイトハウスの非公式記者会見」

もともと「騒々しい人の集まり」を言いますが、ホワイトハウスでは朝の非公式記者会見を指します。
▶On Monday, the blogger, who got into the White House for the first time, attended the informal morning question-answer session, known as the **gaggle**.（月曜日、初めてホワイトハウスに入ったブロガーの彼は、gaggleと言われている朝の非公式会見に出席した）

● **gallery** [意味の追加]「上院・下院の記者席」

記者席は press gallery と言いますが、gallery だけでも同じ意味で使われます。gallery はまた、「劇場の比較的悪い席」のことも指します。

● **pork money**「補助金」「助成金」

pork barrel のことで「特定の議員の働きかけにより特定の地方自治体（選挙区）に回される補助金［助成金］」を言います。pork-barrel politics と言えば「利益誘導型政治」のことです。
▶I've never requested **pork money** for my Ohio district.（わがオハイオ州の選挙区の利益誘導のために補助金を要求したことなどありません）

● outreach ［意味の追加］「取材便宜提供」

広報戦略の手法のひとつで、政府機関や企業、団体などが有利な記事を書いてもらうために取材の便宜をはかることを言います。

● dog-whistle politics「犬笛選挙運動」

もともとはオーストラリアで生まれた表現です。牧畜や狩りで犬を呼ぶときに、犬にしか聞こえない波長の笛を使い、これを dog-whistle と呼ぶところから、選挙運動で、特定層にターゲットを絞り、受けそうな公約を並べることを言います。dog-whistle campaigning とも言います。

● rubber chicken (meal)「(政治家などが出席する) 儀礼的行事で出される食事」

ゴムのようなチキン (rubber chicken) が供されるまずい食事ということです。
▶The **rubber chicken meals** served at the Rotary lunches...
(ロータリークラブの昼食で出される儀礼的食事は…)

● grass-roots lobbying「草の根ロビー活動」

大衆を動員して、郵送、電子メール、広告などを通じて議員、議会に働きかける行為を言います。
▶Current lobbying rules exempt **grass-root lobbying**. (現行のロビー活動に関する諸規制は、草の根ロビー活動については適用除外としている)

● sleeper issue「突然息を吹き返す争点」

sleeper には「眠る人」以外に、「思いがけなく成功する人」「予想外にヒットしたもの」などの意味もあり、忘れられていた問題点が突然復活することも表します。
▶Some democratic pollsters say this will be a **sleeper issue** in 2006. (民主党系世論調査員の中には、この問題が 2006 年に突然再浮上するだろうと言う人もいる)

6. WORLD

257

● **South Park Republican**「リベラルの傾向を持つ政治的保守派」

由来は、ゴールデン・タイムのテレビ人気アニメ『サウスパーク』から。この番組では、共和党内の様々な党派の対立がユーモラスに描かれています。ここに出てくる共和党員は、自由を信じるリベラルな共和党思想の持ち主たちであるため、現在党内で力を得ているコチコチのキリスト教右派からは、この番組は評判が悪いようです。

● **ethics cloud**「倫理的疑惑」

上院議員の株取引疑惑をはじめ、共和党議員の不祥事が続いていることから、米連邦議員の「倫理的疑惑」が問題となっています。
➤The "**ethics cloud**" hanging over the Republicans is hardly a figment of Mrs. Pelosi's imagination.（共和党議員たちにのしかかっている「倫理的疑惑」は、ペロシ議員の想像の産物ではない）

● **Rooseveltians**「ルーズベルトのニューディール（所得再配分）政策等の支持者」

➤A small crew of liberal historians and **Rooseveltians** have leaped to argue that the president was wrong.（少数のリベラルな歴史学者やルーズベルトの政策支持者たちがたちまち、現大統領の政策はよくないと論じたてた）

● **cowboynomics**「ブッシュ流経済政策」

レーガン大統領（在任は1981年1月から1989年1月までの2期8年間）の経済政策は Reaganomics「レーガノミックス、レーガン流経済政策」と言われましたが、その亜流語です。テキサス出身のブッシュ大統領がとる、減税などビジネス界寄りの経済政策を指しています。

● **GAAP** (Generally Accepted Accounting Principle)「一般会計原則」「米会計基準」

米国の企業会計処理の基準となっているルールです。日本の新聞では、短く「米会計基準」と表記している例をよく見ます。

● **Fannie Mae**「ファニーメイ」「連邦抵当金庫」

この機関は米国の新聞にはかなりの頻度で登場します。辞書によってさまざまな訳語がある言葉です。日本の新聞では、そのまま「ファニーメイ」として「モーゲージ投資業者」と説明を加えたり、「連邦抵当金庫」とする例を見ます。

● **CFIUS** (Committee on Foreign Investment in the United States)「(米国) 外国投資委員会」

● **Exon Florio (amendment)**「エクソン・フロリオ条項」

日本企業による米半導体メーカーの買収の試みを機に、1988年に米国の包括的通商法に加えられた規定。米国の安全を脅かす、海外からの企業買収を阻止する権限を大統領に認めています。エクソンもフロリオも、この法案を立案した議員の名前です。

● **NASD** (National Association of Securities Dealers)「全米証券業協会」

▶The bank was sanctioned and fined by securities regulators in Alabama, Mississippi and by the **NASD** in recent years for inadequate supervision of its licensed investment sales professionals. (同銀行は、最近、自社の有資格投資商品販売員に対する監督不行き届きのため、アラバマ、ミシシッピー両州の証券取引規制当局や全米証券業協会から制裁を受けたり、罰金を科されたりしている)

● **earmarking** [意味の追加]「使途指定予算化」

米連邦議員たちが支出予算案の中に特定の使途、目的、計画を定めて織り込んでおく予算部分を earmark と言います。earmark には「目印 (をつける)」のほかに「〜のためにとっておく」という意味もあります。

▶The Senator used a process called **earmarking** 13 times to set aside $48.7 million for six clients represented by lobbyist M and the firm he cofounded. (その上院議員は、ロビイストM氏を

代表とする依頼主6名および彼が共同で創立した企業のために4870万ドルの予算を特別にとっておく「イヤーマーキング」と言われる手段を13回使った）

● K Street 「（ワシントンの）Kストリート」「K街」「ロビイストの拠点」

首都ワシントンでは東西に走る道路にアルファベットがついています（なぜかJは欠番です）。そのK番目の通りは議事堂に歩いても行ける程度の距離で、ダウンタウンの中心。外国人が宿泊するホテルもあり、ロビイストに地の利がいい場所なのでしょう。

▶Facing accusations that lawmakers are not serious about breaking the tight bond between Capitol Hill and **K Street**, the Senate voted Wednesday to bar members of Congress and their aids from accepting gifts and meals from lobbyists.（「議員たちは、連邦議会とK街（＝ロビイスト）との強いつながりを断ち切ることに真剣ではない」という非難に直面し、上院は水曜日、議員やその側近がロビイストから贈り物や食事の接待を受けることを規制する法案を票決にかけた）

● USAID (U.S. Agency for International Development) 「米国際開発局」

「国際開発庁」と表記している記事もあります。関連省庁と連携して、発展途上国の人道支援、農業・教育・保健衛生などの活動支援に取り組む機関です。

● FOIA (Freedom of Information Act) 「情報公開法」

政府情報は原則として公開請求に応じなければいけないことを定めた1967年に施行された米国の法律です。

▶He said the Justice Department failed to meet time limits under the **FOIA**.（彼によると、司法省は情報公開法で定められた期限を守らなかった）

● Rathergate 「ラザーゲート」

Memogateとも言います。2004年の米大統領選で、CBSテレビ

の看板キャスターである Dan Rather 氏の取り上げたブッシュ大統領の軍歴に関する資料が偽造だとしてブログ上で問題になり、blogger たちが結束して抗議しました。ついには担当プロデューサーのクビ、Rather 氏を含む役員の辞任に発展し、ブログがメディアのひとつとして内外に認められた事件となりました。
なお、-gate はニクソン大統領が辞任に追い込まれたウォーターゲート事件 (the Watergate scandal) 以来、スキャンダルを示す接尾語となっています。

アメリカ社会

● trailer-park environment 「トレーラーハウス的環境」

アメリカで、低所得の人が住む環境を指します。
▶The actress grew up in the same sort of **trailer-park environment**. (その女優も、トレーラーハウスのキャンプ場と同じような貧しい環境で育った)

● white trash 「貧しい白人」

この言葉はエミネム主演の映画『8マイル』で知られるようになりました。トレーラーハウスに住んでいるような白人のことを指します。映画『ミリオンダラー・ベイビー』で、ボクサーを目指すマギーの家族も white trash と呼ばれるタイプの人達でした。

● anchor babies 「アンカー・ベビー」

アメリカでは、母親が不法に入国した場合でも、そこで生まれた赤ちゃんには自動的に米国市民権が与えられ、その家族も市民権を取得しやすくなるとのことです。まず、赤ちゃんがアメリカに錨をおろし、家族を引き寄せるかたちとなるため、この赤ちゃんたちは、「アンカー・ベビー」と呼ばれています。
▶Pregnant Korean tourists come to the US on travel visas to have their "**anchor**" **babies**. (妊娠した韓国人旅行者が、アンカー・ベビーを産むために、観光ビザでアメリカにやってくる)

● **multiculturalism**「マルチカルチュアリズム」「(アメリカのような) 多文化主義」

multicultural society「多文化社会」という表現もあります。

● **JAP**［意味の追加］「(アメリカの) ユダヤ系のお嬢様」

JAP と聞くと、日本人を対象に使われる差別用語と思われるかもしれませんが、最近のアメリカ人が使う JAP とは Jewish American Princess のことです。富裕層にはユダヤ系アメリカ人が多いこと、そんな家庭の令嬢はぜいたくに育ちわがままが多い、などといった固定観念がもととなっている言葉です。
➤Look at her all dressed up in designer clothes. She's such a **JAP**.（見てみろよ、彼女、全身ブランドづくめだよ。まったくユダヤのお嬢様だな）

● **medical bankruptcy**「医療破産」

公的健康保険の不十分な米国では、年々医療費が高騰。普通のサラリーマンでも、大病をすると医療費が払えず、破産に追い込まれます。
➤Most of the **medical bankruptcy** filers were middle class; 56 percent owned a home and the same number had attended college.（医療破産申告者のほとんどがミドルクラスであり、56パーセントが家持ちで、大卒も同様の数字であった）

● **cruciflick**「キリストの生涯の映画化」「キリストもの」

＝ crucifixion（キリストを十字架にかけること）＋ flick（映画）。欧米映画の定番である「キリストもの」。世の中が不安になったり保守化したりすると、キリストへ回帰する映画が出ます。ちなみに、skin flick と言えば「ポルノ映画」のことです。

● **Tex-Mex**「テックスメックス」

北部メキシコ風味のテキサス料理。ブッシュ大統領夫妻が好んでおり、ホワイトハウスはこの料理の得意な料理長を募集したそうです。また、音楽の分野では、カントリーとメキシコのテイストをミック

スした音楽を Tex-Mex music と言うそうです。

*

● Chapter 13 bankruptcy「連邦破産法13条破産」

米国の連邦破産法では、個人が第7条で裁判所に破産を宣告されると借金が帳消しになります。しかし、乱訴が目に余るという理由で産業界が働きかけ、新たに13条が制定されました。借金を返す余力があると裁判所が判断すると、この13条が適用され、数年間にわたって返済を迫られます。

▶Who will be forced into filing for **Chapter 13 bankruptcy**?(誰が13条破産に追い込まれるでしょうか?)

● preheritance「生前贈与」

= pre-(= before) + inheritance(相続)。家の購入は高額だし、相続税も40パーセントと非常に高い英国では、親が55歳を過ぎると、子ども(ときには孫)に家を買う資金を出してあげるケースが増えています。「死んでから遺産を贈るのは過去のものになる」という社会学者も多くいます。「親ばか」はどこも同じですね。

● Megan's Law「メーガン法」

性犯罪で殺害された Megan という女の子の名前を冠した法律で、各州の同様の法律の総称です。アメリカの諸州ではこの法律にもとづいて、性犯罪者の情報を一般に公開しています。公表するデータについては州によって差があります。米司法省は全米の情報を1回の検索で捜せるようなサイトを立ち上げることを決定したようです。

● have no teeth「(法律・規則の)効力がない、強制力がない」

have teeth は「法律・規則の効力がある、強制力・実効性がある」です。no で「効力がない、強制力がない」と意味が変わります。

▶The health promotion law requires managers of public facilities to take measures to prevent exposure to passive smoking, but it **has no teeth**.(健康増進法では、公共施設の管理責任者が間接喫煙に対する防止策をとることになっているのだが、強制力はない)

アメリカの都市のニックネーム

Beer City　ミルウォーキー市（ウィスコンシン州）
ミルウォーキー市は、おいしいビールの産地として有名です。

The Big Easy　ニューオーリンズ市（ルイジアナ州）
The Big Apple（ニューヨーク市）などより職に就くのが比較的容易だったことから、ミュージシャンの間で使われ始めたそうです。

The City of Angels　ロサンゼルス市（カリフォルニア州）

The City of Brotherly Love　フィラデルフィア市（ペンシルベニア州）

City of the Golden Gate／Fog City　サンフランシスコ市（カリフォルニア州）

Divorce City　リノ市（ネバダ州）
米国でまだ離婚が珍しかった 1930 年代、他州では通常、離婚成立までに長期間待たなくてはならず、離婚希望者はネバダ州リノに足を運びました。ネバダ州に移住して 6 週間暮らせば、希望する夫婦は離婚をすることができます。

Emerald City／Rain City　シアトル市（ワシントン州）
シアトル市は自然が多く、その緑の多さから「エメラルド・シティ」と呼ばれています。また、雨が多いことから「レイン・シティ」とも呼ばれます。

Gateway to the West　セントルイス市（ミズーリ州）
1830 年代、西部の開拓者にとってミズーリ川を西に向かう水路がもっとも有効な交通路でした。ミズーリ川をたどって行けばロッキー山脈に比較的安全にたどりつくことができたからです。西部への門となったのが、ミズーリ川とミシシッピー川の合流点に近いセントルイスです。

コラム7

Horse Capital of the World レキシントン市（ケンタッキー州）
ケンタッキーダービーが有名です。

The Land of Lincoln スプリングフィールド市（イリノイ州）
エイブラハム・リンカーンをこよなく愛し、誇りとする街。リンカーンはここで法律家として活躍し、政治家としての道へ進みました。

Mile High City デンバー市（コロラド州）
標高が約1マイル（約1600メートル）あるところから。

Music City USA ナッシュビル市（テネシー州）
ナッシュビル市は、カントリーミュージックの聖地と言われています。

Sin City／The City that Doesn't Sleep ラスベガス市（ネバダ州）
「罪深き都市」あるいは「眠らない都市」です。

Space City ヒューストン市（テキサス州）
「宇宙都市」。NASAのジョンソン宇宙センターがあります。

Steel City ピッツバーグ市（ペンシルベニア州）

The Twin Cities ミネアポリス市とセントポール市（ミネソタ州）
ミネアポリス市とセントポール市は、ミシシッピ川を挟んで対をなし、こう呼ばれています。

The Windy City シカゴ市（イリノイ州）
ミシガン湖から季節風が吹きつけることから。

● CAFA (Class Action Fairness Act)「集団訴訟公正法」

アメリカの企業を悩ませてきた集団訴訟 (class action) の行き過ぎを防ぐ新しい法律で、ブッシュ大統領が 2005 年 2 月 18 日に署名しました。主な改正点は、
1) 原告が各州にまたがる場合、これまでは原告に有利な判決を下す傾向にある州の裁判所を弁護士が探して、そこに訴訟を持ち込んでいましたが、この法律により、連邦裁判所に訴訟が移管されます。
2) 慰謝料のような非経済的損害に対する賠償には上限を設定する。
3) 原告が年々増えていくアスベスト訴訟に解決基金を設定する。
などです。

● retrial application「再審請求」

▶The court made the decision in response to the seventh **retrial application** filed by the defense counsel.（裁判所は、被告側弁護人より出されていた第七次再審請求を認める決定を出した）
＊ defense counsel「被告側弁護人」

イギリス事情

● Blinglish「ブリングリッシュ（英国の若者言葉）」

bling と English の合成語です。bling または bling-bling 自体も、ダイヤモンドが光る様子を形容した英国の新しいスラングですが（⇨ p.130）、英国の若者の話す言葉を指して、Blinglish と言うようにもなりました。
▶Many teens in the U.K. have a fluent command of **Blinglish**, a melding of West Indian and English street slang, enriched by borrowing from black urban America and Grime, a form of London hiphop.（多くの英国の若者がブリングリッシュを流ちょうに話している。この言葉は、西インド諸島出身者と英国人のスラングが混じったもので、さらに、アメリカの都会の黒人と、グライムと呼ばれるロンドンのヒップホップの言葉を取り入れている）

● **London-ness**「ロンドンらしさ」

Tokyo-ness「東京らしさ」やNew York-ness「ニューヨークらしさ」、Paris-ness「パリらしさ」という表現もあります。
▶Skyscrapers could be respectful of the streets below and could add to **London-ness**, not ruin it.(高層建築物はその通りの魅力を尊重してくれたかのように、ロンドンらしさを損なうのではなく、むしろ一層ロンドンらしさを感じられる通りにしてくれた)
▶What part of Tokyo truly personifies the **Tokyo-ness** of Tokyo?(本当に東京らしいのは東京のどんなところだろうか?)

● **the Circle Line (in London)**「ロンドンの地下鉄環状線」

ロンドンの地下鉄 (the Underground、the Tube) は、東京の地下鉄と同じくらい路線網が整っており、観光客にとってはどこへ行くにも便利な足となります。2005年7月のテロが起こったエッジウェアロード駅やキングスクロス駅は、この地下鉄の路線上にあります。

● **congestion charge**「混雑料」

congestion chargingとも言います。交通渋滞を起こす都心への車の乗り入れを制限するために、イギリスで課せられている都心乗り入れ車への特別料金のことです。
▶Hoping to drive even more cars off the road, the capital was to raise its **congestion charge** Monday.(道路を走る車をもっと減らすため、ロンドンは混雑料を月曜日から引き上げることにした)

● **Orwellian surveillance**「街頭監視装置」

ジョージ・オーウェルを生んだ国だけあって、英国では他国に先駆けて繁華街に監視カメラ (surveillance camera) を設置し、警察官が画面を見ながら犯罪の容疑者を見つける方法を、ロンドンを中心に実施しています。容疑者を捕まえるだけなら問題はありませんが、一般市民のプライバシーは確実に侵害されています。オーウェルが『1984年』で描いた全体主義独裁者の人民監視装置が現実のものになるのも薄気味悪い世相です。

➤Britain is acknowledged as the world leader of **Orwellian surveillance**.（英国はこの種の監視装置では世界でいちばん進んでいると自他共に認めている）

● **MI5** [（英国）国内諜報・情報機関]

「エム・アイ・ファイブ」と読みます。正式に言うと Military Intelligence (section) Five（軍事情報部5課）です。

● **MI6** [（英国）対外情報機関] [秘密情報部]

「エム・アイ・シックス」と読みます。正式に言うと Military Intelligence (section) Six（軍事情報部6課）です。

● **chuggers** [募金を食い物にする連中]

＝ charity（募金）＋ muggers（強盗）。金で雇われ、集団で通行人に募金を強要する人たちのことを指します。彼らの人件費に食われ、どこまで寄付者の善意が届くのか疑問だとイギリスで社会問題になり、正式の許可証が必要になりました。
charity fraud「募金詐欺」という表現もあります。
➤**Chuggers** have been criticized for being pushy, and because they operate in groups.（募金を食い物にする連中は、押しが強く、また集団で行動することで批判されてきた）

● **the nanny state** [国が国民の生活を管理する福祉国家]

nanny は「乳母、子守」のこと。
➤For pensioners in Britain, it's back to **the nanny state**.（英国の年金受給者には、福祉国家が戻ってきた）

● **civil society** [意味の追加] [民営社会]

従来の「市民社会」という漠然とした意味合いに対し、「民の力を中心とした新しい社会」というニュアンスで使われ始めています。小泉首相の言う「官から民へ」もこうした流れの一環と見ることができるでしょう。NGO、宗教団体、地域団体、環境団体など、民間の自発的な社会活動が主力になっていく社会です。イギリスの保守党は先の選挙で、福祉国家が担う役割の多くを民間の慈善団体などに

任せようという政策として、civil society の実現を主張しました。

● Fleet Street ［意味の追加］「かつてのロンドンの新聞街」

多くの辞書によると、Fleet Street は「ロンドンの新聞社街、または英国新聞業界」という意味が掲載されています。しかし実態は、ほとんどの大手新聞社が 1980 年代から郊外か新規開発地域に移転を済ませており、大手で最後に残ったロイター通信社も 2005 年 6 月 22 日、東ロンドンの Dockland 地区へ移転しました。残っているのは、従業員 15 人のスコットランド系新聞とフランス系の AFP 通信だけとなり、フリート街一帯は新しいビジネス街に変身中です。

▶For over 300 years, London's **Fleet Street** was the heart of British journalism, home to many of the country's leading newspapers and pubs that fueled their employees.（300 年以上にわたって、ロンドンのフリート街は英国ジャーナリズムの心臓であり、英国の大手新聞社の、そしてその従業員に活力を与えたパブの故郷であった）

● viewpaper「見解新聞」

英国の新聞業界も競争が激化しています。Independent 紙は、これからは newspaper「報道新聞」（news「報道」＋ paper「新聞」）ではなく、viewpaper「見解新聞」（views「見解」＋ paper「新聞」）に切り替えて、コラムや解説を増やし、影響力を強めたいとしています。

▶One newspaper, *The Independent*, has said it is turning into a "**viewpaper**," with plenty of columnists and cover stories that stake out strong positions.（『インディペンデント』紙は、「見解新聞」に転化すると言っている。多くのコラムニストを擁し、特集記事を増やすことで、立場を明確に打ち出すとのことだ）

● relationship journalism「恋愛関係ジャーナリズム」

英国のタブロイド紙は、毎朝第一面で celebrity「有名人」のゴシップ記事を掲載することが多く、英国人も新聞・雑誌で芸能関係記事を楽しんでいます。特に、有名人の恋愛関係記事が好まれ、これを relationship journalism と呼びます。

➤The company, that owns *OK*, calls this stuff "**relationship journalism**," and it is pretty easy to spot.(『OK』誌を保有している会社は、この手の記事を「恋愛関係ジャーナリズム」と呼んでいるが、どれがそれにあたるかはすぐわかる)

● **Forced Marriage Unit**「強制結婚対策班」

イギリスに居住しているインド、パキスタン、バングラデシュ系住民の間で、旧母国の伝統を引き継いだ風習である強制結婚 (forced marriage ⇨ p.101) が後を絶ちません。このため、政府は2000年、内務省に強制結婚対策班を組織して活動を始めましたが、被害者や親類から1000件にのぼる訴えがありました。実際にはもっとたくさんのケースが隠れていると見ています。被害者救済のために、強制結婚を犯罪とみなすことも検討しているようです。
ちなみに、親類等がお膳立てをするお見合い結婚 (arranged marriage) は犯罪にはならないとのことです。
➤After having dealt with hundreds of cases, the British government said it was considering making **forced marriages** a criminal offense.(英国政府は、数百件という強制結婚に対処した結果、これを犯罪とみなすことを検討していると語った)

● **honour violence**「体面暴力」

パキスタンなどの南アジア地域には、結婚は親や親族が決め、これに逆らうと不法な処罰や暴力を受ける因習がいぜんとして残っています。英国当局が南アジア系の200〜300組の被強制結婚者について調査したところ、被害者の15パーセントは男性でした。強制結婚は家柄や村の古い伝統など体面を守ることに起因し、honour violence「体面暴力」と呼ばれます。
➤The issue was raised last week at a conference hosted by Scotland Yard in London on so-called "**honour violence**."(先週、ロンドン警視庁が主催する会合で、いわゆる「体面暴力」に関して問題が提起された)

● **Cowmilla**「デブのカミラ」

= cow(乳牛)+ Camilla。20年に及ぶ不倫の末、チャールズ皇太

子と結ばれたカミラ・パーカー・ボウルズ夫人のこと。ダイアナ前皇太子妃を支持するファンの怒りはおさまらず、太り気味の夫人を乳牛になぞらえてこのように揶揄しました。

＊

● ee 《スコットランド方言》「目」

スコットランド語で「目」のことです。通常の eye から真ん中の y を取ってしまって、鼻のない目だけにしたのかどうかはわかりません。

● heuchter-teuchter 「スコットランドくさい」「いかにもスコットランドらしい」

「ヒューチター・チューチター」と発音します。heuchter-teuchter music のように、スコットランドの音楽などをけなして表現するときの形容詞です。
本来はスコットランド南部のハイランド地方にいる人たちのことを指して言った言葉のようです。その意味と、スコットランド人が踊りのときに発する奇声とが相まって、スコットランドらしさを表すときに使われるようになったということです。

● haar 「北海からやってくる冷たい濃霧」

英国北部スコットランド地方の中核都市エジンバラあたりの気象現象ですが、オランダ語の影響を受けています。ちなみに haar はオランダ語で「髪」「彼女」という意味です。
▶On the east coast of Scotland sea fog is known locally as **haar** or North Sea **Haar**.（スコットランド東海岸の海霧を地元では haar あるいは North Sea Haar と言うそうだ）

● set the heather on fire 「世間をあっと言わせる」「センセーションを巻き起こす」

スコットランド地方で使われる表現です。文字通りには「ヒースの荒野に火をつける」ですが、転じて「世間をあっと言わせる、びっくりさせる、沸かせる」という意味になります。
この意味で使われる一般的な表現は set the world on fire ですが、

worldの代わりにいろいろな語を入れて表現することが可能です。
「日本中を沸かせる」ならset Japan on fireという具合です。
▶The news **set the heather on fire**.（そのニュースは世間にセンセーションを巻き起こした）
▶Yon-sama, Bae Yong Junhe's Japanese nickname, has **set Japan on fire** and is now one of the brightest stars of Asia.（日本中を沸かせているヨン様ことペ・ヨンジュンは、今アジアでいちばん輝いているスターのひとりだ）
▶Their heavy sound **set** the Budokan **on fire** last night.（昨夜、彼らの強烈なサウンドで武道館は興奮のルツボと化した）

日本の政治・社会

● compartmentalized administrative structure 「縦割り行政構造」

compartmentalizeとは、compartment「分室」に仕切ること。
▶It's difficult to map out long-term, comprehensive strategies given a **compartmentalized administrative structure** under which the Economy, Trade and Industry Ministry handles energy policies, the Environment Ministry deals with greenhouse problems and the Foreign Ministry takes care of diplomacy.（日本は縦割り行政（構造）になっているため、長期的で総合的な戦略を立てるのが難しい。経済産業省がエネルギー政策を司り、環境省が温室効果ガス問題対策を扱い、外務省が外交政策を担う、といった具合に）

● privatize 「民営化する」

privatizationは「民営化」という意味です。
▶Koizumi's Cabinet has adopted a plan to **privatize** the state-run postal services by 2017.（小泉内閣は、2017年までに国営の郵政事業を民営化するという計画を策定した）

- **postal privatization bills**「郵政民営法案」「郵政民営化関連法案」

- **postal bills**「郵政法案」

- **the Lower House**「下院」「衆議院」

正式には、日米とも、the House of Representatives と言います。英国では、the House of Commons と言います。

- **the Upper House**「上院」「参議院」

正式には、日本では the House of Councilors、米国では the Senate、英国では the House of Lords と言います。

- **swing votes**「浮動票」

よく「キャスティングボートを握っている浮動票」つまり「その動向が選挙結果を決定的に左右することになる浮動票」の意味合いで使われます。

- **by-election**「補欠選挙」

▶Koizumi has got a boost with **by-election** wins.（補選勝利で小泉首相が勢いづいた）

- **snap election**「解散総選挙」「抜き打ち選挙」

「解散総選挙を行う」と言う場合、動詞は call、have、hold などを使います。
▶The Government decided to hold a **snap election**.（政府は解散総選挙を行うことを決定した）
▶Canadian Prime Minister Paul Martin threatened to call a **snap election** over opposition to his plans to bring in same-sex marriage legislation.（カナダのポール・マーティン首相は、自身が推している同性結婚の法制化案が否決されたならば解散総選挙を行うと警告した）

6. WORLD

● assassin candidate 「刺客候補」

➤The election has captured the public imagination because of the LDP's so-called **assassin candidates**. (今回の選挙は自民党のいわゆる「刺客候補」のために国民の関心をつかんだ)

● term-limited 「任期満了が視野に入った」

小泉首相の任期は2006年9月までで、ブッシュ大統領ももう再選はありません。このように任期の終わりが近づくと、lame-duck「足の悪いアヒル」と呼ばれて急速に影響力を落とすのが普通です。term-limitedも、そういう公人の状態を指す言葉です。

● hereditary lawmakers 「世襲議員」「二世議員」

➤Of the LDP's successful candidates in the 2003 House of Representatives election, 53.6 percent were "**hereditary lawmakers**," that is, offspring, grandchildren or other close relatives of politicians. (2003年の衆議院選で当選した自民党議員の53.6パーセントが世襲議員、つまり、政治家の子ども、孫、または近親者だった)

● no-confidence vote 「不信任投票」

場合によって「不信任票」「不信任案」「不信任決議」など、いろいろな意味になりそうです。hold a no-confidence voteで「不信任投票を行う」。holdの代わりにtakeも使われます。pass a no-confidence voteで「(投票で)不信任とする」「不信任決議をする」です。

➤Last week, Parliament held a **no-confidence vote** against the Education Minister. (先週、議会は教育相に対する不信任投票を行った)

➤Harvard students passed a **no-confidence vote** in President Nathan Marsh Pusey in 1969. (ハーバード大の学生は1969年、ネイサン・マーシュ・ピュージィ学長を不信任とした)

➤Israeli Prime Minister Ariel Sharon barely survived a **no-confidence vote** in Parliament, although the opposition tied him in the ballot. (イスラエルのアリエル・シャロン首相は、反対

派が投票で結束したにもかかわらず、議会の不信任投票をかろうじて切り抜けた＝シャロン首相の不信任案はかろうじて否決された）
➤Eisner actually got a **no-confidence vote** of over 50 percent of the votes.（実際、アイズナーを不信任とする票が過半数を占めた）
➤On the following day, he got a **no-confidence vote** from the Industry Committee.（翌日、彼は産業部会で不信任となった）

＊

● expats「国外在住者」

ハイフンを入れて ex-pats とも書きます。expatriates の略です。単数形は expatriate。

ちなみに、海外に居住していながら自国の選挙に投票することを expatriate voting「在外投票」と言いますが、略して expat(s) voting と記すこともあります。

日本で expats と言うと、外資系の企業で本国から派遣されて日本で働いている外国人を指します。役員クラスの人が多いようです。住居費、子どもの教育などはすべて会社によって賄われます。ひとりの expat に対して企業がどのくらいの金額を支払うかは会社のなかでの肩書き、赴任国によって異なるようですが、日本にいる expats には最高額が支払われているようです。

➤At the time, four English-language newspapers were competing for a readership consisting mainly of **expats**, English teachers and Japanese keen on "internationalizing" their outlook.（当時、4つの英字紙が、主に外国人居住者、英語教師、自らの視野を「国際化する」ことに熱心な日本人たちから成る読者の数を競っていた）

● bid-rigging「談合」「入札不正談合」

bid-rigging scandal は「談合事件」という意味になります。
・the bid-rigging linked to bridge construction projects（橋梁工事を巡る談合事件）
➤Some Japanese oil companies were raided over an alleged **bid-rigging** scam.（日本の石油会社数社が談合入札の疑いで家宅捜査された）

● faked earthquake-resistance data 「耐震偽装データ」

▶Five Sapporo condominium complexes have been confirmed to have been built with **faked earthquake-resistance data**. (札幌の5つのマンションが耐震偽装データに基づいて建てられていることが確認された)

● home-improvement scam 「リフォーム詐欺」
= home-repair fraud = home-renovation fraud = home-renovation scam

▶Four salesmen were arrested in a **home-improvement scam**. (リフォーム詐欺事件で、4人の営業マンが逮捕された)

● Class-A war criminals 「A級戦犯」

▶The news media in China continues to report stories about Japanese **Class-A war criminals**, but they avoid articles that might incite anti-Japanese sentiment among the public. (中国のニュースメディアは日本のA級戦犯に関するニュースを報道しつづけるが、民衆の間に反日感情を煽るニュース報道は避けている)

● comfort women 「従軍慰安婦」

● sexual enslavement of woman for soldiers 「従軍慰安婦(という仕組み)」

● Japinos 「ジャピノス」「日比混血」

= Japanese + Filipinos。日本人を父親に持ち、フィリピン人を母親として生まれた子ども。約7〜8万人いると推定されています。
▶Filipinas who worked in Japan went home to give birth to a baby whose father stayed behind. Locals call these children "**Japinos**." (日本で働いていたフィリピン女性が、子どもの父親を日本に残したまま、出産のために国に帰った。こうして生まれた子どもを、現地ではJapinosと呼んでいる)

● **family register**「戸籍」

英米には日本の「戸籍」にあたるものが存在しません。
➤The detainee filed an application with the family court for a gender change in the **family register.**（その被拘留者は、戸籍の性別を変更するために家庭裁判所に書類を提出した）

● **whitewash**「うわべを飾る」「過失を隠す」

➤Protesters were riled by Japan's current bid for a permanent seat on the UN Security Council and its recent approval of revisionist history textbooks criticized for **whitewashing** Japan's wartime atrocities.（デモ隊は、日本が国連安保理常任理事国入りを狙っていることと、戦時中の日本の残虐行為を隠蔽していると非難されている、見直し論者による歴史教科書を国が検定を通したことに対する苛立ちを示していた）

● **permanent member of the UNSC**「国連安保理常任理事国」

the UNSC は、the United Nations Security Council「国連安全保障理事会、国連安保理」です。
➤We oppose Japan becoming a **permanent member of the UNSC**.（我々は、日本の国連安保理常任理事国入りに反対である）

● **Japanophobia**「日本嫌い」

-phobia には「病的恐怖」「恐怖症」「嫌悪症」という意味があります。Francophobia「フランス嫌い」、Europhobia「ユーロ嫌い」、China-phobia ＝ Sinophobia「中国嫌い」のように応用できます。

● **group suicide**「集団自殺」

➤More than 30,000 people took their own lives in Japan in 2004, a year which saw an increasing number of **group suicides** involving people who met over the Internet.（2004年に日本では3万人以上の人が自殺したが、その年には、インターネットで出会った人同士を含む集団自殺の増加が見られた）

✱

● Sudoku「数独」

数字合わせのパズルで、Su-doku また Su Doku とも書きます。数字を入れる3×3＝9個の枠が9組あり、この各枠内と縦横の各列に同じ数字が重ならないように、空いている枠に数字を埋めてゆきます。

もともと number place と言っていましたが、日本名の「数独」で一般に広く知られるようになりました。数独のいわれは「数字は独身（1桁）にかぎる」からきているとのこと。

いま世界で crossword puzzle をしのぐ勢いで猛烈にはやっています。どのくらいはやっているかは、以下の例文をごらんあれ。

▶British Airways banned its staff from doing **Sudoku** puzzles, arguing that the Japanese numbers game distracts cabin crew during take-off and landing.（英国航空は従業員に「数独」を禁じた。日本のこの数字ゲームによって、離発着の際、乗務員が注意散漫になると言うのだ）

● Cos-Cha「コスチャ（コスプレ喫茶）」

costume play は「時代衣装を着けて演ずる時代劇」のことですが、日本語で「コスプレ」（"cosplay" または "cos-play"）と言うと、アニメやコミックの登場人物に扮したり、身分や職業に特有の服装をして、そのキャラになりきることを指します。

Cos-Cha は、costume (play) + cha「茶」からつけた店の名前で、そこではウエートレスがフランスのメイドの衣装や女子高生の制服などを着ています。「コスプレ喫茶」は「メイド喫茶」とも呼ばれ、ウエートレスは「エンジェル」とも呼ばれるそうです。

▶In Japanese, this new genre is called "cos-play," short for costume play. The next stop could be **Cos-Cha**, or costume tea.（日本語では、この新しいジャンルは costume play を略して cos-play「コスプレ」と呼ばれる。次に立ち寄るのは Cos-Cha つまり costume tea「コスプレ喫茶」だ）

● Japanese Cool「日本的かっこ良さ」

➤The world is increasingly eyeing its GNC—the export of "**Japanese Cool**."（世界は、ますます日本の文化的影響力に注目している。すなわち「日本的かっこ良さ」の輸出である）

＊ GNC (= gross national cool) とは、「文化的影響力」「文化的かっこ良さ」のこと。

● geeks obsessed with computers, games and "anime" cartoons「オタク」

日本の一般的な「オタク」を説明した言い方です。ちなみに「スタートレック・オタク」をStar Trek geek、「スターウォーズ・オタク」をJedi geekと言います。

geek「オタク」は、日本文化に精通した人たちの間では、そのままotakuで通用します。anime geek = anime otaku「アニメ・オタク」、computer geek = omputer otaku「コンピュータ・オタク」、movie geek = movie otaku「映画オタク」など、いろいろな語を前につけて使います。

● fanboy「オタク」

今までは、オタクというとnerdやgeekという否定的な言葉が使われることが多かったのですが、fanboyはちょっとニュアンスが異なります。アニメ、SF、ビデオゲームなど、いわゆるオタク文化に夢中な人を指します。

➤He is such a **fanboy**.（彼はとにかくオタクだ）

● family restaurant「ファミレス」

family restaurantはチェーン店のファミリーレストランを指すことが多いようです。family-oriented restaurant「ファミリー（指向の）レストラン」という言い方もあり、こちらは個人経営のお店を指すことが多いようです。

● revolving sushi bar [restaurant]「回転寿司」

ほかに、rotating sushi bar [restaurant] や belt-conveyor sushi

restaurant とも言います。健康指向と仕掛けの物珍しさから、欧米で今ブームになっています。

revolve は「ぐるぐる回る」という意味があります。ちなみに、「回転ドア」のことを revolving door と言います。

▶The other day I had lunch at a **revolving sushi restaurant**.（先日、私は回転寿司でお昼を食べた）

● Sasebo burger「佐世保バーガー」

1950年ころ、長崎県佐世保で米海軍の水兵に人気のあった「佐世保バーガー」がこのところ人気を盛り返し、各地に販売店が店開きしています。「佐世保バーガー」は普通のファストフード店のバーガーよりも大型で、中身がもりだくさんなのが特色。オムレツ、ベーコン、レタスがはさまれています。大きなものは直径30センチにもなるそうです。

▶The **Sasebo burger**—originally made to cater to American service members more than 50 years ago—is enjoying a nationwide comeback.（50年以上も前に米軍兵士に提供するのが目的で作られた「佐世保バーガー」が、全国的な復活を遂げている）

● machine-cleaned rice「無洗米」

pre-washed rice や rinse-free rice、no-wash rice とも言われています。

▶**Machine-cleaned rice**, a type of rice that requires no washing before it is cooked, has become popular with consumers because it is convenient to use and environmentally friendly.（無洗米とは、炊く前に研ぐ［洗う］必要のないお米のことで、手間がいらず、かつ環境にやさしいということで、消費者に人気が出てきた）

● female-only train car「女性専用車両」

● Ina Bauer「イナバウアー」

Ina Bauer は、現在60歳代の実在のドイツの女子スケート選手の

名前。1957年、米国コロラドでの世界選手権で上体を反らす滑走を披露し、この演技にそのまま本人の名前が付けられたものです。片方のひざを曲げ、一方の脚はうしろに引いて上体をうしろに反らせる姿勢がオリジナル。日本の新聞や雑誌は、「上体を反らす」とか「上半身を反らす」と表現するものが多く、「背中を曲げる」という言い方はあまり見られません。

英語表現では、The Daily Yomiuri は backbend position、TIME は back-bend と、「背中を曲げる」という表現が多く見られました。また Shizuka back bow という表現も目にしました。

▶Arakawa performed flawlessly, including an **Ina Bauer** in which she glides in a backbend position.（荒川選手は、背中を反らして滑走する「イナバウアー」を含め、完璧な演技を見せた）

● **our Miss Don't Mind**「うちのドンマインさん」

皇后美智子さまは、2005年10月20日の71歳のお誕生日の記者会見で、11月に嫁がれる紀宮さまについて、「私が思いがけないことが起きてがっかりしているときに、まずそばに来て「ドンマーイン (Don't mind.)」と、のどかに言ってくれる子どもでした。陛下は清子のことをお話しになるとき『うちのドンマインさんは』などとおっしゃることもあります」と話されました。

この報道で「うちのドンマインさん」を、our Miss Don't Mind と英訳したのは、AP、Mainichi Daily News、Japan Times で、our Miss Never Mind と英訳したのは International Herald Tribune、Daily Yomiuri です。

▶There are times when His Majesty talks about Sayako, and says, "What happened to **our Miss Don't Mind**...?"（陛下が清子のことをお話しになるとき「うちのドンマインさんはどうした…」とおっしゃることもあります）

● **NHK's morning (drama) serial**「NHKの朝の連続テレビ小説」

● **stablemaster**「厩舎長」「施設長」「(相撲の) 親方」

stable は馬の「厩舎」のこと。それらを管理する長、つまり「厩

舎長」のことをstablemasterと言います。これを相撲の世界に当てはめると「部屋」はstable、「親方」はstablemasterというわけです。

➤After his retirement, Futagoyama was known as a **stablemaster** who trained his two sons to become elite sumo wrestlers.（双子山は、引退後ふたりの息子をエリート力士に育て上げた親方として知られていた）

● loincloth-clad wrestler「まわし姿の力士」

● folding screen「屏風（びょうぶ）」

上野の国立博物館では、日本の屏風をfolding screenと表示していました。
ちなみに、sliding screenは「障子・ふすまなどの横開きの仕切り」として、よく辞書に載っています。

● leaf peeping「もみじ狩り」

➤**Leaf peeping** takes a lot of gas.（もみじ狩りに行くのは大量のガソリンを食う）

● New Year's good luck gifts「お年玉」

➤Many Japanese children are given **New Year's good luck gifts**.（大勢の日本の子どもたちが、お年玉をもらう）

● floating world「浮世」

Googleで検索すると「浮世」という意味でfloating worldはずいぶん使われています。

➤One of the Japanese art recognized in the world is "**Floating-world** pictures," or *ukiyo-e*.（浮世絵は世界でも知られている日本の芸術のひとつだ）

INDEX

英語索引

見出しおよび解説中の英語表現をアルファベット順に配列しています。
見出し(太字部分)はページをゴシック体(やや太い書体)で示しています。
ハイフン付きの語は、ハイフンなしで続けた語として配列しています。
〔例〕age-related は agerelated として配列
数字は読みの綴りで配列しています。
〔例〕7/7 は seven seven として配列
one's, do および冒頭の the、その他の細字は配列の考慮に入れていません。

A

AAAA 220
AARP 107
abdominal crunch exercise 25
accordion pleats 130
account takeover 195
Act on the Protection of Personal Information 196
activation 185
ACU 211
adjuvant 172
ADL 238
Advanced Placement class 88
advancer 222
advancing issue 222
adware 188
affiliated relationship 219
afternoon off 53
age-related disabilities 106
aggravated robbery 251
agoraphobia 171
aichmophobia 160
ailurophobe 75
ailurophobia 170
AIM 224
air rage 21
airline ticket tax 229
all-or-nothing mentality 10
all-you-can-eatery 10
Alternative Investment Market 224
Alternative Minimum Tax 227
alternative thinking 233
Amateur Athletic Associations of America 220
American Association of Advertising Agencies 220
American Association of Retired Persons 107
AMT 227
anchor babies 261
anger-management 86
Anglophobe 75
angst-ridden 86
animal liberation 154
Animal Rights Federation 154
anime geek 279
anime otaku 279
anti-obesity medicine 173
ANWR 154

apple-shaped 135
apport 175
aquafarmer 211
Arbor Day 154
arborist 154
Arctic National Wildlife Refuge 154
ARF 154
armistice demarcation line 238
lay down *one's* arms 50
A-Rod 141
arranged marriage 100, 270
artisanal 10
art-mate 10
Asian Currency Unit 211
Asia-Pacific Partnership for Clean Development and Climates 152
Right, my ass! 59
assassin candidate 274
assassin-fan 139
asshat 10
assisted marriage 100
Associated Actors and Artists of America 220
astrobiology 149
asymmetric conflict 249
asymmetric warfare 249
asymmetrical conflict 249
asymmetrical warfare 249
at a healthy clip 11
audioblog 182
auto-free zone 120
avian flu 167
avian influenza 167
avocado roll 107
awareness band 131
awareness bracelet 131
awesometastic 11
axis of evil 243
axis of good 243

B

Baby Bells 192
baby boom 105
baby boomer generation 85
baby boomlet 85
baby bust 105
baby ticker 184
back loop 140
back to work 18

back up 11
backward somersault 140
bacterial spores 161
my bad 53
bad hair day 11
baggage meltdown 12
Bambino 141
bare-bones 12
barista 109
barnyard epithet 12
barnyard humor 12
barnyard language 12
barrier-free 106
Bassmaster 140
battered child 99
battered wife 99
BBW 134
BCP 249
be a generation away 13
be beset from all sides 13
be beyond compare 13
be dressed up 136
be in the know 13
be pimped up 136
be psyched 14
be psyched up 14
bean 236
beef bowl 108
Beer City 264
It's the bee's knees. 47
belligerati 48
Bells 192
bells and whistles 14
belt-conveyor sushi restaurant 279-280
warm [ride] the bench 138
Benjamin 236
Benny 236
be beset from all sides 13
bet the farm [ranch] 15
better-for-you customer 110
better-for-you products 110
be beyond compare 13
bibliophile 75
bichon 103
bichon frise 103
in a bid to *do* 46
bid-rigging 275
The Big Apple 264
big beautiful woman 134
The Big Easy 264
Big Unit 141

biggest ham 93
BILF 15
bimbo 43
bin raider 196
bin raiding 195
binge drinking 110
binge eating (disorder) 110
biobank 174
biodefense 147
biodetection architecture 148
bioengineered foods 156
bioindicator 154
bioindicator plants 154
bioindicator species 154
biometric identification 144
biometric passport 144
biometrics 144
bio-musical 122
biopharming 156
bioprospecting 157
bioterrorism 248
flip the bird 22
bird flu 168
bitch I'd like to fuck 15
black and white 15
BlackBerry 192
blanket testing of cows 167
blawg 182
bleg 183
bling 266
bling-bling 130, 266
Blinglish 266
blog 181
blog hopping 183
blog swarm 182
blogfoo 183
blogorrhea 183
blogosphere 182
blogroll 183
blogsnob 183
blogsphere 182
blogstorm 182
deal ~ a bloody nose 26
blooper 138
bloviator 16
blue state 256
bobblehead doll 139
body lift 162
bogo / BOGO 220
Bollywood 126
bolt 139
bone-breaker 16

bone-breaking 16
bonus room 102
bonus worker 107
boo 16
book person 39
bookcrossing 16
boomerang child 83
boomerang kids 82
boomeranger 83
the boonies 17
boony 17
get a boost from 35
get a boost with 35
bot network 189
botnet 189
bovine spongiform
    encephalopathy 167
think inside the box 67
think outside (of) the box 67
box-cutter 249
boy I'd like to fuck 15
boyfriend 17
BPO 205
brandaholic 86
Brangelina 125
brashwear 132
break a code 194
brick by brick 17
bridge-and-tunnel crowd 17
bridge-and-tunnel people 17
Britspeak 18
brokeback 18
the "broken windows" theory
    (of crime prevention) 250
brother I'd like to fuck 15
have a brush with death 41
Brussels 239
B-school 96
BSE 167
BTO 204
BTW 18
buccaneering 18
buck 236
build to order 204
burqa / burka / burqua 131
business continuity plan 249
business process outsourcing
    205
butler service 118
butt I'd like to fuck 15
buy one get one 220
buzz cut 19

by-bidder 210
by-election 273

C

CAFA 266
caffeine junkie 19
cage diver 116
cage diving 115
Cal/EPA 154
California Environmental
    Protection Agency 154
California roll 107
CAM 160
camikini 130
camp 19
Can it! 19
candy-bar phone 190
canine dentist 103
canine psychologist 103
canine stylist 103
carbon-copy bulls 158
car-clogged 120
cardiac arrest 168
career capper 19
car-free zone 120
carpool 120
carpool lane 121
carrot-and-stick approach
    243
carry ~ pickaback 20
cascade 146
cash-strapped 20
cat cry syndrome 169
cat flap 104
cat plague 168
cat sleep 20
category killer 200
cater-corner(ed) 48
caterpillar roll 107-108
catlick 20
It's the cat's pajamas. 47
catty-corner 48
prowl the catwalks 136
CCT 151
CDC 217
Cedar Revolution 254
celebrity-obsessed 86
cell yell 191
cellphone addiction 191
cellphone jerk 191
centerfold 20
center-screen 20

285

Certified Turnaround
   Professional 231
CFIUS 259
chameleonitis 21
Chapter 13 bankruptcy 263
per charge 55
charity fraud 268
chatterati 48
checkout-line rage 21
cheddar 22
cheese 22
cherry-pick 22
cherry-picking 22
chevon 108
chèvre 108
child born out of wedlock 99
China-phobia 277
chop shop 251
chuggers 268
chunk the deuce 22
Cinecitta 126
the Circle Line 118
the Circle Line (in London) 267
city break 115
The City of Angels 264
The City of Brotherly Love 264
City of the Golden Gate 264
The City that Doesn't Sleep 265
civil society 268
clamshell / clam-shell 190
Class Action Fairness Act 266
class clown 93
Class-A war criminals 276
claustrophobia 171
clean coal technology 151
clean record 246
cleanskin / clean-skin / clean skin 245
clinical negligence 252
get clobbered with 35
cloned vehicle 251
Clone-Gate 158
the CNN effect 240
C-note 236
code breaker 194
code orange 247
code red 247
code-breaking 194
collapsible bike 119

Color Revolutions 255
color-coded alert system 247
comb-over haircut 22
comfort women 276
comic duo 128
The Commerce Comet 141
Committee on Foreign
   Investment in the United
   States 259
companion animal 103
be beyond compare 13
compartmentalized
   administrative structure
   272
competitive compassion 240
complementary and
   alternative medicine 160
computer geek 279
computer otaku 279
computer telephony
   integration 179
confined space medicine 240
congestion charge 267
congestion charging 267
conscientious rap 128
conservation subdivision 153
contiguous cull 167
contouring 23
conventional distribution
   channel 217
conventional wisdom 25
conversate 23
cord blood bank 174
core competence 200
core prices 209
corner office 23
coronary artery bypass
   operations 161
corporate social responsibility
   202
Cos-Cha 278
costume play 278
couch hopper 23
couch hopping 23
counterfeit bill detector 251
court-led rehabilitation 231
court-mandated rehabilitation
   231
cowboynomics 258
Cowmilla 270
crack 187
crack house 252

What's crackin'? 73
crank call 196
crank letter 196
c--rap 128
crawler 184
crazy hours 24
creative drive 24
creep 250
creepers 250
crew cut 19
cri du chat syndrome 169
crib 24
CRM 213
cross-pollinate 157
crowd-pleaser 25
crowd-pleasing 25
crown jewels 226
cruciflick 262
crunch time 25
crush syndrome 169
CSM 240
CSR 202
CTI 179
CTP 231
cubby 96
cubby box 97
cubby hole 97
cubby house 97
customer relationship
   management 213
cut-and-dried business 25
CW 25
cybercrime 194
cyber-crook 194
cybersquatting 185
The Cyclone 141
czar 252

D

dad gum 25
dad gummit 25
dad-blamed 25
daddy-caregiver 97
dadgum 25
dad-gummed / dadgummed 25
darkfiber 179
Day of the Jackal fraud 196
dead presidents 236
deadbeat dad 100
deadbeat diplomat 229
deal ~ a bloody nose 26

make the **dean's list** 52
death march 186
decliner 222
declining issue 222
declinologist 26
decode 194
Defense of Marriage Act 102
defibrillator 161
demarcation line 238
dental negligence 252
dental spa 165
deposit payoff system 207
deshop 26
deshopper 26
designated ugly fat friend 29
designer baby 159
designer child 159
deskfast 114
detox diet 111
Detroit East 241
chunk the **deuce** 22
developmentalist 152
dial-up 27
dibs 27
diet pill 113
digital home 178
digital light processing TV 145
digits 189
dime 27
directory 184
disaster medical assistance team 165
disease-resistant 157
disputed waters 238
distance learning 89
Divorce City 264
DLP TV 145
DMAT 165
DMD 145
do not hurt a fly 28
Do you catch my drift? 76
Doctors Without Borders 242
doe-eyed 28
dog biscuit 113
dog flap 104
dog whisperer 104
doga 28
dog-whistle campaigning 257
dog-whistle politics 257
dollar shop 199
dollar store 199
DOMA 102

our Miss **Don't Mind** 281
doting father 99
doting grandparents 99
go on a **double date** 37
double-decker 147
dough 236
downer 167
downer cattle 167
downer cow 167
dragon roll 107
be **dressed up** 136
Do you catch my drift? 76
drive out 28
drive shotgun 28
driving under the influence 251
driving while intoxicated 251
drone 147
drop a dime 29
drug traffic 254
dry copper 179
drybio 160
D-school 95
du rag 132
dude 29
due diligence 226
DUFF 29
DUI 251
dunce gene 159
DWI 251
dystopia 30
dystopian 30

E

earmarking 259
easy pickin's 30
eavesdropping 247
EBO 226
ecological deficit 150
ecological footprint 150
ecolonomics 150
ecomagination 153
e-commerce 181
economic value added 202
economy of scale 214
eco-warrior 152
ECU 212
edgier 30
edgy 30
ee 271
eephus pitch 138
Eew! 30

EEZ 238
EFF 101
elbow bump 30
electronic textiles 144
elurophobia 170
email 181
e-march 181
e-marketplace 180
embodied energy 150
embryonic stem cell 158
Emerald City 264
emerging infectious diseases 166
emission quota transactions 151
emissions trading 151
emotional correctness 249
employee buyout 226
employee discount 199
employee pricing 199
employee stock ownership plan 224
empty arm 100
empty arm syndrome 100
empty-nest syndrome 83
endorse 220
enemy combatant 248
energy drink 109
energy service company 151
energy-dense foods 112
enrichment class 89
push the **envelope** 57
environment tax 151
environmentalist 152
environment-friendly technologies 150
equidistance line 238
e-readiness 181
eroticize 31
erythrophobia 170
escape latch 146
ESCO 151
ESOP 224
ESPN widow 124
ESPN-onage 124
eternity leave 163
ethics cloud 258
Euro-creep 211
Eurogoogle 184
European Currency Unit 212
Europhobia 277
EVA 202

287

evangephobia 31
Every Lesson Counts 116
eVest 193
Ew! / Eww! 30
Examine your zipper, pretty damn quick. 75
exclusive economic zone 238
Exon Florio (amendment) 259
exoplanet 149
expatriate voting 275
expatriates 275
expats / ex-pats 275
expat(s) voting 275
extended financial family 101
extra cash 31
extrasolar planet 149
Exubera 172
eyebrow-raising 31

F

fabu 31
put in face time 57
put in face time with 57
face transplant 162
facelift 162
facial contouring surgery 23
fake bake 133
faked earthquake-resistance data 276
false advertisement 220
spreading false information 227
family register 277
family restaurant 279
family-friendly 100
family-oriented restaurant 279
family-unfriendly 100
fanboy 279
fanfic 122
Fannie Mae 259
fanzine 122
fare-beater 69
bet the farm 15
fart gag 31
fashionista 129
fashion-y / fashiony 128
fast-acting 174
fast-food bank 208
father-caregiver 97
return the favor 59
FedEx 32
feed 32

feline immunodeficiency virus 168
felinophobia 170
female-only train car 280
fertility crisis 105
FFP 213
FFV 146
fiery 113
fiery hot 113
the Final Eight 137
the Final Four 137
give ~ the finger 22
have a finger in the [every] pie 41
have one's fingers in so many different cakes 41
set the heather on fire 271
set the world on fire 271
First 91
first (to) file system 230
first to invent system 230
FIV 168
Five Forces Analysis 235
five-figure 236
fixed stock 222
flash mob 192
flatbed car 122
Fleet Street 269
flex-fuel car 146
flex-fuel vehicles 146
flexible printed circuit (board) 144
flip the bird 22
flip-flopper 32
floating stock 223
floating world 282
floor work 140
Flower Revolutions 255
flu day 92
fly 32
do not hurt a fly 28
Fog City 264
FOIA 260
foil gropers 33
folding bike [bicycle] 119
folding cycle 119
folding screen 282
food-relief efforts 240
for cry eye 33
forced marriage 101
Forced Marriage Unit 270
forum shopping 231

4C 216
FPC 144
framework thinking 232
Francophilia 75
Francophobia 277
Frankenfoods 155
fraudulent return 33
Freakonomics 210
freebie biz 220
Freedom of Information Act 260
Freedom Tower 248
Frequent Flyers Program 213
frequent shoppers program 213
virtual Friday 72
logical Friday 72
FSP 213
Fuck off! 33
fuel-thirsty 119
fugly 33
furkid / fur-kid / fur kid 103
furniture mover 33
fusion 33
fusion cuisine 33

G

G 127
GA foods 155
GAAP 258
gaggle 256
galeophobia 170
gallery 256
gametocyte 161
gangsta 34
Garam Masala Movie 126
gaslight 34
GasPutin 244
Gateway to the West 264
GE foods 155
gearhead 34
geek 35, 279
geeks obsessed with computers, games and "anime" cartoons 279
geeky 35
gender change 35
gendercide 253
gene jockey 157
gene-altered foods 155
gene-engineered foods 155
gene-manipulated foods 155

288

gene-modified foods 155
Generally Accepted Accounting Principle 258
Generation Apathetic 84
be a generation away 13
generic drug 172
generic medicine 172
genetically altered foods 155
genetically engineered foods 155
genetically manipulated foods 155
genetically modified foods 155
genetically modified organism foods 155
geoglyph 238
geopolitically 239
germophobia 170
get a boost from 35
get a boost with 35
get clobbered with 35
get (first) dibs on 27
get hammered drunk 35
get hit with 35
Get out of here! 35
Get the message? 76
get whacked with 35
get-rich-quick 36
ghetto fabulous 36
gift receipt 36
GILF 15
to the gills 68
Gini coefficient / Gini's coefficient 209
girl I'd like to fuck 15
girlie man 37
girly man 37
give ~ a bloody nose 26
give ~ a poke in the eye 37
give ~ the finger 22
glad rags 65
glorifying terrorism 248
glycosyltransferase 112
GM foods 155
GMO foods 155
GNC 279
GnT-4a 112
I must go. 46
go green 153
go missing 37
go on a double date 37

go postal 38
go Sean Penn 38
God send you good speed. 38
God speed you. 38
Godzilla 141
golf rage 21
good-behavior time credit 254
google 38
Google-aire 186
Gorgeous George 142
go-show 117
go-show passengers 117
Got it? 76
granny bike 39
grass-roots lobbying 257
the graying population 105
green 236
go green 153
Green campaigners 153
Green groups 153
greenback 236
Greenery Day 154
greenhouse gas emissions 151
in the greenshoe 224
grill 131
groper 253
groping 253
gross national cool 279
ground zero 247
group suicide 277
G/S 117
guerrilla marketing 215
guerrilla-style 39
gut-wrenching 39

H

haar 271
throw a Hail Mary 67
wear one's hair in 137
hair person 39
ham 93
Hamastan 244
get hammered drunk 35
handicapped accessible 106
rub one's hands (in glee) 59
What's happening? 73
happy camper 40
happy hour 40
happy slapping 192

try too hard 129
hard-as-they-come 40
Harry Potterphobia 57
Harvard pedigree 95
hate mail 196
have a brush with death 41
have a finger in the [every] pie 41
have a smoking gun 41
have a smoking pistol 41
have a softspot for 41
have one's fingers in so many different cakes 41
have (first) dibs on 27
have no teeth 263
have teeth 263
havelesses 210
havemores 210
havenots 210
haven'ts 210
haves 210
HCM 206
HDTV 145
head turner 42
headline grabber 220
head-spinning 42
head-turning 42
health tourism 163
health tourist 163
healthspan 105
at a healthy clip 11
heart-rending 42
heart-searching 43
heart-warming 43
heart-wrenching 42
Heck no! 43
Heck yes! 43
HEIDI 82
helo 43
henna tattoo 133
hereditary lawmakers 274
hermit kingdom 244
hero bread 108
hero sandwich 108
heuchter-teuchter 271
H5N1 virus 168
high heat 114
High Mobility Multipurpose Wheeled Vehicle 147
high occupancy toll 121
high occupancy vehicle lane 121

high-calorie foods 112
high-def 145
high-definition TV 145
high-end 130
high-fat foods 113
highly pathogenic avian influenza 168
highly-educated, independent, degree-carrying individual 82
high-skilled 96
himbo 43
hired gun 43
Hit me on the hip. 44
get hit with 35
HMMWV 147
hoax call 196
hold the country together 44
hold the place together 44
Home boy. 45
home-improvement scam 276
homeland security studies 250
home-renovation fraud 276
home-renovation scam 276
home-repair fraud 276
homeschooled 89
honcho 45
H1-B visa 207
make the honor roll 52
honour violence 270
honours degree 90
hoodies 85
teens in hoods 85
Horse Capital of the World 265
hoser 45
hot 45
HOT 121
hot grandmama 98
hot mama 98
the House of Commons 273
the House of Councilors 273
the House of Lords 273
the House of Representatives 273
house party ordinance 94
househusband 97
HOV lane 121
HPAI 168
HPS 163
HRM 206
hub-and-spoke airlines 117
hubby 45
human capital management 206
Human Patient Simulator 163
human resource management 206
human trafficker 253
human trafficking [traffic] 253
Humvee 147
100-percent testing of all cattle 167
do not hurt a fly 28
hydrogen fuel cell vehicle 151
hydrophobia 75
hyphenated surname 46
hypothetical thinking 234

I

I gotta jump. 46
I must go. 46
IB 199
ICD 161
icky 46
ICT 178
icy 46
identity fraud 194
identity theft 194
identity theft and fraud 194
IED 248
illegal immigrant 254
implantable cardioverter defibrillator 161
improvised explosive devices 248
in a bid to *do* 46
in pinstripes 139
in the greenshoe 224
be in the know 13
Ina Bauer 280
inclusive design 106
income tax benefits 227
Individual Taxpayer Identification Number 227
the Industrial Revitalization Corporation of Japan 232
information and communication(s) technologies 178
inheritance tax benefits 227
inheritance-hungry 47
initial public offering 223
innovator 213
insider jobs 195
inspimercial 219
inspirational ad 220
Institute of Design 96
intact family 99
intellidating 87
intelligent design 157
internal labor market 206
international brand 199
interruption marketing 215
IP centrex 180
IPO 223
the iPod generation 193
the IRCJ 232
The Iron Horse 142
Islamofascism 242
issue tree 234
IT 178
It tips (down). 68
Italian hero (sandwich) 108
ITIN 227
It's the bee's knees. 47
It's the cat's pajamas. 47

J

Jackal fraud 196
JAP 262
Japanese Cool 279
Japanophile 75
Japanophobia 277
Japinos 276
jaunt 115
one's jaw drops 47
one's jaw hits the floor 47
jaw-droppingly 47
jazzerati 48
Jedi geek 279
Jewish American Princess 262
JIT 203
jock 93
jockey 93
jocko 48
jog-mate 10
Joltin' Joe 142
juice up the economy 208
I gotta jump. 46
jump over 48

K

K Street 260

KAGOY 215
kazoo 48
up (to) the **kazoo** 72
Kids are getting older (at a) younger (age). 215
kids in parents' pockets eroding retirement savings 82
kidult 84
killer wave 155
King of Pop 125
King of Rock 'n' Roll 125
kippers 82
kitty-corner 48
be in the **know** 13
k-12 88
the **Kyoto Protocol** 151

L

lacto vegetarian 111
ladies who lunch 49
ladult 82
lame-duck 274
lamework 49
The Land of Lincoln 265
lasterday 49
latent defect 211
Latte Factor 49
latte-sippers 87
launch-debris 148
lay down *one's* **arms** 50
LBO 225
LCD 145
leaf peeping 282
leak-free 222
leak-proof 222
lean back 139
lean manufacturing system 203
leapfrog 48
LEP 91
Let's roll. 50
leveraged buyout 225
Lexus lane 121
lifestyle guru 129
Lifestyles of Health and Sustainability 149
Lifetime Value 213
limited English proficiency 91
limited English proficient students 91
limited language proficient 92

linguistic limbo 92
liquid candy 109
listed issue 223
little people 50
loan claims classified as "requiring special management" 232
local brand 199
logic tree 234
logical Friday 72
LOHAS 149
loincloth-clad wrestler 282
Londonistan 246
London-ness 267
long ball 137
long tail 212
longevity crisis 105
loose cannon 50
lose-lose 51
lounge (at) 51
low carbohydrates 113
low carbs 113
low heat 114
low-carb diet 113
low-conflict marriage 100
the **Lower House** 273
Lower Second 91
low-malt beer 110
low-skilled 96
LTV 213
lucky break 175
lunch-pail 51

M

machine-cleaned rice 280
mad cow disease 167
"Made for You" system 204
Magic Byte 188
make a shout-out to 51
make the dean's list 52
make the honor roll 52
make to stock 204
makeup-caked eyes 52
mall rat 85
malware 187
man date 52
management buyout 226
management by objectives 202
management of technology 200
management service provider 185
managerial grid 201
M&A premium 225
mansionize 103
marketing mix 216
masala movie 126
mass exposure 218
masstige / mass-tige 198
Matricula consular 228
maverick persona 52
MBO 202, 226
"me" business 214
me time 87
meatless 111
MECE 232
Médecins Sans Frontières 242
media circus 221
media frenzy 221
media hype 221
media literacy 222
media-driven 221
medical bankruptcy 262
medical negligence 252
medical tourism 164
medicare tourism 164
Megan's Law 263
Memogate 260
memory-enhancing drug 173
mercy rule 138
Get the **message**? 76
me-time 87
the **metro** 53
metrosexual 53
MFY system 204
Mickey D 53
Mickey D's 53
microscission 160
MI5 268
Mile High City 265
MILF 15
Military Intelligence (section) Five 268
Military Intelligence (section) Six 268
Millennium Development Goals 229
mind bomb 152
MI6 268
miss the cut 139
go **missing** 37
Mister Mom 97

291

mobile centrex 180
mobisode 190
moblog 182
MOD 101
model I'd like to fuck 15
molecular cook 111
molecular cooking 111
molecular cuisine 111
molecular gastronomy 111
molestation 253
molester 253
mommy-caregiver 98
mompreneur 98
virtual **Monday** 72
moola 236
morning off 53
morning person 39
most likely to succeed 93
MOT 200
mother I'd like to fuck 15
movie geek 279
movie otaku 279
movieoke 124
moving pavement 121
moving sidewalk 121
moving walkway 121
MPEG Audio Layer-3 193
MP3 193
Mr. Mom 97
Mrs. Dad 97
MSF 242
MSP 185
MTS 204
muffin top 135
multicultural society 262
multiculturalism 262
multigenerational household 101
multiple option thinking 233
Music City USA 265
mustachioed 53
must-have 129
mutually exclusive, collectively exhaustive 232
my bad 53
my other dad 101
MySpace generation 84

N

nail it 53
name-list brokers 196
naming right 219

nanny car 107
the **nanny** state 268
narratage 125
Nasca Lines 238
NASD 259
National Association of Securities Dealers 259
national brand 199
Nazca Lines 238
NB 199
NCLB 91
NC-17 127
nearline storage 184
nearshore outsourcing 205
NEET 83
neophilia 75
nerd 279
net baby 99
net operating profit after tax 202
NetMovie 124
neuraminidase inhibitor 172
our Miss **Never Mind** 281
New Year's good luck gifts 282
New York-ness 267
news ticker 184
NHK's morning (drama) serial 281
9/11 245
nip and tuck 133
the No Child Left Behind Act 91
no-brainer 54
no-confidence vote 274
the noise-graded fee system 152
nomad 224
nominated adviser 224
non-compete agreement 206
NOPAT 202
no-show 117
not engaged in education, employment or training 83
not-so-distant 54
not-too-distant 54
"now" price 198
no-wash rice 280
nuke 55
number place 278
Number 10 27
nutrigenomics 163

nutritional supplement drink 109
nutrition-supplement drink 109

O

obesity pills 173
octopus ball 108
OCW 90
office creeper 250
Office of Technology Licensing 148
office spouse 55
off-label use 173
offshore outsourcing 205
old maid 55
the "old old" 105
the oldest old 105
on a space-available basis 117
100-percent testing of all cattle 167
One to One Marketing 214
oneiromancy 175
one-ring phone scam 196
onshore outsourcing 205
open book management 202
Open Course Ware 90
operating under the influence 251
operating while intoxicated 252
OPT 205
Optimized Production Technology 205
opt-out generation 98
Orange Revolution 255
Orwellian surveillance 267
otaku 279
OTL 148
OUI 251
our Miss Don't Mind 281
our Miss Never Mind 281
outpost of tyranny 243
outreach 257
outsourcer 205
outsourcing 205
over easy 109
over hard 109
over medium 109
overshoot 150
ovolacto vegetarian 111

OWI 252
Oxycontin 252
oxytocin 162
oyster plate 109

P

paparazzi 48
paperazzi 48
Paps 88
parapsychology 175
parenting pool 100
Paris-ness 267
Park Avenue princesses 88
pastorpreneur 211
patent defect 211
PATHS 233
Patterns of Global Terrorism 246
PB 200
PBL 89
PC 250
PDA 193
PDP 145
pear-shaped 135
pedestrianization / pedestrianisation 120
pedestrianize / pedestrianise 120
pedestrianized zone 120
peer to peer 185
per charge 55
perfect vegetarian 111
permanent member of the UNSC 277
permission marketing 215
persistent vegetative state 169
personal data assistant 193
personal retirement accounts 228
pervasive computing 178
pesco-vegetarian 111
petronoia 171
PG 127
PG-13 127
pharma rice 156
pharming 195
phishing 195
phlog 182
phone scam 196
photoblog 182
phototonic 133

carry ~ pickaback 20
pick-me-up drink 110
picture day 93
pilgrimage walk 66
pimp (up/out) 136
be pimped up 136
pimped up ride [car] 136
ping 56
in pinstripes 139
plan B 173
plant breeding 158
plant-made pharmaceuticals 156
player 56
PLC 179
Plumpy'nut 113
plus one 56
podcasting 193
point of purchase 217
point-of-sales system 199
give ~ a poke in the eye 37
pole work 139
political correctness 249-250
politically correct 250
pom-pom mom 93
POP 217
pop tags 56
pork barrel 256
pork money 256
pork-barrel politics 256
POS system 199
positioning 217
go postal 38
postal bills 273
postal privatization bills 273
poster child 218
post-it 56
Potterphobia 57
power line communication 179
power-hungry 47
prank call 196
preheritance 263
premium 225
prenatal scans 161
press gallery 256
pre-washed rice 280
price establishment period 198
primary storage 184
prior art 231
private accounts 228

private brand 200
privatization 272
privatize 272
problem-based learning 89
process snapshot 233
product placement 217
product placing 218
Product Red 241
professional negligence 252
progressionist 26
Project BioShield 148
project-based learning 89
Promoting Alternative Thinking Strategies 233
prowl the catwalks 136
proxy fight 225
psi ability 175
be psyched 14
be psyched up 14
psychopomp 175
PtoP / P2P 185
pumping iron 140
punkrockdom 128
pure vegetarian 111
push the envelope 57
push-to-talk 190
put in face time 57
put in face time with 57
put in the "seat time" 92
pyramid structure 233

Q

Q-fever 168
Quaero 184
quantitative monetary easing 208
quasi-beer 110
Queen of Soul 125
quick study 58

R

R 127
rabies virus 168
Rain City 264
rainbow roll 107
bet the ranch 15
Rathergate 260
rat-run 119
rbi / RBI 138
RBOCs 192
Reaganomics 258
reality show 123

293

reality TV 123
re-bubble 208
recusal 58
recuse 58
recuse *oneself* from 58
red state 256
reduction to practice 230
re-emerging infectious diseases 166
regional Bell operating companies 192
regional brand 199
relationship journalism 269
relocation specialist 33
render farm 145
rendering 145
rendition 254
repetitive stress injury 169
replug 58
Reporters sans frontières 242
Reporters Without Borders 242
reposition 59
respiratory anthrax 166
resulting in death 252
resulting in injury 252
retake 90
retrial application 266
return the favor 59
revolving door 280
revolving sushi bar [restaurant] 279
RFM analysis 213
ribbie 138
ribby 138
rib-eye 138
ride shotgun 29
ride the bench 138
ride the pine 138
Right, my ass! 59
ring song 189
ring tone 189
ringsong 189
ringtone 189
ringtone melody 189
ringtone motion 190
ringtone movie 190
ringtone song 189
rinse-free rice 280
road map 241
road rage 21
Rocket 142

That rocks. 66
rogue country 243
rogue nation 243
rogue states 243
Let's roll. 50
Rooseveltians 258
rootkit 188
Rose Revolution 255
rotating sushi bar [restaurant] 279
rounding error 209
RSF 242
RSI 169
rub *one's* hands (in glee) 59
rubber chicken (meal) 257
rumorazzi 48
runaway success 59
run(s) batted in 138
Russophobe 75

s

safety tips 60
Sallie Mae 91
SARS 166
Sasebo burger 280
savior [saviour] sibling 159
Savvy? 76
SBS 169
scenester 60
schizoaffective disorder 170
schmooze (with) 60
schmooze (with) 60
schmoozer 60
SCM 203
scorched earth policy [strategy] 226
scrapbooking 60
screen every cow 167
go Sean Penn 38
Search Engine Marketing (ad) 218
put in the "seat time" 92
sea-washed 66
Lower Second 91
Upper Second 91
second collision 121
secondary storage 184
the secret filming [videoing] 253
the secret photographing of 253
segmentation 217

segue from ... to 61
segue into 61
SEM (ad) 218
semiclothed 61
the Senate 273
senile dementia 106
senior moment 61
senior party 230
service invention 230
service name 200
set the heather on fire 271
set the world on fire 271
settlement accounts 207
7/7 244
severe acute respiratory syndrome 166
sex change 35
sex offender 253
sexual enslavement of woman for soldiers 276
shaggy-dog story 62
shaggy-dogged 61
shaken baby syndrome 169
sham accounting 202
shareholders special benefit plan 225
sharp-elbowed 62
sharp-eyed 62
sharp-nosed 62
sharp-sighted 62
sharp-tongued 62
sharp-witted 62
shaved head 62
Shibby. 62
Shiggy 142
shoot-to-kill policy 245
shopgrift 63
shopgrifter 63
short selling 223
short tight perm 63
shoulder surfer 194
make a shout-out to 51
show pony 63
be beset from all sides 13
SILF 15
simoleon 236
Sin City 265
Sinophobia 277
six-figure 236
sixpack 135
skilled nursing unit 106
skimmer 195

skin flick 262
sleeper cell 246
sleeper issue 257
sleepover 94
slide down 140
sliding screen 282
slimming pills 173
slinky figure 134
slizzard 63
small ball 137
small baseball 137
small entity (status) 231
smart fabrics 144
smart home 102
smart phone 191
You smell me? 76
have a smoking gun 41
have a smoking pistol 41
snap election 273
sneizure 63
snoopspeak 247
snow day 92
SNU 106
So what? 234
social distancing 30
Social Security 228
socially responsible investment 203
soft patch 208
soft power 239
have a soft spot for 41
have a softspot for 41
soldier blog 182
soul patch 64
South Park Republican 258
Space City 265
space debris 148
on a space-available basis 117
spaghetti-strap tops 130
spam 186
spam blog(s) 187
spammer 187
specialist 223
SPH 203
spider 184
splitter 102
splog 187
spondulicks / spondulix 236
spore coat 162
spreading false information 227

spyware 188
SRI 203
SSBBW 134
stablemaster 281
stage-phoner 191
stage-phoning 191
Stan D. Ardman 162
star I'd like to fuck 15
Star Trek geek 279
stay-at-home dad 97
stealth ad 217
Steel City 265
stepdaughterdom 99
Stepford 64
stepmotherhood 99
stiletto workout 134
stock (market) ticker 184
stockholders meeting 225
stone by stone 17
stop high [low] 224
storm off 64
straight-talking 64
strategic diplomacy 239
straw effect 239
strictly vegetarian 111
strokes per hour 203
stroller fitness 134
strollercise 134
Su Doku 278
submarine bread 108
submarine sandwich 108
most likely to succeed 93
Sudoku / Su-doku 278
sugar daddy 65
Sunday finest 65
sun-intense 65
sun-kissed 65
sunny side up 109
sun-washed 66
sun-washed blue 65
super hot 113
super-size big beautiful woman 134
supply chain management 203
surname keeping 66
surveillance camera 267
sustainable energy system 149
sustainable living 149
swing votes 273
SWOT analysis 216

synthetic human genes 157

T

TABOR 229
pop tags 56
tailored medicine 160
take-no-prisoners 66
takeover bid 225
takeover premium 225
Tamiflu 172
tankini 130
tanning booth 134
tanorexia 133
targeted searches 245
tax on air(line) tickets 229
Taxpayer's Bill of Rights 229
TBI 247
T-Bill 224
TCO 202
Technology Licensing Office 148
Technology Licensing Organization 148
technology-enslaved children 85
technopreneur 186
tech-savvy 149
teens in hoods 85
have no teeth 263
have teeth 263
television junkie 19
temp to perm 206
temple circuit 66
temporary tattoo 133
tent party 94
term-limited 274
terrorism alert level 247
Tex-Mex 262
text 190
text messaging 190
TGIF 18
Thaksinomics 212
Thank God It's Friday 18
That rocks. 66
theory of constraints 205
thick 67
thin client 185
think inside the box 67
think outside (of) the box 67
think-inside-the-box 67
thinspiration 67
Third 91

295

thirsty 119
thought leader 201
three generic strategies 235
throw a Hail Mary 67
ticker 184
tight perm 63
tightwad 68
tipping point 68
It tips (down). 68
tissue engineering 158
TiVo-proof 123
TLO 148
TMA 231
to the gills 68
TOB 225
TOC 205
togethering 115
toilet-side 102
toilet-side literature 102
Tokyo Stop Exchange 227
Tokyo-ness 267
TomKat 125
tooth tourism 165
top competitive eater 114
total cost of ownership 202
Total Quality Control 204
total quality management 203
TQC 204
TQM 203
trailer-park environment 261
trans fat 112
trans state 175
transgenic foods 156
transplant tourism 164
traumatic brain injury 247
travelator 121
travolator 121
Treasury bill 224
treasury bond 224
tree surgeon 154
trial drilling rights 238
tried and tested 69
tried and true tested 69
true tested 69
truthiness 69
try too hard 129
trypanophobia 160
tsunami 155
tsunami lung 166
the Tube 267
Tulip Revolution 255
Turnaround Management
Association 231
turnaround management
business 231
turnaround management
company 232
turnaround professionals 231
turnaround specialists 231
turnover service 118
turnstile-jumper 69
TV Turnoff Week 124
24/7 70
The Twin Cities 265
twixter 83
Two Buck Chuck 70

U

the uber 71
ubersexual 70
ubiquitous computing 178
uebersexual 71
Ultra Wide Band 179
the Underground 267
undocumented immigrant 254
unexpected plot twist 71
uninterruptible power supply
 146
unique user 219
the United Nations Security
 Council 277
universal design 106
unlawful enemy combatant
 249
unplug 94
the UNSC 277
unskilled 96
up (to) the kazoo 72
the Upper House 273
Upper Second 91
upper second honours degree
 90
UPS 146
U.S. Agency for International
 Development 260
U.S. antidrug czar 252
USAID 260
useful idiot 244
UWB 179

V

vacuum effect 155
valley of death 148
value investing 223
vanpool 121
vector 159
vegan 111
vehicle identification number
 251
veridical hallucination 175
vertical marketing system 217
very large crude carrier 122
victimless meat 158
video blog 182
video voyeurism 253
vidiot 72
viewpaper 269
VIN 251
Vince Lombardi trophy 140
Vinnifer 125
virtual ad 218
virtual Friday 72
virtual Monday 72
visionary company 200
VLCC 122
vlog 182
VMS 217
VOC 215
voice of customer 215
Voice over Internet Protocol
 180
VoIP 180

W

WAF 214
walk-in 117
Wal-Marting 72
war blogger 183
wardrobe 72
warm the bench 138
"was" price 198
washable computing 144
watch blog 182
the Watergate scandal 261
WBC 137
wear one's hair in 137
weblog 181
wedgie 73
child born out of wedlock 99
weekend city breaks 115
weight-loss medicine 173
West Nile fever 166
westoxication 242
wetbio 160
get whacked with 35
What's crackin'? 73

What's happening? 73
wheelchair-bound 165
whinese 73
whip 73
the whip hand 243
white trash 261
whitewash 277
WiBro 191
wife acceptance factor 214
wigger 74
WiMAX 191
wimp 74
windshield time 74
The Windy City 265
win-win 51
Wireless Broadband 191
wiretapping 247
woodenness 75
word of food 114
word of mouth 114
worker-friendly 75
World Baseball Classic 137
World Natural Heritage Site 238

X

xenoglossophobia 171
xenophile 75
xenophobe 75
XYZ PDQ! 75

Y

Yahoo kids 76
Yale pedigree 95
The Yankee Clipper 142
yawner 76
yield factor 150
Yo, home boy. 45
yoga-mate 10
You smell me? 76
youthquake 85
YouthQuake 85
yupster 84

Z

zap 76
ZBB 233
Zelig 77
zen chair 165
zero base budgeting 233
zero base thinking 233
Examine your zipper, pretty damn quick. 75
zombie PC 188
zoonosis 168
zoophobia 75

英語新語研究会とは

時事英語研究会を母体として生まれた英語研究団体で、口語を始め、時事・科学技術・経済、また、ファッションやショウビズなど、さまざまな分野で日々生まれる新語・流行語を収集し研究。週2回、メールマガジン「**辞書にない英語で世界がわかる**」を発行し、その成果を一般に公開しています。

● 一般の方からの新語情報もメールで募集しています。
登録およびバックナンバーの閲覧は下記まで。
http://www.asahipress.com/eeclub/mm.html

情報通になるための 英語 新語・流行語ハンドブック

2006年11月20日　初版第1刷発行

編　者	英語新語研究会 ［代表　宮本倫好］
発行者 発行所	原　雅久 株式会社朝日出版社 〒101-0065 東京都千代田区西神田3-3-5 TEL（03）3263-3321（代表） FAX（03）5226-9599 URL http://www.asahipress.com 振替 00140-2-46008
カバーデザイン イラスト 本文組版 印刷製本	島田　隆 舘野三嘉子 株式会社欧友社 凸版印刷株式会社

©Eigo Shingo Kenkyukai & Asahi Shuppan-sha, 2006
ISBN 4-255-00369-6 C0082　*Printed in Japan*

動詞を使いこなすための英和活用辞典

ジャン・マケーレブ＋マケーレブ恒子＝編著　定価3,990円(税込)

●日本人の苦手な「動詞句」を的確な訳語と例文でつかむことにより、ネイティブが感覚的に身につけているニュアンスが分かる。●普通の英和辞典に載っていない「動詞句」も幅広く網羅。●10,000の動詞句の使い方が、完全対訳例文20,000ですぐ分かる。●コラム1［主要な動詞］＋コラム2［副詞／前置詞］で応用自在。

英和イディオム完全対訳辞典

ジャン・マケーレブ＋岩垣守彦＝編著　定価5,040円(税込)

●頻出イディオム約20,000表現をキーワードで配列。引きたい表現がすぐ見つかる。●ピッタリで自然な語義をできる限り多く提示。だれでもニュアンスがつかめてすぐ訳せる。●収録表現すべてに、使い方がそのまま分かる完全対訳例文つき（総数約40,000）。細かいニュアンス、使うシチュエーションも間違いなくつかめる。

会話作文 英語表現辞典 [第三版]

ドナルド・キーン＋羽鳥博愛＝監修　山田晴子＋伊良部祥子＝編集
定価2,940円(税込)

50万部を超えるベストセラー。英作文・手紙・メール・会話に、「通じる英語」をめざす人のための和英辞典。ネイティブによって厳しく吟味された例文形式だからこそ、「ご無沙汰」「せっかく」など微妙なニュアンスの語も分かり、継ぎはぎでない自然な英文を書き、話すのに役立つ。

最新ビジネス英文手紙辞典［増補新版］

フランシス・J・クディラ＝著　定価5,913円(税込)

著者が収集した膨大な数のビジネスレターの中から、実際に戦略効果をあげた手紙のみを収録。アプローチのしかた、構成法などの解説で、英語の論理の流れに沿った、説得力のあるビジネス・レターが書ける。単なる手紙辞典の枠を越え、国際ビジネスを成功に導く優れたビジネス指南書でもある。
別売 CD-ROM版 最新ビジネス英文手紙辞典　定価6,000円(税込)

朝日出版社 〒101-0065 東京都千代田区西神田3-3-5 TEL03-3263-3321 http://www.asahipress.com/

10万例文でメールや文章が書ける辞書ソフト

E-DIC
イーディック 英和|和英
CD-ROM for Windows

確かな英文が書ける、引ける！

英和・和英辞典、電子辞典をしのぐ圧倒的な例文集。ネイティブの自然な英語とこなれた日本語訳が好評。ビジネスマン・教師・医師・技術者・通訳・翻訳者まで、シチュエーションに合った英語が書ける。

使って便利
読んで面白い。
**奇跡のように
素晴らしい。**
柴田元幸氏
（東京大学教授・翻訳家）

ほかの辞典にはない 5大特長

❶ 収録辞書がすごい

見出し語72万+例文10万（すべて信頼のおけるネイティブによる自然な英文）の大容量辞書で、単語・熟語はむろん、例文までも検索できます。

❷ 検索がすごい

日本語からでも英語からでも、検索語入力（3語まで可）で瞬時にお目当ての例文も訳語も見つかります。

❸ 辞書増量サービス（無料）がすごい

ご購入後も、新語・流行語・ニュース英語、および専門的な医学・技術英語など、最新の辞書データが無料でダウンロードできます（配信中）。

❹ 自分の辞書が作れるのがすごい

「ユーザー辞書登録機能」で、気に入った単語・表現・例文を登録して、検索対象にできます。

❺ 読書モードがすごい

紙のページをめくるような感覚で、辞書のおもしろい記述が読めます。

使用環境

OS：日本語版Windows Me、2000 Professional、XP
CPU：Pentium 150MHz以上　メモリ：64MB以上
HDD：空き容量600MB以上
モニタ：解像度1024×768以上、カラー256色以上、64000色以上推奨
※但し搭載OSの最低動作環境以上であること

定価3,990円（税込）

例文がどんどん増える無料ダウンロードサービス配信中！

朝日出版社 〒101-0065 東京都千代田区西神田3-3-5　TEL03-3263-3321　http://www.asahipress.com/

リスニングの進化が実感できる英語月刊誌！

CNN ENGLISH EXPRESS

CNNライブ収録CD付き
毎月6日発売／定価1,400円（税込）

初級から上級までの幅広い英語レベルに対応できる
3段階ステップアップ方式でCNNを完全リスニング！

CNNと独占提携!!
TOEIC®・英検など試験対策に、
日常会話やビジネスに、
「耳」からどんどん強くなる
最強の英語月刊誌！

最新ニュースや
有名人インタビューなど
CNNならではの素材を、
丁寧な解説のついた本誌と、
完全対応の付録CDとで丸かじり！
CDにはナチュラルスピードのほか、
ゆっくりスピードも収録。

朝日出版社 〒101-0065 東京都千代田区西神田3-3-5　TEL03-3263-3321　http://www.asahipress.com/

EE Clubのご案内 役に立つ英語情報、メルマガ、書籍販売など特典多数。
くわしくは、http://www.asahipress.com/eeclub

CNNから生まれたベストセラー！
100万語[聴破]CDシリーズ
全10巻　CNNライブCD+新書判テキスト　各・定価1,260円（税込）

CNNの放送をそのままパック。
ナチュラルで良質で、しかもライブ感にあふれた音声ばかりを収録。
英文スクリプトに日本語訳と語注を加えた
添付のテキストを活用すれば、リスニング力はさらにアップ。

❶ 世界のスーパーVIPスペシャル
クリントン夫妻、ブッシュ父子、トニー・ブレア、サッチャー、エリザベス女王

❷ CNNトラベル・ガイド
ハリウッド、ハワイ、ニューヨーク、オーストラリア、ロンドン、パリ、カナダ、東京、ほか

❸ ラリー・キング・ライブ・ベスト
クリントン夫妻、タイガー・ウッズ、ジミー・カーター、ジャネット・ジャクソン、ほか

❹ CNN日本スペシャル
緒方貞子、田中真紀子、「靖国」と日本人の歴史認識、拉致問題、日本の漫画、ほか

❺ CNNビジネス・スペシャル
ビル・ゲイツ、カルロス・ゴーン、出井伸之、ネット・ビジネスについての討論、IT産業、ほか

❻ セレブ・インタビューズ
トム・クルーズ、ブリトニー・スピアーズ、アンジェリーナ・ジョリー、ブラッド・ピット、マドンナ、ほか

❼ CNNニュース・ダイジェスト
30秒前後の短いニュースが60本。うち20本は聴きやすいゆっくりスピードの音声付き。

❽ ゆっくりニュース・ダイジェスト
1本30秒前後の短いニュースを45本収録。すべてのニュースにゆっくりスピードを収録。

❾ CNNインサイド・アメリカ
家庭事情や性から、教育・雇用・人口問題まで、最新のアメリカ事情に触れる。

❿ VIP&セレブ スピーク・アウト！
ブッシュ、レーガン、ジュリア・ロバーツ、シュワルツェネッガー、ヒラリー・クリントン、ほか

最強のリスニング・100万語[聴破]CDシリーズ 特別巻

歴代アメリカ大統領ベスト・スピーチ集
12人の大統領の名演説を肉声で収録！

リスニングに「本物」の迫力と感動を！
ルーズベルト、アイゼンハワー、ケネディ、ニクソンから
現ブッシュまでの代表的演説が全1時間で聞ける！
格調高く、ゆっくりした英語なので、シャドーイングにも最適。

肉声ライブCD
＋
新書判テキスト
定価1,470円（税込）

朝日出版社　〒101-0065 東京都千代田区西神田3-3-5　TEL03-3263-3321　http://www.asahipress.com/

ジョークがわかれば英語力はアップする!!

笑うネイティブ

宮本倫好

ジョークでおさえる英語のツボ

定価1,260円(税込)

ネイティブ・スピーカーがドッと笑っているのに、なぜか自分はピンと来ない。

そんな人のために、本書では、11ものジャンルから、爆笑ネタをたっぷり紹介しながら、飛躍的な英語力のアップをお手伝いします。

楽しくて、ためになる!

ハーバード流英訳術

パックンの中吊り英作文

パトリック・ハーラン　定価1,029円(税込)

あらゆる中吊り(車内の週刊誌吊り広告見出し)をハーバード大学出身のパックンが見事に英訳。この見出し英訳技術を身につければ簡潔で刺激的な英語が使えるようになる。

- 烏合の大派閥 **小泉チルドレン**「初登院のハシャギぶり」
- **駐車違反**ファッショ 停めたら即**罰金**の卑劣　警察**ウハウハ**収入**500億円**
- マドンナ議員もお追従!　小泉靖国参拝の**ゴーマン**
- 税金返せ! 年間約**60億円**!　霞が関**官僚**「**タクシー使い放題**」の明細書
- 家賃220万円からの転落　独居房の**ホリエモン**「本日も差し入れなし」
- 無事に生還するための　ちょいワル不倫 男の鉄則10　……ほか渾身の英訳多数。

朝日出版社 〒101-0065 東京都千代田区西神田3-3-5　TEL03-3263-3321　http://www.asahipress.com/